中国近代人物日记丛书

简琴日记

下

温州市图书馆 编

莼光熙 点校

中华书局

# 目　　录

# 民国十三年甲子（1924）

## 正　月

**初一日,甲寅,二月五号**　　元旦。晴

巳初三刻立春节,所谓百年难遇岁朝春也。晨起,拜天地、神佛,祀先。与同寓诸君酬接,并未出门。吕文老来谈,约明晚宴集。夜微雨。

**初二日,乙卯,六**　　晴暖

屈、张两人来。下午诣许、刘二处,未晤。诣吕宅饮,并作诗钟,客三十馀人。严琴隐来,不相值。

**初三日,丙辰,七**　　晴,暖甚,如三月天

周孟由来,云卧云和尚本日起在周祠讲《金刚经》一星期。杨淡峰来,谈年尾各小校减半发补助费事。陈仲陶来久谈,云钱、任二人皆以瓶水斋诗为第一,一虽偏见、咫见,究不至如某主张端木大鹤之妄。

**初四日,丁巳,八**　　雨

杨、陈等来,沈培皋来。

**初五日,戊午,九**　　雨止

发第一号京信。诣吕文起,未晤。诣严琴隐。

**初六日,己未,十**　　阴

许乙仙来。诣陈仲陶,并晤乃翁,神经病似已痊。诣杨伯畴。

两日检点杂物，失去不少。陈老四将赴温岭，以知事旧东电招也。

**初七日，庚申，十一**　　阴寒

陈益轩来，谈诗甚久。

**初八日，辛酉，十二**　　阴雨，微雪

为吕文老撰就《寿朱小岩方伯七十诗》五古四十韵，改定缮清。

**初九日，壬戌，十三**　　雨止

函致吕氏。下午沈仲纬偕一人来谈。

**初十日，癸亥，十四**　　阴，连日寒甚

周仲明来，谈醦务、转运局及旧宾兴款事，又永嘉县署事。马耀夫来。

**十一日，甲子，十五**　　晴，下午阴，风峭

吕文老来，与之商谈彭儿姻事，渠欲执柯。饭后答诣各人，归已四钟。得初五京信。

**十二日，乙丑，十六**　　阴寒

函致沈越凡，为道尹撰一联。发二号京信。诣梅冷生、沈仲纬一谈。

**十三日，丙寅，十七**　　晴

诣西阳巷张宅看屋。陈仲陶来。夜月色好。

**十四日，丁卯，十八**　　雨

诣朱宅行吊。午刻饮布业公所，盖绅学界杜左园、许乙仙等十四人公宴官绅也。下午雨止。

**十五日，戊辰，十九**　　阴。上元节

函吕文老，为达官考艺文校事。

**十六日，己巳，二十**　　晴

以诗轴赠卧云僧。夜得吕函，云又抱恙。

**十七日,庚午,廿一**　　　阴

沈培皋函嘱代撰挽联两付。函问吕病。

**十八日,辛未,廿二**　　　阴雨,冷甚

吕来函,说恙稍愈。

**十九日,壬申,廿三**　　　阴寒

沈、宋二人来,林亮周取去陈绥之寿文。是日艺文学校考补习科。马耀夫送来双缸酱油两瓶。

**二十日,癸酉,廿四**　　　晴而冷

周幼康锡光寄赠香鱼十五枚,仅一名片而无函,不知何意。渠家平阳北港井庐,昔年志局同事也。以诗两纸致僧卧云。是日王渡等公宴于布业公所,未往。杜左园师预来谈,青田人也。

**廿一日,甲戌,廿五**　　　晴。夜雨

**廿二日,乙亥,廿六**　　　阴

严琴隐来。得十八日京信,甫接到初五日去函。

作字患骨不沉劲,不沉劲由于笔浮而不能入纸,如能入纸,则笔力出、结体稳而自在飞腾矣。此如女子裹足,欲纤而能行,须伏骨折腰,脚背不胀,如是,则不问躯干肥瘦、长短,无不玉立亭亭。忌作正局欹侧,取姿不妨。

**廿三日,丙子,廿七**　　　晴,旋阴

午后诣西门外答拜杜左园、陈益轩,左以其夫人开吊日近,索制挽联。陈以所编《宪法史》一册见赠。拜曹民父厅长,谈良久,诗学颇深。林亮周来。

**廿四日,丁丑,廿八**　　　雨

以五古一首赠曹民父,附乙卯年所作《无题》一纸去,以其好义山诗也。另卧云一函托其转致,内新旧诗凡三纸。为杜左园夫人撰

挽联,甚惬意。

**廿五日,戊寅,廿九**　　雨,阴

晨诣文起,病卧未兴。取来道署二月分脩。

钱楞仙、篾仙合注《樊南文集补编》十二卷,《示朴斋骈文》,陈均编《唐骈体文钞》十七卷,三书并读。

**廿六日,己卯,三月一号**　　阴

连日偏头风痛,牙痛,殊闷。方介庵来,谈汪夫人所言一事。永嘉人黄性山权、平阳人陈筱文承绂同来。陈住北港,求撰图书馆联语,黄系佛教会讲员。李孟楚来,云在中校任教席。夜得吕函,嘱撰联、诗,云卧疾初起。

**廿七日,庚辰,二**　　阴

答吕函,为撰挽张封翁挽联。曹明父厅长来答拜,并交来卧云和诗及游茶山诗。林亮周交来陈处寿文润资,除扣介绍费外,实廿四元。

**廿八日,辛巳,三**　　雨

和卧云《茶山》七古,付邮。为陈君写对二副。

**廿九日,壬午,四**　　雨

为吕撰诗两首。傍晚,吕来云在周祠听谛闲和尚讲经。得卧云函,和我五古颇工。

# 二　月

**初一日,癸未,五**　　阴晴不定

用赠曹原韵作诗一首寄卧云,亦付邮。发三号京信。卧云和尚来,约初五诣彼作诗钟。

**初二日,甲申,六**　　晴

自此至四月底甲子全讹。

**初三日,乙酉,七**　　阴

**初四日,丙戌,八**　　雨

作诗数首。道署属作鄂督双寿诗。

**初五日,丁亥,九**　　阴

清晨过江诣卧云,楼上下各三房,颇洁净,一览江天。稍顷客集,所识者曹、徐、吕三人,馀皆不知谁何。曹出近作,均见工力,吾亦写示二纸。三钟时归,恰遇雨。刘次饶来函,赠锡火锅一个。答函,附一诗去。夜灯无事,雨声在檐,又叠前五古韵。

**初六日,戊子,十**　　阴

函吕公,补录《寿朱小崖》一诗去,并缴回《卧树歌》原稿。函曹明父,录诗稿去。

卧云集句为联,颇佳。吾亦拈成语"洞房结阿阁,孤屿媚中川",与旧有之"潮平两岸阔,江上数峰青"均足为彼地生色。另撰一联,亦佳:"一楼分占两朝人,问祠堂俎豆,朱鸟招魂,骑背何如驴自在;孤屿静观千变局,剩城郭屏风,青囊留迹,蜕形莫误鹤归来。"俟浩然楼上孟襄阳、文信国木主成写悬。永嘉城为郭璞营建,殊得形势,有议拆卖者,故及之。

曹明父云,汪荣宝最熟义山诗,曾集为长排咏京城各事,极工妙,名《楚雨集》,有印本。

得廿九日京信,随答数字。

**初七日,己丑,十一**　　阴冷

曹复成五古一篇,殊可诵。渠与王、赵招饮于垦放局,未往。夜雨。

**初八日,庚寅,十二**　　雨

作字所从入各不同,现定由郭兰石、张得天、翁叔平三家为师法,以得其用笔诀也,用笔得,于结体何难?

**初九日,辛卯,十三**　　阴晴不定

**初十日,壬辰,十四**　　阴

清晨诣吴璧华,午后诣吕文起,均未晤。下午微雪,寒甚。卧云又来叠韵一诗,殊粗犷。

**十一日,癸巳,十五**　　阴

以第四叠韵五古及七律写致曹明父,属转交卧云。曹又以诗中八豪歌见示,用高字原韵为七古。马耀夫来。夜得刘次饶函及《金刚咒诗》并《考》各一篇。

《蜕盦续稿》编定十卷,甲寅至癸亥稿本九册:

甲　一百五十三,选七十,

乙　一百八十,选一百二十九,

丙　一百八十三,选一百四十一,

丁　一百八十八,选一百一十一,

戊　二百四十二,选一百七十四,

己　一百九十七,选一百二十七,

庚　二百五十六,选一百六十,

辛　六百七十八,选四百一十一,

壬　二百四十六,选一百四十六,

癸　二百四十,选一百二十四。

共诗二千五百六十三首,漏抄及代笔之作均不在内。除选出乙千五百九十首外,存诗九百七十三首,删汰甚严。拟再去百许首,合《杜工部集》千四百馀首之数。已选定者皆印以"选"字,所未入选而题上识以墨圈者皆不劣,可摘之句尤多,特记于此。

**十二日,甲午,十六** 雨

发刘次饶函,附五古一首。又得其七律一首。

**十三日,乙未,十七** 雨

得冷曹、卧云诗函。吕文起来,说即日赴杭,送来寿幛多物,力却之,受糕、面三色。

**十四日,丙申,十八** 晴

汪、宋二君来,吕来。午后严琴隐来,云欲仿去岁例作诗钟,力却之。梅冷生送礼,未收,旋来谈。和冷曹七律一首,并答卧云一缄。同居四家均送礼。夜月色佳。

**十五日,丁酉,十九** 阴晴不定

**十六日,戊戌,二十** 阴

清晨诣吕,未遇。诣梅略坐。冷曹来函,又以古、近两诗属和。发次饶函,附诗文稿两纸。郝司令送食物两品,只收其一。得次饶十五日函并五古。

**十七日,己亥,廿一** 晴

和冷曹两诗,函致;答次饶函;两函均论诗。诣郝司令,又诣汪、沈、宋,沈他出,未面。冷曹来函及诗五篇,又卧云来诗一篇,并约明午饮华盖山,借去《艺概》两册。

**十八日,庚子,廿二** 晴

和冷曹、卧云五古各一。用曹君七绝、七律韵作三首送吕文老,盖欲赴杭一行。午刻应冷曹之招,座客多不相识,识者只吕、徐、陈三人而已。陈、宋二君来谈。

**十九日,辛丑,廿三** 晴

吕文起昨夜登舟。得次饶复函,愿为作《传》。自草《后江东生传》一篇。出街定鞋。以洋六角托沈培皋买赣局书。

**二十日，壬寅，廿四**　　雨竟日

卧云来函，并送麻油一瓶、荔支一罐，云昨偕冷曹至头陀寺联句，仍用高字韵，亦可云自寻烦恼。

**廿一日，癸卯，廿五**　　晴

得次饶十九函，详答一书，皆论诗语。冷曹来函及迭苏字韵诗，并还《艺概》。章吉士来，谈及龙泉有三大富翁吴、李、张，各有八十万家赀，馀七八万者甚多。

**廿二日，甲辰，廿六**　　晴

又和苏字韵一首，函冷曹。严琴隐来，云已接图书馆事，并取回小本《尚友录》六册。为陈仲陶序《剑庐诗钞》。

**廿三日，乙巳，廿七**　　晴

冷曹又来一诗，颇工稳。琴隐以板本《尚友录》十六册函赠。宋墨庵函乞写对。得十三日京信。

**廿四日，丙午，廿八**　　雨

检取楼上箱箧。飞鲸进口，闻胡监督到。

**廿五日，丁未，廿九**　　阴

十钟诣夹巷医院，为牙痛也。诣胡监督。由道署取来阳历三月分顾问脩。闻新委道尹陈姓，亦湖北人。

午后晴。马耀夫来请改诗，云《瓯海公报》登有讥严琴隐诗四首。卧云来函，示七律五首，并约明日过彼。

发第四号京信。发吕文起函递杭，为调动道尹事。夜关署送来顾问脩。

**廿六日，戊申，三十**　　雨

发刘次饶函，附《事略》及抄件，由协兴局去。

莆田知事黄绅,邑人,为军阀搜刮至六百多万,自亦得百馀万。挈眷至沪,闽人捕之,本身逃,眷被获。莆人治莆,又何言乎!

得次饶廿五函及七律一首。

**廿七日,己酉,卅一** 雨自夜达旦,雷作

发次饶函,和其七律。卧云来函及见和七律三首。

宋委心子所编《分门古今类事》廿卷,极要,务觅。刻入《十万卷楼丛书》,亦有抽印本。仿辑近事,当更佳。

**廿八日,庚戌,四月一号** 雨

检阅所抄本零件。夜大雷雨。

**廿九日,辛亥,二** 雨,午后雷

林亮周来,言印局事。卧云来函及诗。

**三十日,壬子,三** 晴

答卧云函,询类书及诗话事。胡监督来,属查二事。得吕文老杭州快信,属撰潘鉴宗师长新居诗。发第五号京信,促归。检《冬心杂著》《万年书》各一册,函致胡使。为吕撰五古三十韵,函寄杭垣三元坊德康钱庄。

# 三 月

**初一日,癸丑,四** 晴

杨伯俦来,传一牙痛方:以草药中鲜紫荆牛切一片塞痛处,吐出痰水数次即瘥。性苦寒,去风火及痰,勿误咽下。药品甚贱,只须铜元两枚,随时皆有,干者无效。

**初二日,甲寅,五** 雨。清明节

得七律二首。

**初三日,乙卯,六**　　　晴,天气殊佳

过江诣卧云谈,饭后归。卧云亦入城,谈及雁荡罗汉寺本末颇析。寺产有田廿馀亩及别件,为地人曹子丹、冯保[1]、庄松浦三人同占。曹将洋油尽烧佛像,辛亥革命时任某官,与杨公翯匪首杨某有嫌,为杨党捕去,缚之树上,乱枪击毙,并用洋油焚尸,惨不可言。冯后悔过为僧,受戒日,火烂其顶致命,报应均极速。现由庄一人霸管,寺内无一僧住,眷口饲猪、鸡,成为秽墟。庄系廪生,工刀笔,徒党甚众,文武官吏不敢过问。杨某后为道尹左枞周捕获。

大荆土豪蒋某[2],亦廪生也,一乡无不畏之。呼啸成群,四时所收礼物、食品堆积满屋,官亦仰其鼻息。又云张云雷等所建虹桥念佛社,藉以敛钱,所入不赀。大抵土豪所为,总不外此。瑞安士绅更坏。

得七绝二,七律二。卧云姓马,云南石屏州人,久于浙。

**初四日,丙辰,七**　　　阴

午后诣关署及《申报》分馆,并买笔墨。夜雨。

**初五日,丁巳,八**　　　雨,旋止

午后沈姓与一乐清人施姓同来,谈廿四日为汪香禅开追悼会事。

**初六日,戊午,九**　　　雨,阴

张志澂锡勋来,即香禅妻弟,属为香泉撰《公启》。其妹楚桐夫人以旧墨两方见赠,颇佳。当为拟四六一篇,下午函交张寓。

**初七日,己未,十**　　　阴雨

报登章炳麟倡捐千馀金为邹容修墓建碑,吴剑秋亦出五十元。

---

① “保”,疑为“豹”。

② “蒋某”,疑即蒋叔南。

新出《上海轶闻大观》。马耀夫来。

**初八日，庚申，十一** 阴

成五古一篇，又和马诗一首。得刘次饶初七书。

**初九日，辛酉，十二** 阴

冷曹函示《拦街福》乐府一篇，七律一首。当和其律诗，并录五古、七律各两篇。昨取回寄存图书馆书廿三部九十四册。

**初十日，壬戌，十三** 晴

以《沈忠敏集》四册赠严琴隐。林亮周来。

**十一日，癸亥，十四** 晴，阴

杜左园以《悼亡诗》四首就商。得吕文老初一杭信。卧云函示昨日孟楼联吟诗并送笋五枚。以七律两首函冷曹。诣章进元取笔十二枝，墨两条，共十一角。夜作七古一首，谢卧云笋也。

**十二日，甲子，十五** 阴

冷曹来函，云诗句经卧云改坏，示以原句。夜雨。

**十三日，乙丑，十六** 雨止日出，暴热

连日牙又痛。以柬卧云七古函示冷曹，请转交。发刘次饶函，并附初八一函去。以王石谷绢本着色山水立轴交文华堂邹笛秋觅售。

**十四日，丙寅，十七** 阴

诣胡监督。午后诣杨伯畴，未晤。得初七日京信，无甚话说。以旧板《智囊补》八册借严琴隐。夜牙痛甚，请同居陈军法官开一方。

**十五日，丁卯，十八** 阴

宋墨庵偕李岳臣来，李在师范部充校员，方注《颜氏家训》。据云《家训赵注》京师有刻本，六册，卢氏抱经堂丛书本，上海文瑞楼有拆售，每部乙元多。北京大学校员刘文典有《〈淮南子〉捷解》六册，

商务馆寄售,洋三元,据云陶氏《许高异同诂》及钱氏《〈天文训〉补注》均收入,字大易看,记此待觅。

陈仲陶以新印《剑庐诗钞》一册见贻。杨伯畴来诊脉,谓虚火而非实火,不宜凉药。云樟脑油可点,或用细末点,皆辛散。而紫荆牛则凉,两物性反,皆可用,皆不可误咽。

**十六日,戊辰,十九**　　晴

胡监督属撰烈妇周徐氏七古。得次饶函,云即有人来。

**十七日,己巳,二十**　　阴

以诗交监督。连日牙痛兼外感。

**十八日,庚午,廿一**　　阴

印度诗人太戈尔到沪杭,欢迎者纷纷。

**十九日,辛未,廿二**　　阴

致刘次饶函。以写件三赠书画展览会助汪。汪眷住书堂巷一号。严琴隐来。下午得次饶函,并遣一夏姓者来,即答一函,并以四物交其带平:潮州卍字香合一个,冰裂纹磁水注一个,《翁覃溪集外诗》十册,《〈仪礼〉单疏》十册。

**二十日,壬申,廿三**　　雨,旋止

闻沈道尹到。为胡监督撰一诗。

**廿一日,癸酉,廿四**　　阴

清晨诣道尹小坐,气色甚晦。似未全愈。

**廿二日,甲戌,廿五**　　阴

道尹来答拜。

**廿三日,乙亥,廿六**　　阴

林亮周来。午后至汪宅,付券赀一元。

**廿四日,丙子,廿七**　　晴

诣师范校汪香泉追悼会,来人不少。

**廿五日，丁丑，廿八**　　晴

午饭时巷口失火，近在咫尺，慌乱异常。幸属东风而水龙尽来，得以扑灭，然亦险矣。严、陈二子先后来问。傍晚冷曹交来《徐烈妇征诗册》，属先题。

**廿六日，戊寅，廿九**　　晴

《诗册》题就，送还曹处。林亮周、严琴隐来。周玉山督部谥悫慎。夜雷雨。

**廿七日，己卯，三十**　　晴，天暖

取来两处阳历四月分顾问脩。夜雷雨。

**廿八日，庚辰，五月一号**　　晴

杜左园来，以《诗册》属阅。夜雷雨。严琴隐来。

**廿九日，辛巳，二号**　　晴

林亮周来。方介庵来，云展览会售券约五百张，于汪氏不无小补，亦可喜也。晚饮松台馆，应胡监督之招，同座沈道尹、胡榕村、杜左园及关署诸人。大雨。

**三十日，壬午，三**　　阴雨

得五古一首三十韵。

杨见山岘《迟鸿轩集》，诗文均有工夫，可阅，好用奇字奥句，所以规高陶唐者，乃自蹈之，所谓目见千里而不自见其睫也。杜左园索回诗册。


# 四 月


**初一日，癸未，四**　　雨

**初二日，甲申，五**　　雨

得刘次饶初一函，云收到各件。得大女自杭垣普安街七十一号来函,廿六所发。

**初三日,乙酉,六**　　雨

发次饶函。拟仿《本事诗》例,选国朝诗之有大关系、大掌故者为一编以尊诗体,名曰《诗史》,词则曰《词史》,亦可流传。杭人张氏所选《诗铎》,坊间罕见,各家亦未齿及。

**初四日,丙戌,七**　　晴

定打铁钯、锹各乙把。发二女回信。

**初五日,丁亥,八**　　晴

得廿八日京信,说丰润所谈及议员保案事。发六号京函。得五古两篇。杜左园送酒四瓶,腿一条。午后,大雨,震雷。

**初六日,戊子,九**　　晴和

午后诣胡监督一谈。

**初七日,己丑,十**　　晴

杜左园又来诗稿一册,佳什颇多。夜见月色。

**初八日,庚寅,十一**　　晴

清晨诣九山莲池海会看放生。闻吕文起昨夜到,午后送来食品二,印泥一。为左园评点诗卷。以石章一副属方介庵刻。旋得吕函,属撰高白叔重宴鹿鸣诗,并来夏季脩羊。沈、刘并某三人来。

**初九日,辛卯,十二**　　晴

为拟七律二首,并成《放生漫书》五古一篇。午后雷作,雨甚小。杜左园来谈,取去诗册,所评点,去留殊惬意。是日牙与腮又痛,头亦晕。

**初十日,壬辰,十三**　　阴

清晨诣吕,尚未起。诣严琴隐略坐。房东杨起自杭寄来一函,并代买檀香、锡箔。梅冷生以《章氏遗书》见还,闻明日赴省。

**十一日,癸巳,十四** 阴

八闽会馆忽来一请柬,以十六日天后开光也。同乡会长正刘项宣,字赞文,惠安籍;副洪士雍字莲舫,闽侯籍,现充第一旅司令部校官。

**十二日,甲午,十五** 阴,细雨

刘、洪二人来谈,知会长系商家新举,现拟整理会馆各事,特来咨商。据刘云,会馆财产均在已故陈小宝手,清理颇难,接手之初尚未议及。刘本熟人,而不知为闽人也。洪与郝旅长同毕业于北洋学堂,上年同来,现住北门内横街三十号,而逐日到司令部办事,人似明白。

发杨志由回信。

**十三日,乙未,十六** 阴,微雨

吕文起来,谈今岁做寿办法,现已筹备及草《事略》,大旨以寿礼之款办善举,据云约可得数千元。又谈及修志事,当以筹款一说进,屡欲言而无由,今不能不乘机言之矣。渠在杭发痢疾颇剧,以服单方得瘥。方用凤尾草煎汤,以蜜一小杯冲服,立止。据云收效已非一次,此草到处有之,别名□□□。又云有电气治牙痛术,亦可立效。

以石章送杜左园,云已赴杭。

**十四日,丙申,十七** 雨,天寒

**十五日,丁酉,十八** 雨

文华堂交回画轴乙件。

**十六日,戊戌,十九** 晴,日光甚烈

是日天后开光,八闽会馆董事柬请赴宴。到客甚多,席半先归。闻吕文老谈青年会欲聘为主讲事。得大女杭信。

**十七日,己亥,二十** 晴

午后答诣洪莲舫,未面。汪漱卿偕其同事湖州人沈某来,沈年

少,人颇解事。陈仲陶以《瓯海公报》一段见示,即青年进德会开会通过聘讲事也,全不知其内容。严琴隐来,借去《东西学书录》六册。刘次饶来,送伊孙赴医院治病。

**十八日,庚子,廿一　　晴**

道尹招宴华盖山,客廿馀人。答诣次饶,未晤。陈仲陶略谈青年会订讲事,亦不详细。为道尹撰紫霄观联。

**十九日,辛丑,廿二　　晴**

清晨诣刘,未面。稍顷,刘来,云至江心寺。王质夫统领来,云回皖一走,甫归。

**二十日,壬寅,廿三　　晴**

答诣王统带。为监督撰寿诗两分,七律各二。雨作。

**廿一日,癸卯,廿四　　晴**

午刻宴华盖山,统领、道尹均以病未到。诣刘赞文一谈。

**廿二日,甲辰,廿五　　晴**

阅曾文正、李次青集中有寿文数十篇,李固佳而帖括气未尽除,时嫌滑易;曾则言既有物而杰然卓立,不可及矣。夜诣乐园小饮,严琴隐所招。

**廿三日,乙巳,廿六　　晴**

**廿四日,丙午,廿七　　晴**

传说朱宝三已变猪。诣翰墨林,买官堆纸。

**廿五日,丁未,廿八　　晴**

为张佛云女士撰《卖画润格缘起》,沈某所托也。阅《求阙斋文》竟,所得良多,胜读八家文,此近见,与前异。吕文起来,谈青年会及《县志》事。李孟楚来,以白木耳乙两五钱见赠。

**廿六日,戊申,廿九** 晴

为监督撰《瑞安黄母张氏六十寿诗》两首,即仲弢①学士之夫人也。来两处五月分顾问脩羊。

**廿七日,己酉,三十** 阴

午后诣司令部,晤洪、陈二君,陈略及军官拟公请讲学事,大约须且园修竣后。以仿单稿送交张女士。

**廿八日,庚戌,卅一** 雨,阴

胡监督函示飞霞洞长联,又属撰寿诗,云初一赴沪。以《传》与《砺诗文集》四册、自书扇叶一张赠李孟楚。

自二月初二日至此甲子皆错。

**廿九日,辛亥,六月一号** 雨

诣曹、胡、沈、吕四处,胡、吕晤谈,馀未面。下午曹来答拜。

# 五 月

**初一日,壬子,二号** 晴

下午四钟,至吕处作诗钟,归已二更。闻本班船文老有事入杭。

**初二日,癸丑,三** 雨,旋晴

陈副官以纸属书自撰且园联。午后以联并联价洋七元函送司令部,得复函,将洋退回。飞鲸船下午开。

**初三日,甲寅,四** 晴

洪校官来谈。

---

① 黄仲弢(1854—1908),名绍箕,号鲜庵,浙江瑞安人。光绪六年进士,任翰林庶吉士、编修、侍讲,京师大学堂总办、侍读学士兼日讲官、湖北提学使等,在瑞安与孙诒让创学计馆、办务农会。著有《广艺舟双楫评论》、《中国教育史》、《鲜庵遗集》等。

**初四日,乙卯,五**　　　晴

青年进德会来一函。并聘书一通,约于初七八钟至资福寺。

**初五,丙辰,六**　　　端午节。晴

**初六日,丁巳,七**　　　晴

向严琴隐借来《宋元学案》四十册、《明儒学案》卅二册两书。下午陈仲陶偕徐姓兄弟及某学生来,皆青年会中人也。

**初七日,戊午,八**　　　晴

早八钟诣资福寺宣讲,到者只卅馀人。得刘次饶函,即答之。发九铭信,寄北京宣外香炉营四条八号。

**初八日,己未,九**　　　晴

得九铭二号即初一日信,云充同乡会理事长,又管理都中全省公产事。并云彭儿已在通信社管庶务。

**初九日,庚申,十**　　　晴,旋雨

**初十日,辛酉,十一**　　　雨

飞鲸船午后入口,长女自杭亦到,不面已十五年矣,几不相识。

**十一日,壬戌,十二**　　　阴

午后诣旧温属图书馆一走。发刘次饶函。

**十二日,癸亥,十三**　　　晴

午后诣章进元店定做三紫七羊毫笔六枝,半月见交。又取来兼毫两枝,均码洋每支一角半。

连日阅戴东原《原善》、《孟子字义疏证》一过,此书购来廿年未寓目,今始阅之,悔已迟矣,然犹愈于不阅。

**十三日,甲子,十四**　　　晴

飞鲸开行。

**十四日,乙丑,十五**　　　晴

林亮周来。同寓陈副官属代撰飞霞洞联。

**十五日,丙寅,十六** 晴

发九铭信两函。洪莲舫来。

**十六日,丁卯,十七** 雨竟日,夜更大

以青年会演说文交大公报馆。

**十七日,戊辰,十八** 雨

**十八日,己巳,十九** 雨

得初十日京信,未云通信社事。发第七号京函,告以大女回来及上月美官冒险事。

**十九日,庚午,二十** 雨

沈培皋函属代胡监督拟联二。

**二十日,辛未,廿一** 雨止

写折扇一柄,赠洪君。普华兴记电汽公司来函,云六月十一日为沈道尹六秩寿,承办寿礼,分六、四、二三级入份等语。当答一函,照第三级附份,并开衔名去。杨振炘即杨雨农。刘次饶来,云将偕吕文老赴大荆。

《史记》中司马相如传,《汉书》中司马迁、扬雄传,皆用马、扬自传入史,此自传之最古者。

家贫亲老,不择官而仕,如毛义、周磐、陶侃皆是。

拟撰《军人服从主义解释》文一篇,发明无服从之理由,即服从亦有限制,以消军阀之势力,文用白话体,但此文关系极大,须审慎之。

**廿一日,壬申,廿二** 雨止

吕文老来,云前日回瓯,即同赴资福山。是日又值进德会计演期也,付以演说稿一篇。答诒刘次饶。

**廿二日,癸酉,廿三** 雨

**廿三日，甲戌，廿四**　　雨

**廿四日，乙亥，廿五**　　雨，天气郁蒸殊甚

乐清人陈潜、刘汉者来，绝无介绍，言语不通。

**廿五日，丙子，廿六**　　雨止，天闷

得十八日北京快信，云保案发表，已奉总统指令，已登《政府公报》。同案有高锦甫、黄仲荃及刘冠山之弟某，黄为简任，三为荐任。发八号京函。说分发事。

**廿六日，丁丑，廿七**　　雨

**廿七日，戊寅，廿八**　　雨

得诗四五首，皆佳。平日最恶新名词，近读《史通》，因习言语等篇，恍然有悟，不复胶泥古说，披文复质，必存其真。洪莲舫函约明日下午饮醒春居。

盆中琼花大放，叶上生叶，叶边出花。花皆倒垂，外状略如白莲，如杯如碗，大小不一。开必傍晚，入夜尽开，天明复敛。不可以灯照，照则来岁不开，性质独奇。闻来自开中，何以名为琼花？曾见《花谱》与否？尚待考也。五月开至七月。美人蕉自五月至九月不断，猩红可爱，叶亦整齐。

**廿八日，己卯，廿九**　　雨止，午后又作

五钟诣醒春居，坐客至者三十馀人，皆闽产，从未识面。有一人托制寿联以赠吴姓少年，吴年廿三，六月初二生日，演剧三日宴客，亦奇事。家赀二百万，开东利洋行。

**廿九日，庚辰，三十**　　晴

冒风头痛，殊不快。撰就寿联，交同乡会会计丁某转交，并自撰一联送吴。

**三十日，辛巳，七月一号**　　晴

丁、翁两人来，翁名锡麒，字履仁，丁名文灶，字烈基，皆闽籍。

又为同乡会撰一联。取来两处脩洋。

# 六　月

**初一日,壬午,二号**　　晴,炎热

扶病写就对子,午后送去。乐清人陈潜字电飞、刘汉字仲华同来,言谈不通,而陈以所编《潜龙读书表》四册见质乞序。

**初二日,癸未,三**　　晴

诣近处医院一诊。章进元交来定做笔十枝。屈愚岑以扇乞书。青年会徐云龙昆仲来。

**初三日,甲申,四**　　晴

东利洋行柬请明日观剧。得廿七日京函,云保案发来,虽反孙派报纸攻击而不生问题。附来《履历》两分,分发暂从缓议,其诵信社兼席太烦苦,已辞去。另致大女一函。

**初四日,乙酉,五**　　晴

巳刻诣东利洋行饮,行主人吴有恩即做寿之廿三岁者。座客旋至,无一识面可谈。酒数巡,先归。诣翰墨林取来纸张。吕文起、沈培皋来,为胡监督及吕撰沈道尹寿诗。

**初五日,丙戌,六**　　晴,连日炎热

以诗函交两处,并自撰七律两首,书屏条付装潢。

吕文老来,以胡榕村所撰道尹寿文商请改正,却之,亦未展观。据吕所指数处,则诚有非改不可者,无暇及之。夜洪莲舫来畅谈。

陈电飞又以《读书表》四册来。青年会孙君来,南溪人。

**初六日,丁亥,七**　　晴

吕文起来,谈改削寿文事。

**初七日,戊子,八**　　雨

自书折扇,以蔡笑秋女士所画以赠者。吕文老来,云寿文由渠酌改。询李委鹤南飞事。夜大雷雨一阵。

**初八日,己丑,九**　　晴

送沈道尹诗轴、联语及他物共六色,全收。为陈电飞撰就《〈潜龙读书表〉序》一篇。

安徽六安州为大刀会匪攻据,经一星期未退。

孙阁免职,顾维钧代提颜。湘、闽均大水为灾。

**初九日,庚寅,十**　　晴

林亮周来。

**初十日,辛卯,十一**　　晴

得刘次饶函及《后江东生传》稿。

晡诣道署预祝,客多至十馀席,席未半先归。

**十一日,壬辰,十二**　　晴

早诣道署祝寿,即回。发次饶回信,附去诗一纸,《传》稿尚有所商处。夜仍赴宴,席半即归。

**十二日,癸巳,十三**　　晴

陈电飞又以所撰《约言》四册来,当以《读书表》八册及所撰序稿一篇付之。得初三日京信,云须取证书及分部。夜风雨间作。

**十三日,甲午,十四**　　阴晴风雨不定,似有发飓之意

**十四日,乙未,十五**　　天气如昨日

发九号京函,并寄洋五十元去。连日所得五、七言律诗皆绝佳,殊自喜。林亮周来。

**十五日,丙申,十六**　　晴雨不定,有风痴意

得刘次饶函,照改传稿数句寄来,并见和二诗,见示三诗。陈电

飞来一函。

**十六日,丁酉,十** 天气反复

牙痛又作。林亮周来,谈卧云和尚与议员梅、王等四人言语冲突,徐知事为庇卧云,派警拘查,风潮大起。阅《大公报》所登颇详,知梅冷生等四人公电省长,请撤徐任矣。

**十七日,戊戌,十八** 天气如昨

发次饶函,附去四五诗。

吕文起来,云卧云事无法调解,明日去温,沈、徐、曹各赠以赀,徐亦晋省,议员电讦是实。又属撰《重修飞霞洞记》及《〈潜龙读书表〉序》各一,皆代伊作。下午信笔而就,殊不劣。陈电飞印书事,吕云可略赠印赀,并转言之道尹。

**十八日,己亥,十九** 天气如昨

为吕撰《重修飞霞洞记》一篇交去。

**十九日,庚子,二十** 如昨

撰竹枝词数首。陈电飞来,交还《约言》四册。

**二十日,辛丑,廿乙** 如昨

报登霍山又为匪踞去,六安陷十馀日矣。入霍之匪只二十人,各路响应者闻已万人。

**廿一日,壬寅,廿二** 如昨

马公裕来,云晏公殿友文医院一秦姓医士,瑞安人,中西医均佳。又云张楚桐女士将移居东山下旧通俗图书馆内。得刘次饶函,云与知事龃龉事。青年会学生孙姓来。

**廿二日,癸卯,廿三** 天气如昨

发次饶函。吕文起来函,云卧云已去。徐君以纸来乞书。夜雨。

**廿三日,甲辰,廿四**　晴雨间作,闷甚

**廿四日,乙巳,廿五**　如昨

**廿五日,丙午,廿六**　如昨

诣隔壁沈宅一谈。

**廿六日,丁未,廿七**　晴

诣申报馆一走。

**廿七日,戊申,廿八**　晴雨不定

以一函致陈仲陶。下午陈、王二人来。夜东北风而雨。

**廿八日,己酉,廿九**　东北风未止,雨时作

改定自撰《后江东生传》。

**廿九日,庚戌,三十号**　东北风挟雨时至

得刘次饶诗函。取来道署七月分脩。

**三十日,辛亥,卅一号**　晴

发十号北京快信,又发郭小麓双挂号函,径寄东城马大人胡同,附抄件、印刷件。发刘次饶函,附改定自传稿。

# 七　月

**初一日,壬子,八月一号**　晴

得北京廿五快信及附件,洋已到,分部、领证书已赶办,办妥后再谋分省。即发十一号去信。

**初二日,癸丑,二**　晴

得五古一长篇,函致冷曹,并寄次饶。取来阳历七月分关脩。闻胡监督廿九殁于沪是实。

**初三日,甲寅,三**　晴

诣关署,闻该缺已由浙任蒋邦彦,有电来矣,可云神速。发十二

号京信,又致函吕文起。得冷曹函及诗。下午吕来,云为电省,示以电稿。得次饶函及《演雅》一篇,即答一信。夜为吕撰《征文启》。

**初四日,乙卯,四　　晴**

吕宅送来杭州复电,以《征启》稿函吕,又以《后江东生传》两篇示之。下午雨一阵。

**初五日,丙辰,五　　晴**

以联一付、诗两首挽胡监督。下午雨一阵。为郝旅长撰《重修且园记》一篇,系陈胜帷所托,即交伊转交。以《宋诗纪事》廿三册还严琴隐。

**初六日,丁巳,六　　晴**

青年会孙岑云来。得次饶初四信及诗。

**初七日,戊午,七　　晴**

早十钟诣华盖山胡监督追悼会。以吕文老未到,便诣之,已出门,未获谈。夜无月。

**初八日,己未,八　　晴**

清晨诣吕,病卧未起。永嘉人余纲字子维者来谈,其人毕业东洋,在彼十年,为医学士,欲创精神卫生讲学会,以挽救时局。其志大而迂,其言杂而夸。颇研古书,喜立新说。年五十二,曾游江西,谈论片时,未能见其底蕴也。严琴隐来。

**初九日,庚申,九　　晴,午后雷作,不雨**

洪莲舫来。

**初十日,辛酉,十　　晴**

吕文老来函,云病痢,倦怠,交还拙稿三件及秋季分脩。答以一缄。林亮周来。

**十一日,壬戌,十一　　晴**

复阅《天岳山馆集》。省自治会议一号开会。

**十二日,癸亥,十二**　　　晴

两日日光不烈,时有微雨,而蒸闷殊甚。致沈道尹一函。昨得刘次饶函及诗,即答之,并乞老少年子种。

**十三日,甲子,十三**　　　晴,秋暑甚厉

飞鲸阻风,至夜未到。严琴隐来。

**十四日,乙丑,十四**　　　晴,热甚

陈仲陶来。

**十五日,丙寅,十五**　　　晴。中元节

沿例祀先。夜无月。得诗三首。飞鲸到,监督来。

**十六日,丁卯,十六**　　　晴

吕文老函,云所谋未成,别有借重。大抵不外旧贯也。得初七京信,云去函收到两封。夜雨一阵。郭小麓住京师东四牌楼二条胡同。张远伯住京师东安门骑河楼。

**十七日,戊辰,十七**　　　晴

清晨诣吕文老,座客甚多,略谈关署事,云必有一局面,但未定名称。得次饶函,许觅老少年种子,即去一函。途次遇杨淡峰,赠葡萄一包,新诗数纸,又以扇叶属书。夜雨一阵。

**十八日,己巳,十八**　　　晴

以扇叶还杨。以潮扇赠方介庵,并索石章。

**十九日,庚午,十九**　　　晴

吕文老来,云关署仍定顾问。又以《协济善堂碑记》属改。夜送来《飞霞洞记》文润笔廿元。

**二十日,辛未,二十**　　　晴

午刻蒋监督来一函,聘任顾问,未标月脩数目。当函告吕,并缴回改定碑文。下午得北京十三日信。又得郭小麓复函及蒋处荐函。

当以荐函托文老代为交去。闻咨议、调查各十馀人，顾问只两人。

**廿一日，壬申，廿一　　晴**

清晨谒蒋晋英监督，谈良久。人极漂亮，坐客三人，而独相与剧谈。谒道尹，神气委顿。以《饶贞女征启》面交，并嘱于沪上作家代征。诣文老，已出门。蒋云，本当以科长相任，奈旧人无法推却，不得已，屈以顾问，语亦实情。郭函亦已收到。下午雨一阵，不大，雷隐隐。

**廿二日，癸酉，廿二　　晴**

清晨诣吕文老及洪莲舫。

关署科长陈继武，字汉翘，绍兴人，代表监督有所商谈，适不相值，嘱往一晤。旋往答拜，出王局长柏林妻袁氏、媳侯氏《双烈妇事实征启》，云监督托撰联一付，诗二首云云，亦未免太吁吁矣。王字次青，由第十师副官长充曹娥烟局局长，本月初一病殁，三日后，妻与媳同殉，无子女，可哀之至。均直隶人，即日开追悼会于钱塘门外昭庆寺，亦不可少。下午撰就五古二章、联乙付。

得次饶函及和黄枚生七律。大雷而雨不大。

**廿三日，甲戌，廿三　　晴**

撰和刘七律一，《饶贞女剔臂疗姑图》七律二、五古一。致次饶函，附七律四首去。

**廿四日，乙亥，廿四　　晴**

身子稍觉不适。得黄枚生函及诗。为文老撰《疗姑图》五古一长篇。

**廿五日，丙子，廿五　　晴**

发热，头痛。洪莲舫来，未晤。

**廿六日，丁丑，廿六　　晴**

诣医士王谦谷开一方。答枚生函，又为作《泛月歌书后》七律一首。连日军队出发,省垣开来一营,闻尚有骑兵来。萍乡人萧文翰来,未见之。文老函嘱撰《王门双烈妇》诗,并以《且园》诗属改,盖陈仲陶稿也。

**廿七日,戊寅,廿七** 晴

萧文翰又来,其状殊可怜,云往杭州,不得已,赠以四洋。关署陈科长来,云监督属撰《饶贞女诗》。以《王门二烈》诗稿函吕,并说警察事。

旬日天气热极,寒暑针在九十六十①度。五六日来,下午雷作,或雨或不雨,而雨总不大。

得次饶函,示以鸺鹠方服法。

**廿八日,己卯,廿八** 晴

发次饶函,附诗三首去。得廿三日京信,云证书即日可以到手。

日来省军来者纷纷,消息不佳。傍晚风雨一阵。同寓陈副官云,司令官昨已旋,将移扎丽水,欲以秘书见任,月薪八十元或百元,惟须同往以便商办要公云云。许以酌看情形及病体健否再定。

**廿九日,庚辰,廿九** 晴

取来道署脩。关署来八月下半月夫马费十元,盖仍旧贯也。以代撰《饶贞女》诗交陈科长,闻监督已于昨日赴省。

夜诣吕宅,云已出。归,则文老候于寓,亦谈司令官相约事,谓战端恐不免开,而不妨偕之一到处州,此间必为照料云。

有一郭姓,玉环人,来办温州事。郭系某营营长,所言与日间林亮周传说各异。

---

① "十",疑为"七"。

# 八 月

**初一日，辛巳，八月三十号　　晴**

严琴隐来。傍晚由陈副官交来司令官公函乙件，聘任秘书，月脩百元。夜雨，不大。

**初二日，壬午，卅一号　　晴**

清晨诣司令部，已他出，未晤。发十三号京信。发郭肖麓函。以《学案》两部还图书馆。发一函，寄胡李祥。夜雨。

**初三日，癸未，九月一号　　晴**

午刻谒见郝司令，并晤陈、洪二君，洪已升充参谋。沈、刘二人来。夜雨。得次饶函。

**初四日，甲申，二号　　阴**

清晨诣吕，已出。谒道尹，示以刘函。至中华书局托买预约券，付洋七元，取来收据一纸。另属代购书两种。是日司令部开会，报告防务。诣沈略坐。

**初五日，乙酉，三　　晴**

得次饶函。吕文老来。严琴隐来。司令部来徽章乙个。六十六号。夜微雨。致洪莲舫函。

**初六日，丙戌，四　　晴阴相间**

诣司令部包副官，并晤陈副官。发次饶函。发十四号京信，促彭儿归。严琴隐来。夜陈副官来谈，云昆山已开火。为同乡会写扁送去。

**初七日，丁亥，五　　晴**

发章一山函，附序文、传文各一篇去。得次饶初六函，即答之。

道尹来,谈省电讨曹事。进德会徐君取去字一束。吕宅送路菜四色,收梨、酒。

**初八日,戊子,六**　　微雨

诣李庆三略谈,云归已两月,现经司令官许送干脩,月十六元,督署某科长所荐也。伊子在馀杭汽车公司,月得廿馀元,须缴保证金五百元。又云梅占魁已离闽,曾到杭,现回苏。梅为王永泉党也。

司令部委兵站司令三员,专任采办军需、征雇夫役船只、输送,协同各县知事办理:永嘉周干,瑞安潘楷,丽水徐鲲。第一师一旅一团营长陆葆群,一师二团团长兼台属副司令姚琮先后开往龙泉。洪莲舫函,云九号启行。陈胜帷来函,派护兵周麟书供役。夜西风稍厉。

**初九日,己丑,七**　　雨

清晨诣吕宅,未面。诣沈宅略坐。李庆三来,曹明佛来,章吉士来。午后大风雨。司令部通告,准十一日行。

**初十日,庚寅,八**　　雨

章吉士来,吕文老来。夜闻改期启行。以七律四首函冷曹,旋得和章。

**十一日,辛卯,九**　　雨晴不定

魏韶成来。冷曹另和一诗,随答一函。

**十二日,壬辰,十**　　忽晴忽雨

王统带自丽水来,章吉士亦来。午刻王又来,云渠现改为永嘉留守司令,已奉电委。又云衢州开火,仙霞岭则先为敌踞。

丽水电灯公司郑某,瑞安人,商务发达,人甚干练,好交官场。知事李钟岳,桐城人,颇勤干,日能行百馀里,文理亦佳。龙泉距丽水二百八十里,庆元距丽水四百里,距龙泉一百廿里。

**十三日,癸巳,十一** 晴,午后雨,入夜大雨

韦尉官云,行期未定,现正招补充队。以《纪事》七律四章函冷曹,旋得和作。

**十四日,甲午,十二** 雨而风

以《纪事》诗寄次饶。晴时,长虹亘天。

**十五日,乙未,十三** 雨

诣司令部,晤陈、洪及徐参谋长。答诣王统带,已他出。曹明佛来,未面。夜月出,旋隐。洪宪时代北京筹安会女子劝进团长安静生衔齐命来沪侦探浙军。

**十六日,丙申,十四** 阴

出门,路遇王统带,闻庆元失守信。诣吕,诣道尹,均以病未晤。诣严琴略谈谈。

**十七日,丁酉,十五** 阴

外间谣言纷起,刘、沈、严诸君均恐慌。得通告,准明晨七钟开行。得章一山答函。

**十八日,戊戌,十六** 晴,阴

六钟出西郭。稍顷,司令官及送行官绅十许人均集,同行官佐、兵丁坐小船卅馀只,八钟解缆。随吾行者,一兵一仆,与陈副官同第□号船,船小人多,风逆行缓。夜泊沙浦。

**十九日,己亥,十七** 阴,西风

在船与陈剧谈,知赴栝弃温乃省中预定计划,他人勿论,潘师长竟不顾梓桑,奇矣。

**二十日,庚子,十八** 阴

在途已得龙泉失守信,漏夜赶行。

**廿一日,辛丑,十九** 晴

清晨抵丽水城外。司令官进城,命各人勿动。旋闻衢防失利,

潘师长初进龙游,又退兰溪,势如破竹。处州与衢不能联络,无兵可调,定议退回温州。入夜,司令官登舟,即刻开行,仓皇可想。日中只见行李出城,络绎于途,觅舟未得。闻城内搬空,商店闭户。庆元失守,即以地人吴翔凤为知事,责令筹饷廿万。龙泉失守,纵抢三日,其于阵亡、阵伤兵士,相待残忍。

**廿二日,壬寅,廿　　阴**

郑书记官加入舟中。

**廿三日,癸卯,廿一　　晴**

清晨抵西郭,家人候接。随即回寓,寓中大小平安,而谣风一日数起矣

十九日得北京信,尚系复第一次去函者。

吕文起来,出示代省长夏超等电,云"卢督已于阳历十八号离浙,凡有正式军队过境,务即以礼相待"等语,不啻令人投降矣,署名者夏超、周凤岐、周承炎。杭事一变至此,殊不及料。

**廿四日,甲辰,廿二　　阴**

清晨诣王统带,云奉电,仍回丽水。晤司令官及陈、郑辈,并晤洪,均忙甚,无多谈。

**廿五日,乙巳,廿三　　晴**

清晨诣吕文老,谈及昨夜九钟偕徐知事、杨议员苦留郝司令暂勿去温事,至于长跪哀求,如不见许,请将渠先行枪毙再行,始允暂留等情。盖平阳败信又至,泰顺亦尔,郝自度不能不行也。

文老此来,殊不可及。城内迁徙者纷纷,土匪及青红帮皆跃跃欲动。沈已赴沪,刘、严慌甚,同居韦尉官之眷乘轮回杭。

是日,诣天主堂,晤冯神甫,商借房屋为暂避计,已邀许可,遂看定女医院第二等第三间屋一间。盖昨日有函与冯相商,未得复,不

能不面商也。检点物件,忙鹿异常,并诣冷曹一坐。

**廿六日,丙午,廿四　　阴**

清晨十钟全眷入女医院,陈副官全眷同入,并另觅男院屋半间。是日入院男女老幼如蚁,几无隙地,稍迟则房为他人占居矣。夜有法兵巡守甚周,架机关炮于大门,事势之危可见。

**廿七日,丁未,廿五　　阴**

陈副官来院,云明日随同赴甬,交来脩洋百元,所有新委各员、新补护兵均裁撤。闻吕、林二绅偕冯神甫赴平阳接洽,迁入者益多。道尹入简巷医院。

**廿八日,戊申,廿六　　阴,不时小雨**

闻司令部人已尽去。

**廿九日,己酉,廿七　　晴,时阴**

冯神父等已返,事已商妥,闽兵明日及初一日进永嘉,已预备酒席、灯彩欢迎,所有传言,疑信参半。以一函致吕,未得复。

**三十日,庚戌,廿八　　阴,小雨**

迁出者不少,法兵仅留两名,馀皆回船。定明晨回寓,以洋廿四元送嬷嬷为谢,别给厨房、茶房老妈二元馀,嬷嬷甚觉满意。相待既优,不能过于俭率也。另以衣箱等四件寄存女院楼上,由嬷嬷给收条,以后凭条往取,此亦特别也。闽兵陆续入城,尚安堵。

# 九　月

**初一日,辛亥,廿九　　阴雨**

清晨八九钟迁回本寓,车行四五次始毕。陈眷同回。诣冯神父面谈并谢,渠亦道谢,谦挹有加。云此次天主堂内住二千馀人,合男女院共有四千人之谱，不厌烦琐，亦不争谢礼多少，洵难得矣。简巷英人医院，其房屋大不如此间，相待亦未知何如。

取来关署九月分顾问脩廿元，道署以款未到，未付。

**初二日，壬子，三十　　晴**

清晨诣吕略坐，人多事烦，不能久谈。诣严琴隐，云在简巷，未面。发十四号京信。午后诣曹明佛、刘凤宣、沈道尹、杨淡峰、许乙仙，沈、杨未面，馀略谈。郝司令廿七夜登舟由乐清去，廿八开行，由吕筹洋两万元赠之。

此次闽军入城，供张费由四明银行借乙万元，分九处办理。入城时市上悬白旗，书"欢迎胜军"四字。步兵第一师一旅旅长彭德铨，字纯一，京兆人，日本士官学校毕业生；一旅一团团长崔龙湺。

**初三日，癸丑，十月一号　　晴**

发章一山函。诣魏韶成。是日有兵开赴乐清，到处拉夫，行人悉避。杨淡风来。为周麟书函曹厅长。发刘次饶函。陈叔咸来。

**初四日，甲寅，二　　晴**

吕文老来，谈湖州事。"交亲得路昧平生"，玉溪句；老去只应读旧书，亦格言也。

海晏船今日开，平阳船今日到。夜，由陈太太交来胜帷廿九来①，云廿八到甬，驻城内天宁寺。当草数行答之。报登杭州、宁波各团体欢迎孙、潘及筹饷事颇详。

西湖雷峰塔于廿七日全塔倾圮，亦大奇事。

曹沫之复鲁地，孟明之报晋师。

**初五日，乙卯，三　　雨**

以七律一首致吕。赖可恒来，云统捐局由司令官委朱姓军法官

---

① "来"下疑脱"函"字。

接办。

乐清至大荆九十里，大荆至温岭七十里。

晤沈、刘二君。是午公宴军官于布业公所。闻平阳统捐局员潘某被捕是实，平阳汤执中亦遭捕禁。

**初六日，丙辰，四**　　晴，暖甚

闻汤执中以招兵有据枪毙，人为之快。闻此次闽兵入平阳、永嘉，皆汤向导，以功补充军官，并给千金，欲望未满，且出怨言，以蹈此祸。

**初七日，丁巳，五**　　晴

陈仲陶来。青田知事魏在田、王统带先后来，在田系小澄子，叙家事颇详，人甚干练，然不免沾沾自喜。午后诣东瓯旅馆答拜之。

**初八日，戊午，六**　　晴

以七律一首函青田。

**初九日，己未，七**　　晴

清晨诣飞云①洞登高，所修工程极草率，谓之未修可也。诣沈一坐。发陈胜惟函。

**初十日，庚申，八**　　晴

吕文老来，云监督已保瑞安杨知事接充缉私第十一营班。营长撤差，委永人陈祥接，酬其向导之劳，盖与汤执中一流人也。属代撰登高一诗，词人祠堂一记。午后先以诗去，旋又作文。由吕处送来《县志》廿八册。诣沈一谈。

**十一日，辛酉，九**　　阴

撰就《祠记》一篇。得初三日京信。章吉士来。

---

① "云"疑为"霞"。

**十二日，壬戌，十**　　雨

是日双十节。

**十三日，癸亥，十一**　　雨

发冒鹤亭函，另邮文稿四篇，寄镇江租界通和五号。

吕文老来，商改《祠记》两三处。以兰石画册十二幅属序，并代撰司令官内艰挽联。

**十四日，甲子，十二**　　雨

以画册题辞及联语函吕。

**十五日，乙丑，十三**　　雨

得吕函，即为题册送去。闻有调兵赴沪说。

**十六日，丙寅，十四**　　雨止，阴晴不定

得青田知事复函，见和一诗，又以所作《记》四篇寄我。闻司令又枪毙一招兵人。

**十七日，丁卯，十五**　　晴

刘、沈二人来，云卢、何已遁，盖英舰昨得无线电也。

发青田知事函，附一诗，又记文四篇另邮。闻道科长沈芙初代瑞安，瑞知事代监督。

闽兵自平、泰来者闻有四营之多，将赴海门。

以《汲古堂集》十册赠乐清女士郑矫群，郑为高心朴子妇，孀居，只一子，与同居陈太太有旧，来此三四日而去，文理殊佳，素稔吾名，故赠以此集。

兵队由乐清大荆开台者已不少，闻一连扎县内，一连分扎大荆、虹桥。

高心朴来，不晤七八年矣。

**十八日，戊辰，十六**　　晴

**十九日，己巳，十七**　　晴

闻孙传芳于十二日入松江城。卢永祥、何丰林以第四师师长陈乐山不欲再战，即于十五日电告下野，所有护军使及第二混成旅之关防交留守司令刘永胜暂管，第十师步队交朱声广，第四师归夏兆麟。卢、何即于是日乘日本轮出口，或云赴东洋，或云赴奉天。潘国纲将第一师交与第二旅，旅长伍文渊于初十日十二接事。

为彭司令撰《祭宁太夫人文》一篇，交吕文老转交。盖系参谋陶振祖托监督杨承孝代作，杨又属人托吾，转辗再三，可云迂曲。不得已，为草二三百言，司令于廿一日开吊也。杨于昨午接关务，陶即委充第八区烟酒公卖局长者，统捐局长为军法官朱秉钧。彭本旗人，家北京宣武门内西拴马椿十九号，兄弟三，司令居次。陶，黄冈人，与道尹姻戚。杨字君述，亦湖北人。

**二十日，庚午，十八**　　阴

蒋任，本月上半月顾问脩已不送。报馆来十一至十七报七纸，其十六、十七两日纪松江失守，卢、何下野及甬江自治政府甫宣言即变局各情颇悉。孙入松系阳历十日，卢、何去沪系十三日，由日轮上海丸赴长崎，有赴日本与奉天二说。甬江变局则由杭以王桂林为宁台镇守使兼司令，一师师长伍文渊、二旅旅长郝国玺为宁台副司令饵之，盖三人皆与蒋、吕等为自治之人，用术以离之，所以自治不成。又传闻郝、伍不和激斗事，亦一疑点。得陈胜帷初九十一函，内附家信，所言极略。

**廿一日，辛未，十九**　　阴

周共和凡十四年，周末自赧王五十九年崩至秦始皇二十六年灭六国成一统，中间战国无王纪年者凡三十五载。

**廿二日，壬申，二十**　　阴

诣沈处一谈。得十三日京信，系复初二所去一函者。得陈胜帷

十六函及七律一首,附家信一封。杨君述监督来一函,聘任顾问,月
脩仍廿元。

阅十八、十九、二十《申报》,云甬江阳历十五宣布自治事定于十
四夜,所纪各节及伍文渊受伤赴沪,卸去师长事颇详。

**廿三日,癸酉,廿一**　　晴

清晨谒杨监督,谈颇洽。云稍待当以科长见任,人殊爽快诚实,
亦难得也。复陈胜帷函。

**廿四日,甲戌,廿二**　　阴

清晨诣王、章、沈、吕四处,入文老病室略谈,疾属肝风头重,不
便坐起,无他恙也。得范咏和丁外艰讣,作一函唁之,寄杭垣。

**廿五日,乙亥,廿三**　　晴

阅报,知甬江自治又变,各酋均回沪,郝旅长于十七号赴镇海,
十八号至沪,通电辞职。盖杭兵已到,百官自治,军官与通者多,势
不能不去也。

双十节,广东省城西关外工商团互斗焚杀,奇惨。各公团、学校
男女因随同工商游行,致罹劫不少,为亘古所希有。各报纪之甚详。

李孟楚来,谈及李乐臣已就广东大学教员之订,月薪可三百元,
亦过所望矣。

**廿六日,丙子,廿四**　　晴

发十五号京信。内附致郭小麓一函,《且园记》一篇。吕文老
《七十寿征启》本日来。

**廿七日,丁丑,廿五**　　晴

有自甬来者,云甬事已定,第一师由第二师师长暂兼,内部似可
不动。郝旅长于饷项发足,分文不欠,取有收条。行时,以枪四枝向
某团长易洋三百元为川赀,与潘国纲携去七万元者天壤矣。自治诸

公均遁,变起由于一旅之姚、徐两团长,报纸记载甚明。

午刻宴于关署,同席八人。以《词人祠堂记》稿属王君梅伯转交林道尹。以方介庵石章拓纸交监督。沈道尹函属撰陈止斋祠联、扁。韦珠辉自甬来一函。是日取回医院存件。诣杨园小坐。

**廿八日,戊寅,廿六　　阴**

为沈撰联、扁交去。复韦副官函,答方介庵函。诣隔壁一坐。吕文老夫人是日寿,未往贺,吕亦出门应酬。

刘项宣来,云第二营营长任君志程托其转商代撰文老寿诗,大约其人必尚通文,所以未谋面而有此举也。刘又属撰一联。得魏在田廿六函及词稿。

**廿九日,己卯,廿七　　阴**

方介庵来。以代撰联、诗函刘赞文。中华书局来《廿二史札记》一部,十六册,四元二角四分,民国十年《官场现形记》三册,一元,寄费一成在外,未付款。得曹厅长复函。

# 十　月

**初一日,庚辰,廿八　　阴**

草创吕寿文两篇。陈电飞持样本来。叶墨卿来,说传闻曹锟下野消息。

**初二日,辛巳,廿九　　晴**

以诗两首寿杨淡峰。杨伯畴以寿吕文老诗就商。

诣沈仲纬,据称冯玉祥、王承斌有兵变说,吴景濂亦预事,吴为王之师,一年来皆在王署云云。然则下野之说恐非无因。

**初三日,壬午,三十　　阴**

向道署支脩,无有,欠发阳历九、十已两月矣。为吕文老撰《寿序》一篇交去。阅廿六七八九《申报》四张，于北京政变甚详。冯玉祥于廿三号入京，合作者胡景翼、孙岳三人及王承斌、王怀庆等不一，与张作霖部李景林先已接洽。曹已下令停战，并免吴佩孚职，向国会辞职。其人在府、在使馆、在津所说不一。又密电吴率兵来救，吴亦通电讨冯护曹，大局未知如何。山东、山西则响应冯，张福来则助吴。

政客主张废总统制，用委员制，仿美利坚费拉德费亚会议，以免酿成墨西哥之乱。

冯自称国民军第一军总司令，胡二、孙三各为副司令。

徐谦通电内有"清帝已成民国内乱犯，应即治以国法以绝乱萌"语，徐前为司法总长。

使团确查，直军在榆关及热河共死伤八千馀人，逃散者五千馀人；奉军在榆关、九门死伤七千馀人，逃散及俘虏四千馀名；苏浙共死伤六千馀名。南北军用品及军费损失在七千万，人民之损害尚不在内，估计本年内战直、间接损失足以偿还所负外债而有馀。

关署半月顾问脩亦未送。

**初四日，癸未，卅一**　　晴

吕文起来，云寿文即付缮，又为其写诗轴及贺联。黄仲荃云，即赴杭。吴佩孚已至津，通电讨冯。

**初五日，甲申，十一月一号**　　晴

陈电飞来，索去代撰对联。答诣黄仲荃，渠在杭住新市场惠兴路西四弄一号温州会馆。警备队统带王文彬撤差，由永嘉夏樾百龙接手。得陈胜惟廿六来信。

**初六日，乙酉，二**　　晴

代沈仲纬撰寿吕诗二首，并诣彼一谈。送吕宅寿礼、贺礼八色，全收。黄仲荃来，云初八登舟。为杨监督撰诗两首交去。又撰吕公寿文一篇。章吉士来，黄仲荃来。

**初七日，丙戌，三　　晴**

发十六号京信，并洋卅元，用银币以保险信封邮寄，因京城兵乱，现洋不能寄也。杨监督见赠七律，自书小屏，诗、字均尚可观。

**初八日，丁亥，四　　晴**

午刻宴吕宅，杨监督外皆本地人。

**初九日，戊子，五　　晴**

杨淡峰来。得冒鹤亭回信及五古一篇，云邮去文件尚未到。为杨监督撰陈止斋祠联交去。

**初十日，己丑，六　　阴**

清晨诣吕文老，闻道尹已委一陈姓青田人，属拟《上孙巡使书》，交来冬季脩。诣道尹，未面。诣第二科科长，亦未面。

**十一日，庚寅，七　　阴**

为吕拟函交去。取来关署阳历十月分半月脩。来报五纸。由沈处假来写刻本《陶诗》三册。

**十二日，辛卯，八　　晴**

来报两日。曹锟于阳历二日下野，黄郛代阁摄政。吴佩孚既失滦州，而北仓、杨庄大败，现率残兵万人登日舰逃，逃向何方尚未悉。段虽未出，已通电矣。山东独立，兵队难行。

**十三日，壬辰，九　　晴**

吕文老长孙完姻，午后往贺。刘缙字云五携乃翁次饶函来，云乃翁尚在金乡小隐轩，派伊代贺吕公。谈邑令为杨姓排长捆掌一事，实从来未有之辱也。夜答次饶书，附《北京纪事》近作四首。

**十四日，癸巳，十　　晴**

旋诣吕宅拜寿、午宴。来初十、十一报两份，知清皇室被迫于阳历五日午刻出宫,迁居后海甘石桥醇王府,取消优待条件。宣统欲入交民巷使馆,不允。任此者为鹿钟麟、张璧、直绅李煜瀛及绍英。五日十时入见,午时即完全出宫。英、荷、日三国均质问。

周孟由来,以《印光法师文集》见贻。将《戒杀放生说》一篇付之,云寄沪登《海潮音》月报。王丹书字康侯者来。

**十五日,甲午,十一**　　晴

又以一函寄刘次饶,添入《纪事》一诗,并改定第二首。以诗五首函曹悯佛。章吉士以《五十自寿》诗六首见商。

**十六日,乙未,十二**　　晴

陈宅移居双门七枫巷。吕文老及夫人、新娘均来谢步,未之见。发冒鹤亭函,寄金陵,附诗五首。发陈胜帷函,寄甬江。

**十七日,丙申,十三**　　晴

发范纯伯希仁函。得陈胜帷九号函及家信。章吉士来。报登吴佩孚于七号夜抵金陵。抄就壬戌九月以至本年十月文稿三十篇为两册,曰《捉刀稿》、《弄墨编》,"弄墨"改"弃箧"。

**十八日,丁酉,十四**　　晴

**十九日,戊戌,十五**　　晴

清晨诣道尹一谈。诣吕,已出。午后诣杨监督。诣沈仲纬,遇刘赞文。

**二十日,己亥,十六**　　晴

发陈胜帷函。

**廿一日,庚子,十七**　　晴

以楹联送杨淡峰。

**廿二日,辛丑,十八**　　晴

清晨诣吕宅,正诵经。闻当晚关署演剧为寿并宴司令。

**廿三日,壬寅,十九** 晴暖

在沈宅一谈,其亲家樊荪卿,前清廪生,以放债起家,家赀数万,人不敢欠。住八仙桥。沈又谈及武昌琴园主人任某及黄溯初等发财之历史。

**廿四日,癸卯,二十** 晴

来报四日,吴佩孚已由沪宁至鄂回洛阳。得初十、十三京信,邮款尚未到。

**廿五日,甲辰,廿一** 阴

再以七律二首寿杨淡峰。发十七号北京快信。陈季孚自温岭来。

**廿六日,乙巳,廿二** 阴

章、魏二人来。

十省联盟拥段讨冯。肇和舰上九省会议,推齐为主,宁、鄂设总机关,请曹锟南下行使总统职权,未到,暂由吴佩孚代。组织北伐军,进攻冯、张。武昌已组护宪军政府,由齐通电。均见廿三日《申报》。阳历十九号。

夜微雪,颇寒。

**廿七日,丙午,廿三** 晴

诣杨园午宴,同座九人,吕老亦至,出示和彭司令诗,殊佳。云原唱甚工,才胜监督。诣陈太太一谈,永宁巷。

**廿八日,丁未,廿四** 晴

以中国银行钞票伍拾元由邮局保险寄京,又另发一信寄京。得陈副官廿一来函。函吕文老,以和彭司令二诗质之,并去续撰寿序一篇及哈同夫妇寿言印本八册。

**廿九日,戊申,廿五** 晴

文老来函,云彭司令急欲一见,属将诗写去。因往谒之,谈颇洽,旋以和章一首书呈。夜饮杨园。

**三十日,己酉,廿六**　　晴

午后诣沈,而刘亦至。谈黄、任二人及林式言、林立夫叔侄历史。永嘉张书元,乐清蒋希召叔南。

龙马精神,猿猴手段;娼妓面目,盗贼心腹[①]。

代表尼姑和尚狗;学生院长大爷龟。

# 十一月

**初一日,庚戌,廿七**　　晴

阅报,知段祺瑞于廿五日即廿二号入京,廿四号就职。其名义为临时执政,不设总理,直辖九部。传说阁员中以郑孝胥任交通,岂非奇谈? 张作霖出私财四百三十万现洋赈直隶灾,此举为共和以来所未有,人心归向,自其理也。彼每省给二万元者,视此何如? 段就职日,解除宣统监视。外人谓执政之权,与迪克推多相伴。

公函以鄂议员为透切,私函以上海蒋智由、沈铭昌为透切,苏议员通电亦佳。《申报》所著《统一财政》一文殊不劣,馀谈法理者皆不足取,且尽私意。

陈炳堃致段一电,段通电。

**初二日,辛亥,廿八**　　晴

诣魏韶成一谈。道署取来阳历九月分顾问脩,闻从此截止。诣沈宅一坐。

**初三日,壬子,廿九**　　晴

---

① "腹"字疑误。

**初四日,癸丑,卅**　　晴

诣吕文老,闻赴仙岩。章吉士以七律一首邮示。

**初五日,甲寅,一①号**　　晴

和答章诗,邮去。诣文老略谈。得廿六京信,卅元钞洋已到。

北京公联会电全国,宣告国会议员十大罪。蔡成勋于廿三宣告下野。冯玉祥辞职,并电约吴佩孚解除兵柄,一同出洋。段慰留冯。段聘梁启超、郑孝胥、荫昌充顾问。瑜、瑨两太妃出宫。拒贿议员二百七十九人宣言成立非常国会。

美国某新闻家尝对人言,普通工作每日不过八小时,而新闻家之工作时间有时且至十二小时以上。英国北岩爵士创办《泰晤士报》初时绝为艰苦,现在该报几为全世界之冠,其势力足以左右政治。英国政治之清明,大半由于新闻事业之发达。新闻事业,上则监督官厅,下则指导社会。报纸犹社会的照相,社会不安宁时,报纸上记载亦引出不欢影响,有时持论稍涉激烈,亦属《春秋》责备贤者之意。

重建雷峰塔,须六十万元。

**初六日,乙卯,二号**　　晴

至沈宅一谈。谈朱镜宙私通章炳麟女,即婿之。其人现充厦门银行副经理,乐清人。革命初年与汤执中在杭办报,汤借洋于吕文起未遂,在报纸丑诋不堪,朱稍得伙助则不然。戴立夫在温独立初尚犹豫,汤手洋枪逼成之。戴原名学礼,后改名任,本广西后补府,甫引见而国变。

**初七日,丙辰,三**　　晴

送章吉士寿礼四色。魏韶成来,云章已得司令部书记官委状。

---

① "一"上疑脱"十二月"三字。

午后致吕文老一函,附画一幅。发十九号京信。

**初八日,丁巳,四**　　雨

得初七日刘次饶自金乡来信及诗。

**初九日,戊午,五**　　雨

复次饶函,和其一诗。

阅报,知宣统帝于初三日即阳历十一月廿九号申刻偕英人庄斯敦赴交民巷,先欲入德医院,继欲入和使馆,未成。后为日使芳泽迎入日使馆,帝后亦至,馆前后门增加日兵守卫。电告政府,一面派书记官通知段执政,英、美、法使馆均电告本国。其时陈宝琛、柯劭忞、罗执①玉、载涛均到使馆。是日,京、津大风,戏拟一联:"段执政手段如斯,何时告一段落;张镇威主张未定,此刻不肯张皇。"

**初十日,己未,六**　　雨止,午后晴

章吉士招饮,未赴。得九铭十月廿八信。

**十一日,庚申,七**　　晴,稍冷

发费恕皆函。发九铭信。

**十二日,辛酉,八**　　晴

由沈宅借来笔记小说共十五册,借彼刻本《红楼梦》廿册,由老汤送去。孙文支日到津。吴佩孚去洛往鸡公山。延张医玉生为大女诊病。章吉士来。

**十三日,壬戌,九**　　晴

又延张医。代大女发松江函。沈道尹来,以和杨监督二律就商,属改。夜十钟大女产一废胎,幸本人无恙。

**十四日,癸亥,十**　　晴

酌易沈诗数字,并和两首函致。诣隔壁小坐。

---

① "执",疑为"振"。

**十五日，甲子，十一　　晴**

阅笔记小说数种，《广阳杂记》、《履园丛话》、《岛居随录》三种佳，《鸥陂渔话》、《雨窗消意录》、《三异笔谈》次之，《荟蕞编》皆节抄各家集内记事文，断非曲园之笔。《雨窗消意录》牛应之亦杂采近人笔记，而所取颇佳。《萤窗异草》云出尹似村手，全出杜撰，最下。

抄订戊午至本年文八十篇，分两册，曰《捉刀篇》，曰《弃箧稿》。

**十六日，乙丑，十二　　晴**

大女病体不支甚，延女医诊，云脉象不佳，未开方。近黎明，竟弃世，交十七日卯时，阖家慌乱。

**十七日，丙寅，十三　　晴**

内子哭晕，连哭不已。仍唤潘房东来办理一切，函向吕文老借五十元，许明早送来。夜一钟就殓，即出厝。

**十八日，丁卯，十四　　晴**

清晨佛官兄弟三人均送至护国寺山麓厝所。昨日卧床，今日在郊，岂不悲哉！文起交来洋五十元。发念慈信，双挂号寄杭州柴木巷省会警察厅拘留所，书潘绳祖名梓青，伊母住缸儿八十一号寿枋店，与乃弟仲珊同居。发松江陆军第四师司令部。

**十九日，戊辰，十五　　晴**

得初六日京信，云北洋近年不封河，轮船可行。得冒鹤亭自如皋冒家巷十二月八日复函。

**二十日，己巳，十六　　晴**

发十九号京信。南溪徐氏昆仲云龙益灵、石麒[1]天遨二人来。

报登巡阅使已裁，齐燮元免职，由韩国钧兼军事善后。卢永祥

---

[1] "麒"疑为"麟"，下同。

充江浙宣抚使,蔡成勋逃。

**廿一日,庚午,十七**　　晴

严、林二人先后来。得费恕皆复函。赣督理方本仁,省长胡思义均任命,齐燮元遁。

**廿二日,辛未,十八**　　晴

清晨诣道尹一谈。林铁尊家住武进县武进医院隔壁,在京充外交部参事,国务院秘书。

**廿三日,壬申,十九**　　晴

发房东杨馨山函,寄杭垣广福营。苏人汪堃《盾鼻随闻录》坊刻改《钞报随闻录》。

**廿四日,癸酉,二十**　　晴

为亡女召僧诵经、礼忏、放焰口。

同居之青田人眷属来城。吕文老来。得陈胜惟函,即答之。

**廿五日,甲戌,廿一**　　晴

发刘次饶函。严琴隐来。向青田人徐某假来百元,并前为百五十元,以五十元还吕文老。

方氏《梦园丛说》四册、陈氏《庸间斋笔记》四册、薛氏《庸盦随笔》六册,均近人笔记之不可不看者。三家各有佳处,尤以陈氏为较核实而有用,盖专于纪叙,并无能文之见存而文亦未尝不工也。

**廿六日,乙亥,廿二**　　阴

冬至。发陈胜帷函。发章一山函,内附致天津郝旅长函,由沪付邮。报登渠充混成第一旅长。

**廿七日,丙子,廿三**　　晴

诣沈略谈,又取来笔记小说六册,而以民国十年《官场现形记》三册假之。函致吕,即得复,云杭行尚未定。

**廿八日,丁丑,廿四**　　晴

诣缉私十二营营长金砚农少将普荫一谈,直隶任邱人,久于军事,颇和蔼。

**廿九日,戊寅,廿五**　　阴,微雨

得杭垣潘梓青回信。报登苏齐现为保安总司令,反抗中央,纷纷调兵,浙孙有联盟之说。

# 十二月

**初一日,己卯,廿六**　　晴

徐云龙来,并偕一西溪人,云吕于昨夜登舟。午后诣章吉士,未遇。诣杨淡峰一谈。以一诗赠仲陶,盖欲赴北京也。

**初二日,庚辰,廿七**　　晴

陈仲陶来,云下班船行。夜饮陈季孚处。

**初三日,辛巳,廿八**　　晴

严琴隐来,陈季孚来。得刘次饶函。

**初四日,壬午,廿九**　　晴

为严事诣龚雪臣一走。诣监督、司令部,均未面。

**初五日,癸未,三十**　　晴,连日甚暖

午后诣司令部,未通谒。严琴隐来。发京信,不列号。

**初六日,甲申,卅一号**　　阴

为楠溪人徐天邀撰文集序一篇。取来关署阳历十二月份脩。

齐于廿七号离宁到沪。廿八号,四师陈乐山之兵与孙传芳兵战于嘉兴。卢于廿八号过蚌埠。得章一山复函。

**初七日,乙酉,十四年元月一号**　　阴寒

午后诣陈季孚、蔡立功稍坐,偕诣瞿子桓一谈。以石印瞿文慎

写本诗集四册借阅。瞿住石板巷,陈住东公界五号。发九铭函。

**初八日,丙戌,二号**　　　阴

徐益灵偕西溪人朱仪卿名艺冲者来,以乃弟天遨文集一册并序一篇面交之。须臾又来,朱君以所撰《阴阳界》稿本五卷五册乞阅乞序,略一披览,糅合中西学说,研求天人性命之学,所采颇要,所造颇深,笔亦能达之。第五册皆丹功,足为读《参同》之助。不意此间竟有此学,较陈电飞为高矣,为题一诗。

闻道署黄丽中为司令官派人捕去,兵弁防卫如剧寇,左右手枪相夹,不知何故。

清晨诣道署送行,未面,呈诗二律。

**初九日,丁亥,三号**　　　雨

道尹来一片,云此次海晏尚未行,以候省电也。

**初十日,戊子,四**　　　阴,大有雪意

得七律二首。

**十一日,己丑,五**　　　清晨微雪

得念慈初四函,即答之。

**十二日,庚寅,六**　　　阴雨

沈道尹来辞行。午后雪。送章吉士贺洋。

**十三日,辛卯,七**　　　阴

诣道尹一谈,云畏风,风定始行。诣隔壁,闻黄丽中被捕为有人控其为吕公望参谋之故,警察搜其寓,无凭据,现仍押司令部中。发刘次饶函,附诗。

章回小说中如《红楼梦》、《品花宝鉴》、《花月痕》,其事多真,其人尽假。所描画者皆当时显宦名流,稍一凝思,无不可得。近出如《孽海花》、《官场现形记》、《二十年怪现状》等亦尔,且有加以发明,

指实其人。笔记小说亦多不胜观,商务馆所印杭人徐氏《清稗类抄》一书,搜罗赅备,得此亦足。近时及现代文人如金安清、裕庚、何杖、王韬、吴汝纶、梁启超、饶汉祥各集,均不可不阅。《寄园寄所寄》于前明及明季事极详,须觅原刻大板。

报登京城恐慌,迁徙者多,或有变局,外间亦有冯、孙结合南下追卢之说。善后会议章程已布,人已聘定,阳历二月以前开会。

**十四日,壬辰,八**　雨兼雪,冷甚

**十五日,癸巳,九**　雨夹雪

徐、朱二人来。朱名焕章,艺冲乃其字,当以原书五册还之。为题一诗,属其将第五册抄赠,渠亦慨许。送沈宅添箱八色。午后晴。

**十六日,甲午,十**　晴

清晨闻沈道尹已去,张道尹已来。

**十七日,乙未,十一**　晴

晨谒张道尹,略谈片刻,云上海有独立说,并云吕文老到杭曾谈及。张旋来答拜,名宗祥,字冷僧。午后诣监督,以卧未见,由科长刘惠荪泽沛招待略谈。

革命之功在革专制,然能去满人专制而造成汉人专制并武人之专制,岂所及料。革命巨子几无地以容身,岂不悲哉!

**十八日,丙申,十二**　阴

诣沈、章二处道贺。诣金一谈。夜饮沈宅。

**十九日,丁酉,十三**　雨

得刘次饶函,云已回城,即答一纸。午刻饮章寓。

**二十日,戊戌,十四**　阴

诣彭司令略谈。

**廿一日,己亥,十五**　雨

陈电飞以《读书表》印本见赠,云解馆回乐清,住乐清柳市镇智广。

**廿二日, 庚子, 十六**　　　雨

孙、齐结合,称"浙沪联军"一、二军总司令,攻去张允明、宫邦铎,据其地。松沪落于孙手,苏、常阽危。

得初五日京信,云九铭被反对党攻击。

**廿三日, 辛丑, 十七**　　　阴

梅冷生来。刘赞文来,以纸四巨幅索书。

**廿四日, 壬寅, 十八**　　　阴

得十四日京信,云开正准行。

**廿五日, 癸卯, 十九**　　　阴

为刘君写屏四纸。刘冠三来,云与吕同船归。

**廿六日, 甲辰, 二十**　　　阴

吕文老来,云道尹议续修《永志》,又属代作二诗。得次饶函,并和诗二律。陈季孚、瞿子桓同来。

**廿七日, 乙巳, 廿一**　　　阴

午刻饮吕宅,同坐为道尹、知事、王、王、张、刘及省议员数人。闻彭司令调防平湖,以第一师一旅石铸①由甬驻温,官绅筹办送迎事,交替即在日内也。杨监督函嘱撰联。取来关署阳历元月脩、道署二十日薪。

**廿八日, 丙午, 廿二**　　　阴

道署王梅伯科长以道尹所撰东山联二函属代为作对,勉为对就交去。发次饶函,附诗四首。

**廿九日, 丁未, 廿三**　　　阴,午后见日光

吕文老函送乙丑年春季脩八十元,又两次润笔四十元,随手答

---

①　"铸",疑为"铎",下同。

函璧还,旋经亲送前来,不得已领之。并为代撰送彭司令诗,用张道尹韵,而将稿件交付。又自作一首,亦用张韵送彭。彭旋来拜。各店账均开发讫,胸次为之一爽。

控吕办兵差虚冒者为永嘉人陈祖范,字叔平,系中校毕业生,现充某小学校长。该校即张书元焕绅所办者,张、陈一气,其平日无恶不作亦同,乡里周知。且屡受文老厚惠而反噬如此,尤为公论所不容。


章一山:哈同路民厚北里三弄六十七号宁海章寓。

费恕皆:民厚南里三弄八百四十二号。

孙仲约:民厚南里二弄八十八号沃邱孙寓。

杨芷晴:益寿里乙千八百〇七号。

张仲照:麦根路四十九号洋房。

刘翰怡:爱文义路八十四号洋房。

伊峻斋:蒙古路承庆里二弄六十二号。

白道文:成都路武昌里五百三十六号。

江志诚:派克路益寿里乙千七百五十三号。

宋澄之:虹口朱家木桥东有恒路尚贤里六弄乙百八十号。

九铭:北京宣外香炉营四条八号抚州府馆。

郭小麓:北京东四牌楼头条胡同。

张远伯:北京东安门骑河楼。

沈其斌质夫:杭州普安街第四师副官处。

# 民国十四年乙丑（1925）

## 正　月

**初一日,戊申,一月廿四。元旦**　　阴,微雨

街市无爆竹声,以被禁也。张仲川、郭弼丞、刘赞文、张赞卿、沈仲纬来。竟日未出。得七律一首,五律四首。金砚农营长来。偶阅船山诗,天分高,工力薄,不甚惬吾意,无怪越缦以为讥也。

**初二日,己酉,廿五**　　晴

方介庵、周孟由、严琴隐、叶墨卿、魏韶成来。

**初三日,庚戌,廿六**　　晴

吕文起来。午后,出门拜客,晤者吕文老、张道尹、刘、沈等。朱晓崖来,未遇。是日,闽军一团乘超武船去。陈仲陶以三十自寿诗来,借以《潇鸣社诗钟甲集》两册。

**初四日,辛亥,廿七**　　雨

吕文老嘱代撰《江心寺听潮和张道尹》诗,即拟就函致。

**初五日,壬子,廿八**　　雨

得七律三首。马公驭来。发刘次饶函,附诗九首。午后日出。

**初六日,癸丑,廿九**　　雨

黄仲荃自杭归,云在甬度岁,附平阳船来,以所印《慎江草堂诗》两册见赠,又代购李元仲《寒支集》及石印小本《古事比》两种。得刘

次饶函,杨房东回函。

**初七日,甲寅,三十** 晴,风厉,冷极

以五律两首赠仲荃,并书价洋六元函送,未收,云即刻登舟,元宵后再来此。午后答拜来客数处,均未面。仅与周孟由叔侄略谈,并借来丁刻《劝戒类编》四册。陈电飞又以《读书表》八部见贻,合前共十部矣。屈、章、杨、陈先后来,陈季孚来。

**初八日,乙卯,卅一** 晴,寒极

午后诣瞿子桓一谈,闻彭丽桥现在哈同园,月脩五十元,年已七十馀,系曹梅甫、左子异所荐,左已殁。李庆三来。

朱复戡自浙江陆军步兵第三团团本部来诗一纸,系《甲子岁暮感事》十二首,不知该团在何处,似在五夫。

以甲子年诗稿一册付林某钞誊。

**初九日,丙辰,二月一号** 晴

此下日子尽错。

答诣魏、郭、陈三处。

浙军步兵第一师一旅军医李镜湖字澂川者来,面交陈胜帏初三日函,据云该旅现不来温。李,平阳人。郝充混成旅旅长驻津是实,其眷现住上海法界霞飞路葆仁里十三号。答陈副官函,附诗。得九铭廿七函。瞿子桓来①。

**十一日,戊午,三** 晴

朱仪卿震球以所抄《阴阳界》第五卷一册见贻,并柚子五枚。诣沈宅一坐。以《古事比》一部、《潜龙读书表》八部交中华书局代售。局内有《古文合评》十二册,系合林西仲、过商侯两家评选为一,王罕

---

① 以下底本缺十日。

皆序之,尚可看。

明末国初西江有数家文集不可不看,如宁都之魏、南昌彭躬庵《耻躬堂》、永新贺贻孙《水田居》及广昌揭子宣、南城陈伯玑、南昌王于一等皆是。

**十二日,己未,四**　　晴

以《陶集》三册、笔记廿册还沈仲纬。刘赞文来,约明日宴饮。刘次饶、黄枚生来,枚赠柚子九个。

**十三日,庚申,五**　　阴

清晨答诣刘、黄,未遇。彭司令于夜登舟。夜饮刘处,同坐为冠三、次、枚及马孟容、公愚昆季。刘子名孔钧,字复中,充中国银行会计及金库主任。冠山即登海晏赴沪入京,席间谈及修志事,据云力言于道尹、知事,非吾与次饶不任,其实此举未必成,成亦不愿预也。雨。

**十四日,辛酉,六**　　阴雨

得道署王科长函,说公份事。写字人林卓夫又借去五角。

**十五日,壬戌,七**　　晴,天气殊佳

得七绝四首。

**十六日,癸亥,八**　　晴

阅《寒支集》竟,选四十馀篇,拟抽订成册以资玩味。李甚推姚羹湖《昌谷诗注》,不知何人。又为余希之序所注《李贺诗解》,两书均未见各家目录。

**十七日,甲子,九**　　阴

得初九日京信。发九铭信,寄北京香炉营四条八号。以选出李文付装。

**十八日,乙丑,十**　　阴

李庆三来。至沈宅一谈,许乙仙在坐。

**十九日，丙寅，十一** 微雨，寒

**二十日，丁卯，十二** 雨

发刘次饶函，并《志议》、《捉刀集》、《弃箧集》共三册，由信局去。得陈胜帷自绍城府山防次来函，即答之。

**廿一日，戊辰，十三** 阴

杨淡风以红、白梅花各一枝来。黄仲荃来，送其食品四，收二。

**廿二日，己巳，十四** 阴

诣黄仲荃，未晤。

**廿三日，庚午，十五** 雨比日，寒甚

复阅《船山诗集》竟。

夜宴福建会馆，官绅廿馀人。冷曹谈及震钧所撰《天咫笔记》，掌故甚多。又赣人某少年在京颇负诗才，诸老辈多折节与交，所称为"诗庐"。撰《学衡杂志》，评骘新学家皆谛当，所览甚博，惜已捐馆云云。又云系陈散原弟子。

**廿四日，辛未，十六** 阴雨

熊某来。是日陈宅喜事，未往。

**廿五日，壬申，十七** 雨

得刘次饶函，书已收到。

**廿六日，癸酉，十八** 雨

得陈电飞乐清来函。文老约作诗钟，因成绝句八首，另七律一首与道尹。

**廿七日，甲戌，十九** 雨

比日寒甚，加以感冒，殊委顿。善后会议议于廿二日即十三号开幕，议长为赵尔巽、汤漪。国民会议组织亦定。

以《食谱大全》、《烹饪一斑》两册送文起。

**廿八日，乙亥，二十**　　晴

致一函文起，为陈季孚说项。午后季孚来。

**廿九日，丙子，廿一**　　阴

午后至张大顺店买纸。旋诣瞿子桓一谈。吕来函，嘱代作一诗。冷曹函示近诗三首。李孟楚来，未晤。

**三十日，丁丑，廿二**　　晴

和冷曹二诗，函致之。写一联寄宋墨庵。本月得诗稍多，凡六十三首。同居青田人徐姓是夜登舟赴沪，约伴至俄国。

# 二　月

**初一日，戊寅，廿三。**以下均错　　阴

发刘次饶函，致文老一函。得陈副官函。

**初二日，己卯，廿四**　　雨

发陈副官函，告以眷属移居小南门内仓前坦第七号，并托觅《屠注随园四六》。雪作，午后至夜。次饶函缴文稿，并为作序、跋各一。日内监犯均已赦出。海晏到。

**初三日，庚辰，廿五**　　雪止，冷甚

发次饶函，并诗四首。发杨馨山房东函，寄杭州广福营七号。发郝旅长函，寄上海。

张道尹和前诗，因再呈一首。冷曹以《雪后感兴》八律来，并属转交刘赞文。答陈电飞函。童稚仙来，以《证明书》相商，给以广昌县空白一个，由其自写。

**初四日，辛巳，廿六**　　阴

**初五日，壬午，廿七**　　晴

黄仲荃来。吕文老函，云乐清刘之屏浼其转乞为《盗天庐诗文

集》作序。素未谋面，不免鹘突。《集》凡四册，略翻一过，文乏精语，诗多失粘。文起并以所撰序稿来，不得已，姑作一篇。

**初六日，癸未，廿八　晴**

取来两处阳历二月份顾问俸。闻监督已易以程姓。诣仲荃，未晤。午后黄来。

**初七日，甲申，三月一号　晴**

以《刘集》序文一篇并原稿四册函送吕宅。午后诣金宅、沈宅一谈。吕文老来，谈杨监督被攻撤委事。

**初八日，乙酉，二　阴**

陈季孚来。吕文起送来蟠桃画屏四大张，属为题跋备作寿礼。金营长来，以藏墨一盒四锭留为记念品，惜已脱胶，一动即碎。

**初九日，丙戌，三　阴**

为文起代题画幅款交去。夜饮方介庵处，分两席。听文老谈杨监督被攻撤差各情，洵属咎由自取，所有言动，无一不可入笑林与骂书。不谓荒谬糊涂竟至于此，又一《官场现形记》中角色也。

昨日得刘次饶函，即答一书，内附一书致黄枚生。因去秋七月廿五所发之函为佛官所误未寄，现搜出，加一纸并原信寄去，即由次饶转交。

**初十日，丁亥，四　晴**

楼上房屋为英美纸烟公司副买办新加坡人李天助所租，以住家眷。李字牖生，英国矿务毕业生，年三十馀，甚漂亮。原籍广东增城，侨籍南洋庇能，普通官话殊明白。同来看屋者，一台州临海人丁稽尧，字钦安，该公司稽查员；一汉口人黄国恺，该公司写字生。云日内李之女眷由上海入，不过四五人。夜月色佳。

**十一日，戊子，五　晴**

得初四日京信。吕文老来，谓道尹欲以孙督办寿序见委，以时

迫,又无事实,辞之。得九铭信。得郝旭东回函,商及且园刻碑事,
所居上海法界贝褅鏖路美仁里二号。

**十二日,己丑,六**　阴

严琴隐来。陈仲陶来,约十四校内作诗钟,并谈及志局预算事。

**十三日,庚寅,七**　阴雨,午后微雪

宣统于二月初一阳历二月廿三号夜半由京抵津,初入日租界宫
岛街太和旅馆,旋住张彪花园,后妃次日亦至。初拟东渡,现尚未
定,以事多牵掣也。

得黄枚生函,即答之。

西历乙千九①十年葡萄牙革命,送马涅尔二世赴伦敦,系以皇礼
待之。德皇威廉二世赴和兰,亦受皇帝之待遇。

张人骏见宣统帝,称"前两广督臣",不称"两江",盖愧言之。

新任瓯监督程希文,字伯衡,江西人,见《申报》。

**十四日,辛卯,八**　雨

陈仲陶招往吉士小校作诗钟。抄《且园记》稿送交吕文老。陈
季孚来,未面。得次饶函。

**十五,壬辰,九**　晴

午后诣金营长一谈,并晤其房东崔队长。崔,山东人,在温三
年。诣瞿子桓一坐。

**十六日,癸巳,十**　晴

刘、沈二人来,瞿来。吕文老赴省。

**十七日,甲午,十一**　晴

陈仲陶来,出所撰寿文见示。

————————————

① "九"下疑脱"百"字。

**十八日,乙未,十二**　　晴

林亮周来,云丁内艰,久未入城。午后闻新监督到,诣署一谒,与宋墨庵遇。发次饶函,附诗五首。

**十九日,丙申,十三**　　晴

诣道尹,卧未起,与王梅伯一谈。李孟楚来,谈及欲撰《老子古义》,专采六朝以前说。又云张道尹于《淮南子》颇致力,拟为补注;又于字学用功,曾撰《书学源流》一册印行。

《越缦堂集》四册,刻本,多于《湖塘林馆》。金营长来。

**二十日,丁酉,十四**　　阴

诣瞿子桓,未面。答诣李孟楚、陈季孚,闻陈说松阳县署被控各劣迹,经省长及高等厅各派员查访,须提四人到省审问,章吉士之子章兆熙与焉。盖系该署第一科科员,前在瑞安充收发,曾经犯案,拘禁管狱处者。据云本地各报纪之详。

发郝旅长函。

**廿一日,戊戌,十五**　　晴

函致王梅伯。得陈胜帷阳历三月十日函,云石旅长见吾诗十分赞许,有延揽意。陈因询能远出否及月薪最低限度须若干,即答一书,附诗二首。

得次饶十九来函并诗。甲子年诗抄竟,去二元二角。

**廿二日,己亥,十六**　　晴

答次饶函,附甲子稿一册,另诗七首。关署顾问虽联,而月薪减去四元,又改聘任为委任。李庆三来。徐石麒偕一龙泉人柳兆元字子青者来,并赠所画墨兰四轴。

孙文于十八日即十二号殁,用玻璃棺并药水完其尸。政界送丧费六万元,议国葬。民党及外人嘈者颇多,较袁世凯为煊赫。

发次饶函,附甲子年稿一册。

**廿三日,庚子,十七**　　阴雨

同居李买办眷属到,上下大小只四人。

**廿四日,辛丑,十八**　　雨

得次饶廿一函并诗。

**廿五日,壬寅,十九**　　雨

发次饶函,附五律两首。发文起函,为陈季孚托荐新任平阳,寄杭垣新市场惠兴路西四弄一号温州会馆。

**廿六日,癸卯,二十**　　雨

闻道尹、监督同船赴杭拜寿。

**廿七日,甲辰,廿一**　　雨竟日

**廿八日,乙巳,廿二**　　雨

得次饶廿六函,即草一纸寄之,附七律一首。

**廿九日,丙午,廿三**　　雨竟日

撤①布老少年种子。

# 三　月

**初一日,丁未,廿四**　　雨止,日光微逗

**初二日,戊申,廿五**　　晴

**初三日,己酉,廿六**　　阴

得七律二,七绝四。闻志事预算表已核定。发次饶函,附诗。下午雨,入夜不止。

---

① "撤",疑为"撒"。

**初四日,庚戌,廿七**　　　阴

选定骈文自秦迄宋必须揣摩者百五十篇,又极要者廿四篇,即在百五十篇内。得念慈月秒函。

**初五日,辛亥,廿八**　　　阴,午后雨,雷隐隐,盖今年第一次也

得七律二,七绝一。

**初六日,壬子,廿九**　　　阴

得次饶两函。午刻饮同居李买办楼上,男女合席,多至十三人。

**初七日,癸丑,三十**　　　阴

本坊拦街福,殊热闹。方、沈二人来,刘、沈、□三人来。

**初八日,甲寅,卅一**　　　阴

取来关署三月份半月夫马费,道署尚须稍待。发次饶函,附诗二纸。

**初九日,乙卯,四月一号**　　　雨

**初十日,丙辰,二**　　　阴

诣沈宅略坐。取来道署夫马费。陈季孚来。雨又作。

**十一日,丁巳,三**　　　雨

说定达官逢礼拜六及礼拜日夜从同寓李君读洋书,即从今夕起。

**十二日,戊午,四**　　　雨

足成《津门纪事》绝句十二首。得吕文老杭州书,云为陈季孚荐新任平阳沈知事,属于到日代作一函为介。即以原函示陈。

**十三日,己未,五**　　　晴

清明节。答柳子元一函并诗。

**十四日,庚申,六**　　　阴

海晏入口,门①道尹、统带均自杭归。陈季孚来,以吕函交其

---

① "门",疑为"闻"。

面投。

午后谒道尹,谈良久。《淮南子》据云尚未成,已成者《华阳国志》、《洛阳伽蓝记》两种,皆校勘各本之异同,又补足《说郛》缺卷,手缮全部,付商务馆石印,下半年可以出书,亦可谓嗜学逾常矣。颇轻孙渊如,谓其并未见《道藏》。下午雨。

**十五日,辛酉,七**　阴,微雨,连日甚寒

陈季孚来,云馆事可成。粗阅《蒿庵类稿》一过,文胜于诗,骈胜于散,醇雅莹洁,不欲出奇。

**十六日,壬戌,八**　阴

午后金砚农来,闻此次海晏船赴金陵。送以食品及白铜手炉,收二色。

**十七日,癸亥,九**　晴

午后,诣金处送行。得初十日京信,即答一函,说达官从李读洋书等事。

**十八日,甲子,十**　阴雨

**十九日,乙丑,十一**　晴

陈季孚来,云明日赴平。午后作刘次饶函,由陈带交,内附诗两纸。阅报,知瓯海监督任高尔登。随发京函。

**二十日,丙寅,十二**　晴

严琴隐来,云图书馆长已属刘次饶。报中见康南海致班禅书,成《书后》七律一首。

**廿一日,丁卯,十三**　晴

发章一山函,附诗三纸。中华书局交来定购《胡本文选》一部廿二册,字仍太小。

夜赴福聚园小饮,应严琴隐之招,同座李孟楚、范介生。范,平

阳鳌江人,充此间律师。谈及鳌江现有直达沪、闽轮船各二公司,为甬商经理,则王子澂出入口货甚旺,入口更甚,街道热闹,不比从前。又谈陈、王两党大概情形,王党党魁为子澂,刘、姜、黄附之;陈党党魁为陈小垞锡琛,已毙之汤执中附之。陈劣于王,遇事不敌。子澂所入丰裕,亦肯小小挥霍,依附者多,反对者无不吃亏。又杭关监督陈伟①,与子澂本系少年至交,现极不洽。陈伟亦平阳人,去年为孙、夏作调人,孙颇倚用。

**廿二日,戊辰,十四**　　阴。入夜微雨

**廿三日,己巳,十五**　　晴

天后诞,闽馆宴客,未赴。得刘次饶函。

**廿四日,庚午,十六**　　阴

发次饶函。

**廿五日,辛未,十七**　　阴

海晏到。得杨房东函。

**廿六日,壬申,十八**　　雨

连日伤风,颇不适。

**廿七日,癸酉,十九**　　阴晴不定

**廿八日,甲戌,二十**　　晴,日光甚烈,地潮

得次饶函,寄回诗册,云图书馆长文件已到,月初来。得卧云法师三月廿五自镇江金山寺放生社来函并《和于园诗钟》八绝,所云有绝不可解者。此君多疑无识,实罕其俦。

**廿九日,乙亥,廿一**　　晴

以诗代柬,成五古四十韵答卧云,并附三月三日七律二首、癸亥

---

①　"陈伟",疑为"陈蔚"。

腊月致徐知事函稿一通,以解疑团。发次饶函,附七绝二,属致王君。瞿子桓来。

**三十日,丙子,廿二**　　　晴,旋阴

和次饶七绝五首,函致之。得章一山廿七答函,云正月病咳,卅馀日不进食,几殆,后服温剂而痊。已移居法界拉都路三百六十号。

瞿昨传一治牙良方:用五倍子一个,破开,实以青盐,于瓦上焙之,反覆令透,取盐存性,研末瓶贮,逐日擦之,牙痛永除。

# 四 月

**初一日,丁丑,廿三**　　　阴

比日阅《廿二史札记》,此书颇资实用。

**初二日,戊寅,廿四**　　　阴

刘次饶、范介生、严琴隐来。李庆三来。同居李买办调往金华。

**初三日,己卯,廿五**　　　阴

**初四日,庚辰,廿六**　　　阴

瞿子桓来。

**初五日,辛巳,廿七**　　　阴

得陈胜帷函。

**初六日,壬午,廿八**　　　晴

刘次饶来,云移入图书馆。

**初七日,癸未,廿九**　　　晴

午后答诣次饶。严琴隐来。

**初八日,甲申,三十**　　　晴

午后诣九山一走,放生会已散。答诣瞿子桓。是日得七律二

首,七绝八首。

班禅喇嘛将到杭,此次在京礼待极隆,余谓尚缺两事:一、派衍圣公充随员;一、派张天师执帖,庶几完备。

云南大理地震巨灾,政府给恤一万元。胡景翼丧费则二万元,孙文则五万元,段芝贵亦六千元。

**初九日,乙酉,五月一号**　　雨

取来两署夫马费。

**初十日,丙戌,二**　　晴

林亮周乃兄偕前浙陆军一师团长姚味辛及一江姓同来,姚能诗,与章一山、王玫伯均熟。云玫伯已殁,不知何月日,卅年老友,为之怆然。挽以一诗,函寄一山。

下午后室人气痛大发,几濒于危,至夜始稍定。

**十一日,丁亥,三**　　雨,地蒸湿

发九铭信,详叙一切。另寄《后江东生传》两篇,《诗集自序》一篇,《台州志议》一册,挂号去。

**十二日,戊子,四**　　阴

京函本日付邮,昨系星期。

**十三日,己丑,五**　　阴,午后微雨

金砚农住南京城内中正街惠中旅馆。

**十四日,庚寅,六**　　晴

致美术社一函。同居李姓全眷赴沪。

**十五日,辛卯,七**　　晴,暖

略检箧笥。得卧云初九函及和诗三首。下午雷雨。

**十六日,壬辰,八**　　阴

发卧云函,附诗廿馀首,写横批一幅寄与。夜雨。

**十七日，癸巳，九**　　阴

得初九日京信，云郭小麓不在京，张志潭京、津宅已被封。致马、徐一函，附选举票一纸，旋得徐答函。夜马孟容来，知吕文老已旋。

**十八日，甲午，十**　　阴

方介庵来，约往松台别野①书画会，未去。冷曹来函，以卧云诗三纸见示，并索观与其倡和作，因录数十首答示之。瞿子桓来。

**十九日，乙未，十一**　　阴

清晨诣文老，座客已满，略谈数语即归。

得章一山函，云王玫伯殁时情景，尚能赋诗三首，不出讣文，此与吾意正同。夜文老来，略及志事与子桓事，因力言之，并将《台州府志刍议》一册携去。

**二十日，丙申，十二**　　雨

冷曹示所集新诗及卧云迭次来诗，因作七律一首题其《冷巢集羽》。诣子桓一谈。刘赞文来，托代作二律。

**廿一日，丁酉，十三**　　晴

为文老代作《上孙督办》诗，仿柏梁体五十韵。又为刘拟寿人诗二首。拟以"二分梁甫一分骚"刻一印或书斋额。陈中陶借去《阅微草堂笔记》十册。

**廿二日，戊戌，十四**　　晴，暴暖

得冷曹诗函，即答之，录诗四首去。为刘捉刀竟，交去。午后天变，傍晚雷雨大作。

**廿三日，己亥，十五**　　雨止

得陈季孚函，即答之。以本日所作五律二首、七绝四首函冷曹。

---

① "野"，疑为"墅"。下文五月十五日即作"松台别墅"。

以七绝函文老。中华书局交来《韩昌黎集》十二册,亦上年预约者。

**廿四日,庚子,十六　　雨**

下午子桓来,云所图已就。夜文老来,属拟函稿,面交夏季份俸。冷曹来函及诗。

**廿五日,辛丑,十七　　晴**

为吕拟稿交去,闻其宴归小病。答冷曹函,附诗两纸。

**廿六日,壬寅,十八　　晴**

下午诣瞿,未晤。得卧云函。夜严琴隐来。

**廿七日,癸卯,十九　　晴**

诣张大顺,买毛边纸乙刀,一元二角,毛六乙刀,八角。由图书馆借来《春秋大事表》、《白茅堂全集》两部。冷曹来一诗函。子桓来。

治烫伤神效方:用陈壳灰研细,入清油调敷,极验。

**廿八日,甲辰,二十　　晴**

**廿九日,乙巳,廿一　　晴**

《白茅堂集》可采甚多。

# 闰四月

**初一日,丙午,廿二　　晴**

**初二日,丁未,廿三　　晴**

得陈季孚函,即转致文老,旋得覆,知甫由寂光寺回。

**初三日,戊申,廿四　　阴**

答陈季孚函。周孟由来,以昙昉和尚所写小横幅见赠,并属题《崔太君传》后。前传袁世凯等变猪一事,据云见绍兴所出《大宗报》,事属丹徒某家,凡宰六豕,腹下各有字,为"袁"与"黄兴"、"伍廷芳"、"李文忠"等,亦可笑矣。夜雨。

**初四日,己酉,廿五** 雨,阴

**初五日,庚戌,廿六** 晴

**初六日,辛亥,廿七** 晴

得陈季孚两函,即答之。发刘次饶函。

**初七日,壬子,廿八** 晴

室人卧病三四日,今甫稍轻。为《崔母往生传》作跋,函致孟由交还,并以联、额索论月禅师书。

**初八日,癸丑,廿九** 晴

清晨诣吕,已出门。诣张,尚未起,与王略谈。下午瞿来,谈周仲明控吕事。

**初九日,甲寅,三十。以下干支皆讹** 晴

午刻赴东门外高殿下闽人陈宅宴,文老在坐,谈警察敲诈蛮赃及县知事行为颇详。

**初十日,乙卯,卅一号** 阴

取来两处五月份夫马费。得刘次饶函,云印《志》事。午后雨。由图书馆借来书三部:《易堂问目》四册,《左海集》十三册,《竹柏山房》四十册。成《挽沈道尹》诗四首。

**十一日,丙辰,六月一号** 阴

报登云南米价每斛至四十馀元,岂非奇谈。

**十二日,丁巳,二** 晴

又从图书馆借来《挈经室集》廿四册,《廿二史考异》廿册,石印《群芳谱》四函廿四册,《通艺录》仅不完本四册。徐益灵来。

**十三日,戊午,三** 晴

衡州人王志鸿来,云系王宝槐之侄,在台见过,由平阳县公署回

杭,据云王志鹤去年已死。吕文老来,云警察事已解,略及志事。为拟沈卓如挽诗两首交去,自作四律及联一付送追悼会。

**十四日,己未,四**　　晴

报登上海学生因演说、游行,初十日事。与英捕冲突,致被枪毙及伤多至数十人,有罢市之议。奉张初九日已至津。初十日又出共和路奉军第一军司令部军官格斗案,死一伤二。

杂抄之件名曰"夹袋储",拟撰诗话,尽翻各家窠臼,虽以采诗为主,而发论纪事、流言琐闻以及释道鬼狐,凡足以资惩劝、广知识者,悉纳入之。

**十五日,庚申,五**　　雨

**十六日,辛酉,六**　　阴

清晨出街买鞋一双。得初八日京信。下午雨。

**十七日,壬戌,七**　　雨

沈道尹开追悼会,未赴。刘次饶寄来张潜斋、张菊畦、华松生诗稿各一册,属为评选。严琴隐来。

**十八日,癸亥,八**　　晴

以诗册三寄还次饶。诣沈宅一坐。得陈季孚函。

**十九日,甲子,九**　　晴

向杨园索来秋海棠两小株。

**二十日,乙丑,十**　　晴

函刘次饶索老少年。

**廿乙日,丙寅,十一**　　晴

得阳历六月六号郝旭东旅长自南京利济巷十六号来挂号函,云委兼江苏陆军军官教导团教育长,正在筹办开学,意欲相招前往。

**廿二日,丁卯,十二**　　雨

**廿三日,戊辰,十三**　　雨

吕文老来,谈且园碑记事。发郝旅长函。

**廿四日,己巳,十四**　　晴

发次饶函,索老少年。

**廿五日,庚午,十五**　　晴

午后诣杨园,闻谈米事。

**廿六日,辛未,十六**　　晴

闻小南门益品糕饼店售出桂花膏①,食而死者数十人。云系内杂外洋肥田料所致,料如白糖,毒甚于砒,该店兼售此物,以故如此。

是日小民以米贵跪香②官署求平价,官不善应付,又有不情之语,致激众怒,全城罢市。学生又于西门外林益盛竹木行查出漏海米四十二袋送官。人力车均罢工。

在沈宅一谈。

**廿七日,壬申,十七**　　晴

闻漏海米自道署取至城隍庙发卖,少去十袋,米亦被易,皆为粗糙,学生不服,争回原米而仍不完,在庙发售,官绅皆在,道尹未来,传言有不堪。闻平粜与否尚无办法。午刻又于三角门查获漏海米三百数十袋,连人并获。传言警察包办,其事愈奇。

**廿八日,癸酉,十八**　　晴

府城隍庙平粜每升十四铜元,街上贴告白,百姓呼为"漏海道",指道尹为包办漏海之魁,馀为吴钟镕等三绅。店仍未开。午后在沈宅,据谈徐端甫、吴璧华二人管仓及米董事颇详,巧于作弊,不可究诘。傍晚雷雨一阵,不大。闻某猾鼓动地痞与学生对抗。

---

① "膏",疑为"糕",桂花糕又叫潮糕,下文均作"糕"。

② "跪香"是旧时情愿者手捧香烛跪在衙门前提要求。

**廿九日,甲戌,十九** 晴

是日开店复工,议定劝售、平粜、查户口、禁漏海办法。林姓行内三犯游街,并罚洋四千元了事。

**三十日,乙亥,二十** 晴

瑞、平各邑亦有吃糕殒命者,又闻毒在糖内。

# 五　月

**初一日,丙子,廿一** 晴

订成抄本各种六册。得刘次饶复函。

**初二日,丁丑,廿二** 晴

**初三日,戊寅,廿三** 晴

徐氏昆仲来。

**初四日,己卯,廿四** 晴

取来两署阳历六月份夫马费。闻明日起罢市三天,通国一致。

**初五日,庚辰,廿五** 晴

诣道署、吕宅。夜文老来。

**初六日,辛巳,廿六** 晴,天时炎热

夜饮道署,皆署中人,无外客。

**初七日,壬午,廿七** 晴

发刘次饶函。

**初八日,癸未,廿八** 晴

**初九日,甲申,廿九** 晴

**初十日,乙酉,三十** 晴,比日大热

得李孟楚瑞安函,寄来《左传事纬》八册。

**十一日，丙戌，七月一号**　　晴

发刘冠山函，寄北京东城米市大街议员公寓。

**十二日，丁亥，二**　　晴，时阴

周孟由来。得次饶函。自闰四月初九至此干支尽错。

**十三日，戊子，三**　　阴晴不定，天气甚热

**十四日，己丑，四**　　晴

**十五日，庚寅，五**　　阴晴不定

午刻宴松台别墅，主为曹、朱、朱，客为道尹、酒捐局长朱、吴、王、陈、蔡诸君，吕未到。

**十六日，辛卯，六**　　晴

覆阅前撰《嫠纬篇》一册，篇篇有意，卓然可传。

**十七日，壬辰，七**　　晴

章吉士来。

**十八日，癸巳，八**　　晴

连日大有风痴意，而雨甚微。以文稿廿五篇并纸函请陈仲陶代誊。

**十九日，甲午，九**　　东风大作，午后大雨

以《嫠纬篇》给沈仲纬一看。

**二十日，乙未，十**　　风雨未息

发费恕皆函，内附致姬觉弥函。

**廿一日，丙申，十一**　　雨止

**廿二日，丁酉，十二**　　晴

吕宅分来米一袋。取回《嫠纬篇》。

**廿三日，戊戌，十三**　　晴

清晨拜客数处，晤周孟由，酒捐、统捐二朱局长，洋广局长未晤，

监督未旋。陈仲陶偕王、叶两人来。孟由所赆《好生救劫篇》一小册殊佳。

**廿四日,己亥,十四**　　阴,午间大雨一阵,旋止,日出

答李孟楚函,寄水心殿街。酒捐局长朱士振字伯房者来拜,即张幼樵之内侄,杭人。

**廿五日,庚子,十五**　　大风雨竟日

**廿六日,辛丑,十六**　　风雨稍杀

以米价十元及袋乙口还吕宅,旋得回信。夜四更,城内火起。刘项宣仍为商会文牍,房与上次同。所开东门外恒泰行私贩鸦片,又藏手枪廿四□,被宪兵搜获,拘去行中数人,并电省。

**廿七日,壬寅,十七**　　阴,时雨

严琴隐来。

**廿八日,癸卯,十八**　　阴

清晨诣吕文起略坐。诣道署,与张秘长、王科长一谈。午后三钟许,大风雨雷电,霹雳大作,如斗于空,为自侨瓯来所无,约半时许始定。

**廿九日,甲辰,十九**　　阴

闻道后电杆打断,如许怒雷,仅断一竿,或有他故。闻警备队统带夏樾殁于其时,尸束小如孩童。

诣冷曹一谈,以《嫠纬篇》、甲子稿各一册送阅,属其审定。入夜又大雷雨,一阵雨,无风。冷曹云,昨日雷作时杨博夫、朱小崖均见一大火球坠西方。

**三十日,乙巳,二十**　　阴,郁闷不可耐

得廿六日京信。发陈季孚函。

# 六　月

**初一日，丙午，廿乙**　　阴晴不定

闻警备统带为吕和英，缙云人。

**初二日，丁未，廿二**　　晴，热闷

得陈胜帷廿五日函，即答之。

**初三日，戊申，廿三**　　晴

冷曹来，先以《嫠纬篇》见还，诗册尚留观。

**初四日，己酉，廿四**　　晴

吕处交来新刻《重修且园碑记》拓本两纸。傍晚大雷不雨。

**初五日，庚戌，廿五**　　阴

发南京郝旅长函并碑拓，保险付邮。

昨晡大南门外雷击，死一船户。闻一少妇在船，有手钏、指环，将为船户谋毙。突然雷起，提赴岸上，妇亦惊死在舟，旋为人救苏。果报昭然，莫速于此。

傍晚雷又作，欲雨不雨。

**初六日，辛亥，廿六**　　阴

以郝函付邮。曹厅长来，谈时局。朱晓崖来。

**初七日，壬子，廿七**　　晴

清晨诣道尹，未面。答诣章吉士。以西瓜四枚送琴隐。

**初八日，癸丑，廿八**　　阴雨

以《纪事》六首函冷曹。下午过沈宅一谈。

**初九日，甲寅，廿九**　　晴

冷曹和诗来，属示次饶，遂发次饶函，附曹诗及余原诗，并附《嫠纬篇》一册去。诣监督,尚未旋。得刘贞晦六月初三复函,住址在北京东城米市大街北京公寓。仲陶以《松台宴集》诗索和,随答一首交去。

**初十日,乙卯,三十**　　晴

又和仲陶一诗。

**十一日,丙辰,卅一**　　晴

发刘贞晦函,附诗两篇,并托物色一书。取来两署七月份夫马费。冷曹交还甲子稿,并题七绝五首。二更雨。

**十二日,丁巳,八月一号**　　阴

和冷曹作,并报纸函送。

**十三日,戊午,二**　　晴

冷曹来,以《文艺杂志》及新出之《华国报》见示。

**十四日,己未,三**　　晴

得六月六日九铭信,由民听通信社所发,社纸①在北京香炉营四条三九号。参政院初十开幕。为沪案愤激投水者学生刘光权、王宗培,又女生陶英珍,陶被救得活。

**十五日,庚申,四**　　晴

得郝旅长回信并相片。夜月蚀。

**十六日,辛酉,五**　　晴

刘次饶来,带来老少年四五株。得章吉士函,云道尹太太本日生辰,代搭席分已来不及。冷曹来,出示近作。

**十七日,壬戌,六**　　晴

**十八日,癸亥,七**　　晴,夜雨

---

① "纸",疑为"址"。

**十九日，甲子，八**　　晴

冷曹来，并示与刘、陈唱和诸作。诣次饶略坐，旋赴华盖山，亦冷巢所招，到者张、吕、陈、朱、张及审判署某公。得七律二，冷巢随即集羽和答。夜又以一律、二绝函之。是日立秋。

**二十日，乙丑，九**　　晴

**廿一日，丙寅，十**　　晴

**廿二日，丁卯，十一**　　晴，屡有雨意而未雨

**廿三日，戊辰，十二**　　晴

连日与冷巢往还诗函颇多。清室善后委员会于宫内得有秘密文件几种，如内务府大臣金梁及叔允、陈夔龙各折，皆指为复辟证据。事属上年二月至六月间，为宣统未出宫以前。金折指陈痛切，大意谓大臣既非办事才，更无心办事，即有才堪办事者，亦百计阻不使用，遂致皇上亦不办事。活画出左右师傅一班大老之情状，不恤招忌，亦可谓敢言。所举三十人有梁启超，无康有为，大奇。一切见六月二十、廿一二等日《申报》。江亢虎亦在卅人内，随即在报声明被牵以为抵赖，而直斥宣统之名，反覆无忌惮至此，不足云矣。

**廿四日，己巳，十三**　　晴

连日热极，午刻雨一阵即止。下午诣黄园迢暑，应冷巢之约。刘、陈二君亦集，归已黄昏矣。房东杨馨山夫妇自萧山归，即赴瑞安，来寓一行，未晤及。

**廿五日，庚午，十四**　　晴，热极

**廿六日，辛未，十五**　　晴

**廿七日，壬申，十六**　　晴，连日天热甚

各人诗筒往来不断。下午诣图书馆，诸君亦集，归已黄昏。大雷雨。与文老一函，随得复。

**廿八日，癸酉，十七**　　阴

陈季孚自平阳来。诣沈宅一坐。夜雨。

**廿九日，甲戌，十八**　　阴

上海邮局罢工，报纸停寄，此间分馆接八月十七电。下午雨。借来沈宅五色《批杜诗》十册。

# 七　月

**初一日，乙亥，十九**　　阴

得次饶函并《嫠纬篇》一册、跋后一纸，云将回里选举。诣吕文起，仍未见客，闻恙已愈矣。以诗函致曹、刘。

**初二日，丙子，二十**　　晴

陈季孚来，云即赴平。午刻赴籀园，冷巢招饮，同坐十二人，夏君臞禅有诗一首。归途遇雨。昨晡以一函致王梅伯。

**初三日，丁丑，廿一**　　晴

和夏君名承焘一诗，另一诗柬之。下午夏君偕其友李骧字仲骞者同来，云亦能诗。方君苑香来，云文老属撰张道尹太夫人七十寿文。

**初四日，戊寅，廿二**　　阴晴不定

清晨诣监督，卧未起。答诣夏臞禅，未面。为吕撰骈体一篇，约千二百馀字，致一函告之。

**初五日，己卯，廿三**　　阴，微雨

方苑香来。吕文老来，以黄菊襟《天一笑庐诗集》属题，并为代作，即仲荃叔也。改定文稿。曹厅长来，云次饶已行。

严琴隐来，谈及夏、李二人历史及瓯海公学组织大略。又淡梅冷生、陈翰香、王永山①诸议员包办香烟公栈事：该栈缴款本只五万，吕与他人所办，梅等以认缴七万夺之，献地图者，张益平也，吕因此颇衔之。张因此去了岁入三四千金之烟捐局长而充公栈岁入数百元之小股东，殊不合算。又云屠宰捐、车捐均为梅一手所包，现极忙碌。公栈查验极刻，大结怨。又云张益平、陈绥奇二人向有"善人"之目，陈为吞仓谷事、张为查捐苛虐几至为人灌粪，终日被人到宅诟詈事，名誉扫地，情形毕露。

**初六日，庚辰，廿四**　　晴

夏朣禅来。

**初七日，辛巳，廿五**　　晴

诣王梅伯、吕文老，由吕处取来道署《事略》，并取回寿文原稿，加入几层，另誊一稿，函交文老。秋季分脩亦来。

**初八日，壬午，廿六**　　晴

增补寿文，另誊交去。

**初九日，癸未，廿七**　　阴雨，东风大作

是日起阅《瓯海公报》。冷巢以《集羽词选》印纸来。

**初十日，甲申，廿八**　　风雨交作

城隍庙是日一区选举国民代表，以钱数未定争攘，不能投票，改于明日续选。

**十一日，乙酉，廿九**　　晴

选举怪状，报纸略登。为曹题七律一首。书法由王文敏溯郭兰石以跻张得天，而参以铁冶亭。

---

① 王永山，名启文，浙江温州人，奸商，1921 年为浙江省第三届议会议员。1941 任伪临时商会会长，抗战胜利后被捕，法院两次宣判无罪；新中国成立后潜藏花轿店，为群众揭发被捕，死于狱中。

**十二日,丙戌,三十** 晴

下午沈宅聚谈。杨房东病危。

**十三日,丁亥,卅乙** 晴

取来两署八月份脩。以道署寿份两元托王梅伯转交会计金兆麟。

以《揅经室集》廿四册、《左海集》十三册不全、《廿二史考异》廿册、《通艺录》四册不全、《易堂问目》四册、《竹柏山房》四十册、《白茅堂》廿册、《春秋大事表》廿四册、石印《群芳谱》廿四册共九种送还图书馆。

昨曹明佛谈及《东方杂志》有姚某笺注竹垞《风怀二百韵》,尽得本事,极详。

**十四日,戊子,九月一号** 阴

报七月十一日老《申报》登段祺瑞拟以日本退回庚款续编《四库全书》,李盛铎有条陈,议将反清派及历代反对君主思想诸书悉数收入,闻李氏个人已搜得千馀种。

**十五日,己丑,二** 晴

中元节。发次饶函。买来珊瑚笺一张。

**十六日,庚寅,三** 晴

诣答严琴隐,未面。

**十七日,辛卯,四** 晴

**十八日,壬辰,五** 晴

诣平水王庙答候李君仲骞,尚未移入。苏督杨宇霆,皖姜登选,甘冯玉祥,均见明文。周孟由来。

拟撰《共和正解》一编,以"平等"两字释"共"字,以"自由"两字释"和"字。本此立说,与专制、国体、政体、民风、士风一一较量,必使无一相同而后名与实副。上下、人我之交际、交涉以一"市"字为大旨本义,将千圣百王相传之旧说完全扫除。于军事,"服从"二字尤须透发,以祛误解。

**十九日,癸巳,六**　　晴

以《文艺杂志》五册还冷巢,旋来《华国》一册。得宋默庵函并明初青田刘孟藻《自怡集》一册,盖其裔孙祝群新刻见赠也。周孟由来。

**二十日,甲午,七**　　晴

以诗轴送道尹。诣金宅送行。严琴隐来。

**廿一日,乙未,八**　　晴

刘次饶到馆,送来梨一筐,又黄枚生一函及梨一篓。晡时以七律一首谢之,附录数诗去。

**廿二日,丙申,九**　　晴

成七排廿四韵柬黄枚生、蔡笑秋,以彼为蔡新建一阁,名曰"飞情",赋此张之,兼谢赠梨,函复平阳。下午诣次饶略谈,示以寄黄诗。

闻秦问凯荫涛七日殁于生桥盐卡,伊嫂亦已于四月间殁。

陈仲陶以《阅微草堂笔记》十二册见还。

**廿三日,丁酉,十**　　晴

以《华国报》一册还冷曹,附诗两首。王云龙来,以吴之屏诗笺一纸属和,率成二律,并裁一函。冷巢以和沈诗见示。

**廿四日,戊戌,十一**　　晴

以和吴诗函交瓯海报馆转寄。以曹诗致刘,亦附七律一首。夏曜禅来,赠七古一篇,并以纸屏乞书。随次韵和之,即写屏还之。

**廿五日,己亥,十二**　　晴

**廿六日，庚子，十三**　　阴

次饶来。雨作，旋止。冷巢以诗三首来。得十日京信，又同日刘贞晦函。雨又作，欲出不果。

**廿七日，辛丑，十四**　　阴雨

发贞晦函。和冷巢七律二首交去，并示次饶，附元唱去。发九铭信。徐云龙偕二龙泉人毛经、吴文修来，吴字省庵，毛字子风。

**廿八日，壬寅，十五**　　雨

又成二律致曹，旋得和章。

**廿九日，癸卯，十六**　　雨

又成二律致曹，并将唱和各诗致刘。吕文老送节四色，收月饼。诣刘处谈及，并诣夏君。

**三十日，甲辰，十七**　　晴

诣沈宅一谈。以上干支皆讹。

以《劝戒类编》四册还周孟由，渠又以滴益《论语学庸解》三册来。

# 八　月

**初一日，乙巳，十八**　　晴

连日右臂作痛，大不便事。借来图书馆不完本《守山阁丛书》八十一册，缺廿七种，又两种缺卷。得黄枚生函。

**初二日，丙午，十九**　　晴

**初三日，丁未，二十**　　晴

是日丁祭，得七律一首，现定计屏去吟事。

**初四日，戊申，廿一**　　晴

曹、刘二君仍以诗来，不得已，各答一首。

**初五日,己酉,廿二**

至沈宅一坐,仲纬云即日赴京,为国政商榷会会员。吕文老送来寿序润笔五十元。昨哺瞿子桓来。

**初六日,庚戌,廿三**　　　晴

吕函属撰吴方伯寿诗,为成五古五十韵。

**初七日,辛亥,廿四**　　　晴,燥热

以诗交卷。傍晚雨,雷作。

**初八日,壬子,廿五**　　　晴

**初九日,癸丑,廿六**　　　晴

以《四书蕅益解》三册还周孟由。

**初十日,甲寅,廿七**　　　晴

冷巢以《集羽集》印本一册见赠。李孟楚来。

**十一日,乙卯,廿八**　　　晴

至沈宅一谈,闻梅佐羹控吕文老事。又从曹索来《集羽集》四册,各以一册赠李、严二君。

**十二日,丙辰,廿九**　　　晴

从孟由借来《阅藏知津》十册。

**十三日,丁巳,三十**　　　晴

取来两署九月份夫马费。孟由又以《紫柏集》及《万善同归集》共十三册来。闻沪电不通已三日。

**十四日,戊午,十月一日**　　　晴

得金研农少将八月八日自南京城内马府街考棚东巷一号来函,即答之。夜,月色极佳。

**十五日,己未,二**　　　阴

莫往莫来,节景寂寥已甚。夜不见月。

**十六日，庚申，三**　　晴，旋阴

**十七日，辛酉，四**　　阴

发李孟楚函，附《志议》一册，寄瑞安，因其回里尚未来也。夜雨。

**十八日，壬戌，五**　　雨

下午，至沈宅略坐。

**十九日，癸亥，六**　　阴

李孟楚自校来新刻《屈宋方言考》一册，未云收到所寄《志议》，函询未答，想去来两不相值也。夜饮道署。以新抄出售书目一册函属刘次饶觅售，以其未到馆，特寄平阳。

**二十日，甲子，七**　　晴

清晨，诣吕文老，高卧未起。闻其夫人明日送女至沪出阁，渠于下月初二亦去，盖吉期乃九月初八也。诣瞿处一谈。

**廿一日，乙丑，八**　　晴

吕文老来函，属跋孙仲容手卷及书屏扇。诣严琴隐，未晤。送吕宅添妆八色，收四色。李孟楚来。

**廿二日，丙寅，九**　　晴

为吕书就各件送还。得次饶复函，随又以一函去。

**廿三日，丁卯，十**　　晴

双十节。居然无事。

**廿四日，戊辰，十一**　　晴

冷巢来，云伊友金松臣因《集羽集》内吾诗函询甚详，盖曾识九铭而读过先府君诗者，故举府君字，询为何人。

**廿五日，己巳，十二**　　晴

陈电飞来，示以张道尹所作《〈读书表〉序》。

**廿六日,庚午,十三**　　晴

成《纪事抒怀》四律,殊惬意。

**廿七日,辛未,十四**　　晴

冷巢来,云闻之李孟楚,瑞安志局议以总纂聘余,姑妄听之。诣沈宅一谈。

**廿八日,壬申,十五**　　晴

以《嫠纬篇》一册函示李孟楚,索其序跋。以《纪事》四律函示冷巢。

**廿九日,癸酉,十六**　　晴

吕文老来,云江浙战事发生,沪杭车停。病后神气殊衰。又云道尹激赏寿文及次饶文。发次饶函,附四诗去。诣沈一谈。

**三十日,甲戌,十七**　　晴

# 九　月

**初一日,乙亥,十八**　　晴

李孟楚来,亦言《瑞志》总纂聘我事。

**初二日,丙子,十九**　　晴

冷巢来,谈时局。已见电报,孙传芳于十七号就浙闽苏皖赣五省总司令职,讨伐奉张,各区戒严。冯已同日举事,吴尚未有明文。诣沈,沈亦所闻相同。

张道尹行期已改。吕文老已赴沪。

**初三日,丁丑,二十**　　晴

阅报,知浙军已占宜兴,上海奉军由沪退苏州,将退镇江,浙取攻势,苏取守势。

**初四日,戊寅,廿一　　晴**

诣道尹及王梅伯。午后诣陈太太处。孙氏讨奉通电已见,词意均得体,较前敌司令布告为佳,军事殊顺利。发九铭函。房东第三子杨怀周字志洁来谈,伊充青田警务某差,又入统捐局。

**初五日,己卯,廿二　　晴**

报称,浙军已占苏、常,分五路入金陵,奉军邢旅退至镇江,将为苏军白、陈等所包围。苏军响应浙军者计四师三旅,奉军只有两师,宜乎无抵抗力而退让也。

得九铭上月廿七回信,寸心稍安,附来赣长李答伊函,云《志议》一卷已交志局位置报命云云,盖由九铭所托也。

瞿子桓函索《文慎诗集》,即交来人带回。

**初六日,庚辰,廿三　　晴**

**初七日,辛巳,廿四　　晴**

**初八日,壬午,廿五　　晴**

冷巢来。连日粗阅刘楚桢宝楠《论语正义》一过,精博无伦,广采诸家,细加审择,汉师古说悉备。由此一书以治群书,触类旁通,为益甚大。未知孙氏仲容《周礼正义》体例同否。如果与同,则读此两书,足抵百数十书,事无便于此,亦无亟于此者。刘书为义理之权衡,孙书为典章制度之库藏,取资不竭,探索不穷,即以为文家之类书,亦无出其右矣。孙书湖北官局已刻,务急觅之。

**初九日,癸未,廿六　　晴**

**初十日,甲申,廿七　　晴**

**十一日,乙酉,廿八　　晴**

**十二日,丙戌,廿九　　晴**

方某来,出示吕函,属撰叶某寿诗。为拟两律,即刻交去,以原船寄沪也。借来沈宅《历代续诗话》廿四册。

**十三日，丁亥，三十**　　晴

以近诗十四首函冷巢。

**十四日，戊子，卅一**　　晴

以近诗十五首寄次饶。冷巢见和《重九》一诗，并以《集唐》十首见示。取来两署十月分夫马费。

**十五日，己丑，十一月一号**　　晴

添改《纪事》成十二绝句，分致曹、刘。冷巢来，以旧印《集唐》三册见赠。

**十六日，庚寅，二**　　晴

**十七日，辛卯，三**　　晴

得次饶复函及诗。海晏得电阻开。

**十八日，壬辰，四**　　晴

又发一长函致次饶，附七律一。

**十九日，癸巳，五**　　晴

得七律一首，甚惬意。夏、李二人来，徐益灵来。

**二十日，甲午，六**　　晴

**廿一日，乙未，七**　　晴

午刻饮于乐园，沈仲纬所招也。闻周君言，哈同花园近为合肥李氏赌窟，每日输赢以万计，租金二百元一日。诣严琴隐，借来旧本《唐诗别裁》八册。

**廿二日，丙申，八**　　晴

午后诣李、曹，均未晤。

**廿三日，丁酉，九**　　晴

冷巢来，云清江已入奉军手，海州亦然。下午雨一刻即止。林亮周来。

**廿四日，戊戌，十**　　晴

**廿五日，己亥，十一**　　晴

得金研农少将南京函，随答之。

**廿六日，庚子，十二**　　晴

是日楼上左边房屋有一青田人袁姓搬入，据云男女共三人。

**廿七日，辛丑，十三**　　晴

楼上极嘈囋，出入之人甚多。

**廿八日，壬寅，十四**　　晴

午后往拜吕统带、余知事、马警长、金排长、瞿大令及二区分警长，余及分警未晤。

阅报，知孙传芳青日到徐，联军与豫军会攻山东，张昌宗败伤，退德州，陕军队头已到济南。又云蒸日联军占济南，鲁张逃，冯军全数出动云云，馀说尚多。奉军不振如此，宜其败也。

向陈仲陶索回抄件，计来十五篇，尚存十一篇在彼。成《后纪事》七律四首，函冷巢。

**廿九日，癸卯，十五**　　晴

冷巢来，谈及金佛郎呈文非翁敬棠所能办，必出他手。下午外传联军败耗。

# 十　月

**初一日，甲辰，十六**　　晴

得陈副官乍浦函，其夫人来，亦云闻有传说。

**初二日，乙巳，十七**　　雨

二区警察将新来楼上之娼、鸨、狎客、赌具捕去，夜后放还，闻罚洋廿元。

**初三日，丙午，十八**　雨

发杨知节函，寄青田统捐局，即房东第三子，告以楼居土妓事。宪兵什长李敬如来，闻限令土妓数日内出屋。

**初四日，丁未，十九**　雨

读孙氏《孔子集语》，往往一文而《大戴礼》、《尚书大传》、《韩诗外传》、《荀子》、《说苑》、《新序》各书互见，详略同异纷歧。足悟撰述之家，纪载不必尽符，改窜亦不为病，即沿袭剽窃更所不免。比而观之，故籍了如《说苑》、《新序》，出于一手而又自相乖牾，弥不可解。若《吕览》、《淮南》，睿杂成编，固勿论矣。

图书馆取去《守山阁丛书》第一册。

**初五日，戊申，二十**　雨止

**初六日，己酉，廿一**　晴

得文起初二沪上函，云当夜赴杭，月底回寓。来陈小帅诗，属代和。即为和就，答寄杭州三元坊德康钱庄。楼上某氏是夜出屋。

**初七日，庚戌，廿二**　晴

房东第三子自青田回，与谈片刻。图书馆索回《守山阁丛书》八十一本。马孟容、方介庵来。

**初八日，辛亥，廿三**　阴

以七律一首代柬寄章一山上海，附卅六首。

**初九日，壬子，廿四**　晴暖

从籀园借来《刘孟涂集》九册、《宣公奏议》四册。严琴隐来，刘次饶来。

**初十日，癸丑，廿五**　阴晴不定

得诗一首，分致曹、刘。

**十一日,甲寅,廿六**　　晴

下午诣次饶,而夏瞿禅亦至,谈良久。湖州张氏石铭《适园丛书》刊成十集,多不经见之小品,无甚巨帙,而《千顷堂书目》在焉,闻百九十馀册。

治臂痛方:用生柑叶连嫩枝,加附子、桔梗及细砻糠炒透,布包擦之。

**十二日,乙卯,廿七**　　晴

发潘念慈函。

**十三日,丙辰,廿八**　　晴

刘次饶来。

**十四日,丁巳,廿九**　　晴

夜饮道尹署,盖谢寿也。

郭松龄、李景林对奉独立,郭在初八即廿三号在滦州发通电,逼张作霖下野,拥戴张学良而驱逐杨宇霆,电文出饶汉祥,盖已充其秘长也。郭与豫军合作,与冯亦通,随郭而变者多至数师。奉天内部亦有变叛,郭并请以岳督鲁、冯督直,李景林赴热河,而已居东三省,足见声言拥戴张学良出于滑稽。张作霖将为吴佩孚第二,段现以向日事张者事冯,冯已撤退之近畿军队重入北京。

**十五日,戊午,十一月卅号**　　晴

取来两处十一月夫马费。

章炳麟主迎黎,张謇赞成其策。吴批章电,谓"曹非窃国,段实毁法,元洪误国,断难通融"等语,如吴说,则曹且将复位矣。张宗昌前督兵赴徐州,其妾八人均同行,鲁省地丁已借至廿三年,即此两端,其他可类推矣。冯电张,亟下野,否即兵戈相见。语极峻厉,新订合作盟约效果如是。湖北人蒋作宾电吴佩孚亦颇淋漓尽致,直画出其人。贿选议员责段一电,究属中馁,言不足观。曾毓隽赴津,在前门车站被鹿钟麟捕去,经段声说未释,后始准保。安福派人危矣,冯尚未入京已如此。

**十六日,己未,十二月一号**　　晴

**十七日,庚申,二**　　晴

次饶和五律四首,并来一单购书。

**十八日,辛酉,三**　　晴

刘又来一单。书甫检齐,而延明巷火作,只隔一弄,危险异常,幸未延烧。午后以书六十部交去,并答次饶一函,另送其书四种。书价乙百廿五元,六折,七十五元二角四分。贱售应急,无奈何也。又退回十二部。

**十九日,壬戌,四**　　晴

以《蚊睫巢集》、《大谷山堂集》六册送冷巢,冷巢旋来。

午后往沈宅一坐。其于九六公债事颇析,而吾仍不了了。云永嘉首富应推林、黄、潘三家。林即崇兰,约十万外,其二弟永山,卅馀万,三弟某、四弟寡妇各有十万上下,三房均在沪;其二房专放债,取重利,一毫不拔。黄即旭初,为上海统一公司①大股东,约四五十万。潘即国纲,前浙军一师师长,约三十馀万。此三人钱最多而无子。此外,周仲明尚有数万,开一大酱园;周孟由兄弟四人并伊母合计亦十万外,孟由弟某在统一公司充副经理,该公司以公债为营业,利大而危险,所谓投机也。北门吴姓海船经商,约二三十万,其人已死。南门林姓不相上下。叶德昌田有二千多亩。杨雨农营业甚多,为电灯公司股东、总理,赀财亦殷。张益平、陈翰香各五六万。东门外各

---

① "统一公司",当作"通易信托公司",下同。

钱庄十馀家，无不获利。

夏瞿禅来，出示所撰《唐甄传》稿。

**二十日，癸亥，五　　晴**

冷巢以《玉女诗集羽》五首函示，约午刻饮乐园。成七律二首，又《夏文书后》五律二首，面致之。同座八九，皆本地人，李、李、夏、陈、江、林、徐等。

由章一山转来王玫伯行述及告窆文，盖丙寅年正月十一葬。其子王敬礼，现充北京通易信托公司副经理。家在黄岩东门前巷，通易公司在北京西交民巷。

**廿一日，甲子，六　　晴**

**廿二日，乙丑，七　　晴**

以所借书还严琴隐，并赠以《危太仆集》六册。

**廿三日，丙寅，八　　晴**

**廿四日，丁卯，九　　晴**

**廿五日，戊辰，十　　晴**

东三省每亩地收入约奉票三十元，其租税负担须二十元。李景林在直一年间，报效奉张多至五百馀万元。奉军共有二十个师长。

使团以徐谦主委员制，颇反对，谓如实行，则列国与中国外交关系即宣告停顿，关会亦即停开。

某方要求财次张训钦将金法郎案、奥债案、青盐输出案、西原借款展期案并段政府收入七千馀万细账须开出公布。

郭松龄父枪毙，李景林母拘禁。奉天发表生擒郭松龄者赏八十万元，献首级者八万元，杀死者五万元，毁其兵站者四万元，捕其将官者一万元；不肯投降奉天军者，逮捕后即枪毙。

黎以"法统论"游说各方，唐以"联省自治主义"相号召。

　　京城学生合工人、市民组学生革命军、敢死队、工人保卫团,于阳历十一月廿八包围吉兆胡同段宅,章士钊、朱深、李思浩、刘百昭、姚震、曾毓隽、叶恭绰住宅皆捣毁。旗上大书"首都革命"及"杀卖国贼"、"扫除安福馀孽"字样。国民党亦发表宣言。京畿警卫司令部鹿钟麟维持秩序。

　　李景林反郭松龄,又发豪电讨冯玉祥,电文痛发冯之为人,为各酉电音第一。

　　孙传芳不承认苏督,命令改督办为总司令名称,以陈调元任皖,邓如琢退回浔,浙、闽已定人,待宣布。岳维峻亦自任其部下为镇守使,已无所谓之中央矣。

　　张口催发三令:一免张作霖,任郭松龄;二免张宗昌,任李纪才;三免李景林,段许即办。饶汉祥未就郭秘长聘,代拟养、敬两电,郭酬万元,璧还,并反对黎元复出。豫省兵与匪之变乱,徐州各县知事之厄运,见十月廿一二日《申报》,可为痛心。

　　新出《辨正谈氏新解》出版,毛边纸,铅印,二号大字,六册。盖蒋氏原注、章氏直解、温明远续解合刊一集,处处公开,一目了然。每部六元五角,上海新闸桥大王庙祥安坊三元研究社发行,见十月十九、二十《申报》。

**廿六日,己巳,十一**　　　晴

**廿七日,庚午,十二**　　　晴

　　发章一山函。

**廿八日,辛未,十三**　　　晴

　　宋墨庵来,云在中校代馆。并谈瑞安修志事,沈凤锵本充总纂,以事被攻而知事不敢延。盖沈翁某为金钱会匪魁,见于孙太仆文内。及沈乡举出仕,赂孙氏刊集板而改易之,然未刊之本尚多流行,邑士防其纪载曲笔,遂公讦之,所言与闻之孟楚者同。

陈仲陶来。曹厅长来,出所和七律二首,仍集羽琌,工极,切极。

**廿九日,壬申,十四**　　阴

发黄岩王毅侯唁函及乃翁挽联与诗。致宋墨[①]函,询以典故数条,又同样致夏瞿禅一函。陈仲陶来函,代征《铁耕印谱》题词,即次饶先德本,重付排印者也。得十七日北京信。

**三十日,癸酉,十五**　　晴

发次饶函,附《印谱题词》四绝句去。发北京信,并邮寄洋卅元。

段氏所用,大别之可分为安派与福派,介于两派之间者又有太子派,统安福系之策画,可以纵横捭阖四字包括。三派鼎峙,互相异趣。甲主联张,乙主联冯,丙则又欲联长江系以制张、冯。各行其是,互相倾轧,遂致三面无一讨好,转结恶感。各派皆拼命搜乱,新机关叠床架屋。此辈无一不身兼数职,甚至有一人兼十馀之多。一年来耗费之国帑达九千馀万元,其接济奉方之军费尚不在内。金佛郎之解决,国库受损极巨,大部分之款既为奉方提去,小部分则为安福诸人所瓜分,虽段宏业亦由李思浩特送十五万。罪恶既由比铸成,奉方要以所得之款力修战备以求贯澈其混一宇内计画。故此次战事即谓之段政府促成亦无不可。以上云云,出于公府某人之口,可谓确论。

国民军与民党接近,固已昭昭在人耳目,所谓国民大会方面对于段侧已指出"四凶"、"十恶"、"二十太保",主张一一就逮。"四凶"即曾毓隽、梁鸿志、姚震、朱深,"十恶"即叶恭绰、郑洪年、章士钊、龚心湛、光云锦、李思浩、曾宗鉴、沈端麟、姚国桢、段宏业,"二十

①　"墨"下疑脱"庵"字。

"太保"即王正廷、杨永泰、林长民、汤漪诸人。

　　河南之淮阳县即陈州,于十月间被变兵合土匪劫掠,损失三百百①万元。架去数百人,一于姓全家男女架去十五人,每户索洋数万元,独袁保永之子索洋十万元。抢劫、奸淫,继以放火,县署局所、居民住宅焚数百间。旋分攻项城、沈邱两县,以守御严未甚得志。兵变为欠饷,为首则第二军第九师王为蔚部下之团长路老九,即受抚之著名巨匪也。

　　郏县、襄城之大劫掠则由孙殿英、王老五同时哗变,孙为旅长,王为团长,亦属二军。孙由宝丰入郏县,阴历十月十九日夜由郏县到襄城,在郏县两日夜,城内焚为空地,警察、民团枪支抢完,官署民屋抢空。襄县城内无一家幸免,损失在二千万元以上。因住户纷纷逃避,架去男女票五百馀人,自十九夜起至廿一辰刻始去。痞棍又复继之,妇女自尽者百馀人,流弹死者男女不下三百人。

　　王老五抢叶县与襄情形相同,许昌亦已告急,省城迭出劫案。

# 十一月

**初一日,甲戌,十六**　　晴

夏臞禅来,托抄之件悉交还。以《李氏蒙求》四册赠陈仲陶。

**初二日,乙亥,十七**　　晴

仲陶来一诗,随和答之。

**初三日,丙子,十八**　　晴

发武昌官书局明信片。瞿子桓来。

---

① "百"字疑衍。

**初四日,丁丑,十九** 阴

发刘次饶函。

孙传芳委陈调元为皖总司令,即督军也。委陈陶遗、王普、邓如琢为苏、皖、赣省长。邓本段所任之皖督办,与孙之任苏督办同日命令者也。王普既拒邓,孙亦阻邓,邓不能就职,由皖退浔,于歌日电致联军将领,略云:"论事势则隐然一政府,论法理似觉无此特权。民国十四年来,从无军人特委省长之先例。昔日奉侵苏、皖,犹假中央命令以行;今我所为,变本加厉,岂不窃恐国人讪笑,将士离心,不独累馨帅盛名,亦足使联军解体。各帅如以此有商榷馀地,应请早为补救之谋,必系结合信条,请将成约宣布"云云。孙恐引起纠纷,乃任邓为赣长以转圜。方本仁令其让出师长兵柄就职,现任省长之李定魁,方已饬其交卸,许其未交代之先委任知事二十缺一年不换,俾得一笔整款下台。亘古奇闻,层见迭出,赣人治赣之局破,不但李以无故去官也。

得一山复函。

**初五日,戊寅,二十** 晴

方莞香来,传文老语,属撰书新建祠堂楹联,为了三副,于下午交去。句尚好,字则劣,以黄纸滞笔也。据云糖捐加二万。月半后可旋。

**初六日,己卯,廿一** 晴

**初七日,庚辰,廿二** 晴

冬至。得次饶答函。

**初八日,辛巳,廿三** 晴

**初九日,壬午,廿四** 晴

魏韶成来。送张益平寿礼,全收。

**初十日,癸未,廿五** 晴

梅冷生明日安葬乃翁,即送洋乙元,烛乙对,通行礼也。

**十一日，甲申，廿六**　　晴

诣张宅拜寿。王云龙、吴之屏同来，吴不面十五年矣，见赠兰腿，并索书联。诣梅宅聚拜，两处客均多。抄就乙酉至戊午文稿八十篇，分三册。

**十二日，乙酉，廿七**　　晴，连日暖甚，可穿夹衣

发次饶函，附去文稿三册，又近文五篇。旋得其初九函，寄还书目一册，议已中变。

张、郭之战，郭大败。冯、李之战，李忽败，已失津沽。

太古行通州轮于阳历十七由沪北行，中途被劫，亦系盗扮搭客所为，劫去现洋三万馀，船主吴人，被伤。据云盗首仅十八岁，异哉！原船已回上海，现议汇洋加以各种保险，新章曰兵险、盗险。并照广大、广利两轮客舱用铁栅上锁以防之。

发京信。

**十三日，丙戌，廿八**　　雨，风峭，大冷

午刻宴张宅，客甚多。

**十四日，丁亥，廿九**　　西北风厉，寒甚，日色尚佳

诣瞿子桓。

**十五日，戊子，卅**　　晴，冷

成《东山种梅纪事》七古一篇，为道尹作。

**十六日，己丑，卅一**　　晴

以诗送道署，取来两处十二月夫马费。闻文起回。

**十七日，庚寅，十二月一号①**　　晴

报登郭松龄于廿三号大败在逃，并妻被获，旋即枪毙枭首。获

---

① "十二月一号"应为"一月一号"，即一九二六年元旦。

时先断其足,死状甚惨。其顾问林长民亦枪毙。又传饶汉祥亦被获。李景林大败,逃至济南。天津为冯军所占,随任孙岳为直督兼省长,段之举动如此。许世英就总理职。

严琴隐来。

**十八日,辛卯,二号**　　晴

以《东山》诗及《无题》诗函冷巢,冷巢旋来,亦以《集羽东山》诗见示,可谓不约而同。李孟楚来。夜至瓯海公学观游艺会。早间诣文老略坐。午后答诣陈季孚。

**十九日,壬辰,三**　　阴

吕宅送食物三种,收腌鸭乙对。

**二十日,癸巳,四**　　阴,微雨,即止

发次饶函,附诗五首。

拟刺取章炳麟、陈独秀、胡适之集内最狂悖之说,合以孙文、汪兆铭诸人之说为《枭音集》。

蒋介石即中正,浙之奉化人,在广东执军权,与汪精卫同奉鲍罗廷为太上皇帝,见于嵇翥青致章炳麟函。又谓陈独秀为赤化元勋,已为吴佩孚招往汉皋。

别抄东西洋人学说、政论之最精者为《他山石》,此两事必期早竣。

郭松龄于廿四日下午为穆师长部下王团长永清拿获,见张作霖致李、张电。

徐树铮于廿九夜在廊房为陆建章子陆承武复仇枪毙,承武有通电。有谓系国民军张之江所捕,卅日,奉冯玉祥命枪杀,盖陆建章为冯故妻之父,陆承武任国民军参谋,主张杀之,并非在当场也。

**廿一日,甲午,五**　　晴

冷巢以《茶山续游》七古长篇见示。

**廿二日,乙未,六**　　晴

以《孤愤》诗五古五十韵函冷巢。

外团云"中国政治如护法、护国、护宪、革命均试验无成绩,惟联省及委员制两服药未吃"。此语盖谓熊希龄通电主张元帅府联省参议院发也,外人此说与前年所云"北京为一大染缸,入即变色"皆属名言。

**廿三日,丙申,七**　　晴

冯玉祥又表示下野,夫谁欺?孙岳电请废督办而省长民选。

采近人及东西洋人论撰之可取者汇为一编,定名《群喙录闻》,或曰《有心人语》,庶拟之。《扬尘海》、《贯月虹》、《他山石》等皆不用。

**廿四日,丁酉,八**　　晴

吕文老来,面交冬季脩。发次饶函及诗。

**廿五日,戊戌,九**　　晴

冯玉祥电辞本兼各职,取消"国民军"字样,归之"国军"。西北督办委张之江,甘督委李鸣钟。郝国玺充联军第九军郑俊彦之参谋长,报登其由宿迁到宁。

今日又成《自誓》七古一篇。

**廿六日,己亥,十**　　晴

以《自誓》七古一篇函冷巢。

**廿七日,庚子,十一**　　晴

诣全芳巷黄子芬命馆一谈。下午诣吕文老,已他出。诣方介庵,属刻一章。

**廿八日,辛丑,十二**　　晴

楼上新来一本地某姓,系县署司印花者。马耀夫来。刘次饶来。冷巢以《集羽诗》函示,并问茶山看梅同去否。

**廿九日,壬寅,十三** 晴

次饶交还《文稿》三册。夜五更道前桥失火。

# 十二月

**初一日,癸卯,十四** 阴

以七律二首函冷巢。午后答诣次饶。

**初二日,甲辰,十五** 雨

黄仲荃来,新自杭归。

**初三日,乙巳,十六** 阴

以《左传事纬》八册还李孟楚。以《万善同归集》三册、《阅藏知津》十册、《紫柏全集》八册还周孟由。冷巢来一诗。

**初四日,丙午,十七** 晴

以乙丑稿一册及纸六十张交林姓抄写。

**初五日,丁未,十八** 晴

得廿六京信,洋已收到。吕文老交来吴云笙观察明年正月《七十双寿征启》,属代拟诗。

**初六日,戊申,十九** 阴雨

为吕撰七律二,自撰五古一。夜微雪。

**初七日,己酉,二十** 阴

写就吴函及诗,送交文老转寄莆田旧西门街寄园吴宅。刘次饶来,示以《东山种梅》六绝及冷巢新作四绝。

**初八日,庚戌,廿一** 晴

**初九日,辛亥,廿二** 晴

次饶来。午刻东山赏梅,并作诗钟,道尹所招,约二十馀人。

**初十日,壬子,廿三　　晴**

午刻宴吕宅,亦廿馀人。李孟楚来,交还《嫠纬篇》一册。夜四更道前失火。

**十一日,癸丑,廿四　　晴**

先日,陈、夏、李、谷瓯海公学诸君约游茶山,一再却之,未许,勉强逐队。天明出城,迟至八钟半始齐集开船。至朱①宅小憩,屋宇颇佳。随至山下看梅,梅皆白色,无他色。拍照,往返七八里,惫极。二钟回船,气促头晕,不能进餐。旋作诗钟,又作七律。归舟迷路,至十钟后始抵城。

**十二日,甲寅,廿五　　阴**

以函及七律致冷曹。送刘赞文贺礼,其四子完娶。

**十三日,乙卯,廿六　　晴**

图书馆取回《陆宣公集》、《刘孟涂集》。以《论衡》还陈仲陶。黄仲荃、高心朴同来。得臞禅诗函,即和答之。冷巢来,示新诗及和夏作,并及某事。臞禅来。

马孟起②来,云欲为我写真。并谈电灯公司新装无线电话事,上海说话,顷刻可达。每天八钟时报市面行情,十钟报上海各事,以后分报各事,即留声机器所唱亦无不达,可谓便矣。所费仅四百馀元,据云日本、西洋亦可传到。

以《嫠纬篇》一册交臞禅阅。

**十四日,丙辰,廿七　　晴**

清晨答候高、黄二君,便过琴隐。以诗六首分函曹、夏。至沈宅

---

①　"朱"疑为"诸",下同。茶山"屋宇颇佳"的,即丁卯年六月廿八"田亦三千多亩"的,主人姓诸;丁巳年八月十一"茶山诸氏与难民互殴,请兵弹压"可证。

②　"起",疑为"容"。

一谈，遇郑坎园，谈为张益平作《征启》索谢口舌，经吕、林调停，尚未解决事。

**十五日，丁巳，廿八　　晴**

**十六日，戊午，廿九　　晴，连日暖甚**

冷巢以诗函来，随答一律。午刻诣刘赞文饮，客甚多，上席片刻先回。严琴隐来，取去《台州志议》一册。抄书人支洋八角。

**十七日，己未，三十　　晴**

琴隐约午后东山诗钟，到者只七八人。黄昏而散，飞雨数点。以李成、赵仲穆、仇十洲、王石谷、王麓台画五件、朱子对乙件交方介庵出售。林立夫来，未晤。

**十八日，庚申，卅一　　晴**

取来两署一月份夫马费。方处字画退回。

**十九日，辛酉，二月一号　　阴**

以画四件交屈虞臣转售。曹厅长来。下午诣夏朣禅一谈。

**二十日，壬戌，二号　　阴**

答诣林立夫。夏、李二君来谈，知欧阳境无已建佛相大学于南京城内毗卢寺，规模颇大。叶恭绰岁助三千元，梁启超二千，陈炯明一千，其他所助尚多。其门徒以丹阳吕姓为最，年甫廿馀。京师大学堂哲学门学生多诣欧就学，欧专讲相宗。夏以《嫠纬篇》见还。

**廿一日，癸亥，三　　晴**

严琴隐来，取去《台州志议》一册。

**廿二日，甲子，四　　晴**

下午在沈宅晤刘赞文，云刘贞晦已旋，在沪撞汽车，跌，受微伤。夜细雨。

**廿三日，乙丑，五　　阴**

清晨诣刘贞晦，尚卧，未晤。

瞿子桓乃郎宣穗字仲彝者来，云乃翁属其致意。现由沪回湘，明春来温。当嘱其来日代买羊毫笔廿二枝，又以赵、仇、王、王画四件交伊向县署觅售。

付抄书人四角。以近诗五首并《蜕盦集外诗》一册函致冷巢。

拟撰《诗教传心》，将古人名篇之有秘旨奥义、经后贤抉微定评，具得作者之用心，如汤伯纪于陶诗《述酒》之类，汇而集之，亦读者所不可少之书也。从事于兹，如《历代诗话》及《诗比兴笺》、《小学弦歌》、《西昆发微》、《香奁发微》、《宋诗纪事》、《元诗纪事》皆不可缺。

黄昏微雪。

冯玉祥并未下野出洋，仍在平地泉办事。

豫省之大小红枪会、黄枪会在荥泽、荥阳两县交界激斗，小红枪会大胜，黄枪会当场解散，大红枪会人多难遁，由会首向小红枪会会长李真龙、副会长张金龙请罪，交出五万元为赎金，会徒尽归小红枪。李真龙谓渠有帝皇之福，故名"真龙"，今日随从之会徒，他日即为功臣，封侯赐爵可操左券。会徒百十成群，手持红枪，背负白刃，分向民间勒款，名为"征收皇粮"，违者祭刀，该会杀人为"祭刀"。过日不交，即行腰斩。张金龙行为尤骇，闻听传自本年一月起，每日须吃活人心肝一窠，将汜水县知事李姓捉获，就堂审问，打藤鞭五百，因其曾出示禁红枪会也。

陕西韩城、郃阳被匪兵不分之官军焚杀，极惨。第十师收编之嵩匪何梦庚绑票抢劫、横征苛派，无所不为，并招地痞设一机关名"保务局"，专司派款。何到郃阳为时不过五月，每户竟派过六七元之多。每十亩地派种鸦片一亩，征税八元；派种棉花二亩，征税四元；复派草料、棉花、布匹等物。如居民逃至他乡者，即将房屋、地亩没收。供给稍不顺，即杀之。何部在县西朱家河抢劫，适城内杨部亦至,互斗,何部尽死。何疑朱家河民招杨部来,乃派兵数连将该村人民杀尽,房屋尽焚。杨名九娃,久驻陕北。

**廿四日,丙寅,六**　　阴

**廿五日,丁卯,七**　　阴

东方社一日东京电,云无政府系分子组织之黑色青年联盟于卅一日在芝区演说后,到银座街暴行,破坏大商铺二十数户玻璃窗。

发陈胜帷函,由伊寓寄。

**廿六日,戊辰,八**　　阴

发冒鹤亭函,另附邮件。冷巢来。午后诣刘贞晦一谈。严琴隐来,以洋十元为岁费,坚辞未获,姑存之。借去《白香词笺》原刊本二册。

**廿七日,己巳,九**　　雨,天暖

下午刘贞晦来,并携去《台州志议》一册。

**廿八日,庚午,十**　　晴

吕文老来,送明年春季分脩,却之未许。属拟新任浙总司令卢小馨寿诗及和金陵军阀所作绝句十首。陈仲陶来。以七律一首柬贞晦。

**廿九日,辛未,十一**　　阴

道尹函示《东山种梅》长歌。付抄书人两角。

**三十日,壬申,十二**　　阴

为吕撰就卢氏寿诗五古三十六韵,《金陵铙歌》七绝十章,函致之。又成《除夕杂诗》七绝四,七律一。


辛亥　　宣统三年

壬子　　四年　　共和元年

| 癸丑 | 五年 | 二 | 赣 |
| --- | --- | --- | --- |
| 甲寅 | 六年 | 三 | 永 |
| 乙卯 | 七年 | 四 | 永 |
| 丙辰 | 八年 | 五 | 平 |
| 丁巳 | 九年 | 六 | 平、永、南京 |
| 戊午 | 十年 | 七 | 永 |
| 己未 | 十一年 | 八 | 沪 |
| 庚申 | 十二年 | 九 | 沪 |
| 辛酉 | 十三年 | 十 | 沪 |
| 壬戌 | 十四年 | 十一 | 永 |
| 癸亥 | 十五年 | 十二 | |
| 甲子 | 十六年 | 十三 | |
| 乙丑 | 十七年 | 十四 | |

# 民国十五年丙寅（1926）

## 正　月

**初一日，癸酉，二月十三号**　　晴暖，天色颇佳

未出门，成长歌一篇、七律一首。冷曹、文老、陈、夏、方及马氏昆仲来。

**初二日，甲戌，十四**　　晴，暖甚

刘贞晦、杨淡峰、沈仲纬、陈季孚来，杨赠梅花一枝、水仙一棻。

**初三日，乙亥，十五**　　雨，午后止

以《元旦长歌》函冷曹。

**初四日，丙子，十六**　　阴，微雨

出门答诣各处，皆未晤，晤者夏、陈二君。又诣琴隐、仲纬一谈。

**初五日，丁丑，十七**　　雨，天寒

成七律两首，柬臞禅，因昨见其七古一篇，颇似北宋人也。发次饶函，附诗二，文一。发一山函，附诗、文各三。刘贞晦来。

**初六日，戊寅，十八**　　阴雨

冷巢来，示与贞晦倡和作，并题拙作《元旦》诗后一律，随次韵答之。周孟由来。

**初七日，己卯，十九**　　雨

夏臞禅以所和一诗来。付抄写人两角。

**初八日,庚辰,二十**　　雨

又以五古一篇赠夏。

**初九日,辛巳,廿一**　　雨

萧耀南于初二殂,由吴佩孚派陈嘉谟、杜锡钧为督、长,立时就职。至是全国除山西外无一属中央矣。

**初十日,壬午,廿二**　　阴

诣文老一谈。至翰墨林看定洋连史一刀,一元,毛边纸一刀,一元三角。付板两方,属其刷印。

**十一日,癸未,廿三**　　阴,下午大雪

得陈胜帏徐州函,即答之。

**十二日,甲申,廿四**　　晴,积雪尽消

昨今各得七律一首。得冒鹤亭答函。

**十三日,乙酉,廿五**　　雨

午刻饮马宅。夜宴乐园,冷巢所招。闻胡榕村云,李孟楚之室某氏能背诵白、陆两家诗,每为孟楚检书,亦闺秀之不易得者。夏瞿禅以诗来。

报登明令讨吴。卢金山、刘佐龙为鄂督、长,谓吴佩孚盘踞汉皋,勾结陕、豫土匪扰乱中原,着派卢、刘就近剿办,岳维峻、李云龙统率各军会同剿办,早遏乱萌云云,完全安福主张,禀承冯玉祥意旨。冷巢云,某报登有冯亲笔电函,谓与吴贼势不两立,非明令讨伐不可。

撰《本事词》者,嘉庆间有湖州陈君銮一书,未见。

**十四日,丙戌,廿六**　　雨

洋广局长招饮,却之。道尹昨夜赴沪。胡榕村来。刘冠山来,赠所画梅一纸。

**十五日,丁亥,廿七**　　晴

答诣胡榕村。余知事来拜,未面。

**十六日,戊子,廿八**　　阴

取回翰墨林定印之件。以诗四首函冷巢。送吕宅贺礼。

**十七日,己丑,三月一号**　　雨

拟撰《班师新义》一篇,大旨以班师为忠于国家之第一义。答诣五六处,未面者多。托中华局买书一种。

**十八日,庚寅,二号**　　晴

取来两署夫马费。

**十九日,辛卯,三**　　晴,暖甚

冷巢来。

**二十日,壬辰,四**　　阴

方苑香来,云官绅拟制屏寿孙商,属撰文,转述余知事语,当拒却之。诣吕老五家道贺,便向鞋店买羽绫鞋一双。送吕文老贺礼。

**廿一日,癸巳,五**　　雨

刘冠三来,云本班船行,并以《志议》一册见还。夏臞禅以《移居》诗示,即和之,并借来唐氏《潜书》两册。夏君来。

**廿二日,甲午,六**　　阴

纱帽河失火,即在吕宅之右,幸即扑灭。诣看,未晤。下午刘次饶来,以香菰、豉油见赠。

**廿三日,乙未,七**　　阴雨

吕宅宴客,未赴。黄仲荃、刘次饶来。得陈胜帷徐州函,并诗数首,以七律一首答之。

**廿四日,丙申,八**

诣黄、刘,均未晤。诣冠山略谈,云明日县署为志事开会。

段以冯为直豫陕宣慰使,派员迎之。

**廿五日,丁酉,九**　　阴,微雨

夜饮卷烟公栈,梅冷生所招也。海晏开。

**廿六日，戊戌，十**　　阴

以诗函曹、夏，并邮刘。

**廿七日，己亥，十一**　　晴

上海商务馆寄售柜代售常熟《二冯先生集》，未知价目。

**廿八日，庚子，十二**　　阴

**廿九日，辛丑，十三**　　阴

付抄书人洋一元。

# 二　月

**初一日，壬寅，十四**　　微雨

冷巢约往上河乡看桃花，以雨，改集飞霞洞，得七律二。是日因米价陡涨罢市，势甚汹汹，车不能行。

晚赴杨园饮，始知淡风为抱孙开宴也。闻周仲明谈本日官绅会议事及日前县署开会刘、王冲突事。为周麟书事函吕文老。

**初二日，癸卯，十五**　　阴雨

以洋一元、诗一纸送杨淡风，夜饮彼处。

**初三日，甲辰，十六**　　雨

林立夫来，以乃翁七十寿文相属，辞之不获。陈胜帷自徐州军次回瓯，略谈近事。和郑姜门一诗交去。

**初四日，乙巳，十七**　　雨竟日

**初五日，丙午，十八**　　雨竟日

草寿序竟。自初一罢市至今，小菜场、人力车均停，闻诸绅冒雨奔走，劝告备至。

**初六日，丁未，十九**　　晴

店已尽开，米事尚未定也。答诣陈胜帷，未面。中华书局代购

《查初白诗评》一部，码二元，折一元四角，贵极。

**初七日，戊申，二十** 阴

以《潜龙读书表》四①册分赠曹、夏、李、严、陈、杨诸君。李孟楚来，亦赠一部。以寿文稿函林立夫。

**初八日，己酉，廿一** 阴晴不定

**初九日，庚戌，廿二** 晴

诣简巷英人医院拔去大牙一枚。编录玉溪生《锦瑟》、《碧城》、《药转》、《无题》诸诗各家笺评及诗话竟，约成一册，亦一快事。

**初十日，辛亥，廿三** 晴

刘次饶来。

**十一日，壬子，廿四** 晴

吕文老来，云不日赴杭及南京。谈王启文即永山事颇悉。谓王与张书元、梅雨清三人久为夏超所欲捕办各情。诣次饶，赠以桂圆、蜜枣二品。诣夏臞禅，未遇。取回仇画一幅，已索至十馀次矣。

**十二日，癸丑，廿五** 晴

黎明火警，知为公界陈季孚寓被焚，携出衣箱尽遭劫夺，为之顿足。立助十元，并为函致吕、曹二公代向司法界湖南诸公乞拯，如此惨状，不忍傍观。沈仲纬、刘次饶各来两元，刘并许转告其邑人，亦尚热心。自恨身在窎乡，无力助臂，而寡交落落，又乏将伯之可呼。

杨伯畴来，谈及王启文之历史，谓为此间第一恶棍，无恶不作。以漏海赀至三四万金。东门所开王乾记行，名贩闽糖，实专漏米。海关巡役素日勾通，屡招道尹、知事叉麻，联络官绅，人遂不敢指斥。绰号"东门道尹"，又号"日头气"，盖恶徒之俗称也。其父曾充关巡，

---

① "四"，疑为"六"。

其祖则为剃匠。以漏海赀得议员,闻此次畏捕花去四五千元,不知谁得。杨振炘雨农,南货店学徒出身,胸无点墨。张书元焕绅,已入洋教。以上皆杨说。

阳历十八号为二月初五日,北京出一大惨案。为"大沽通牒"事,学生诣国务院请愿,与公府卫兵冲突被击,男女多人中枪、中刀,极其残忍。计死者三十人,伤者一百二十馀人,内有一十三岁小学生周正铭。政府硬指为赤化扰乱治安,并下令捕首领徐谦等数人,而卫队之要犯均纵使逃,全国公愤异常。女生死者五人,《申报》均有姓名。政府认徐谦、李大钊、李煜瀛、易培基、顾兆熊五人为首谋,通令缉拿。徐即主张取消《优待清室条约》最激烈者。张作霖责备政府,云"始则任赤党为阁员,今则将青年杀死数十,诬以共产之罪,使真共产者逍遥法外"①。按,此数言极公。

**十三日,甲寅,廿六**　　　晴

午后诣陈胜帷,又诣刘次饶,刘已出。下午陈来,云明日行。夏朦禅来。冷巢来。冒风头痛。

**十四日,乙卯,廿七**　　　晴

黄仲荃来,以乃祖昆南先生《草草庐诗》抄本两册索序,并以陈石遗《元诗纪事》十二册见假。陈季孚来,曹五元、吕十元、刘沈各二元,均赠陈者,为分交讫。

**十五日,丙辰,廿八**　　　晴

发吴云笙函,寄莆田。发林铁尊函,寄南京。昨日方介庵来函,云随吕文老赴沪觅事,将寄售各件交还,只留绿端石砚一方带去觅售。道尹招饮,未赴。

---

① "三一八"惨案死者47人,伤者150人。内阁总辞职,段祺瑞终身食素以示忏悔。

**十六日，丁巳，廿九** 　晴

方介庵来辞行，以仇十洲仕女立轴托其带沪觅售。夏朣禅来。陈季孚来。刘次饶来。严琴隐来。发彭儿及九铭信。

**十七日，戊午，三十** 　晴

诣道尹，值宴客。海晏开，吕文老赴杭。

**十八日，己未，卅一** 　晴

取来两处夫马费。

**十九日，庚申，四月一号** 　晴

严琴隐来。阅《赌棋山庄词话》书六册十六卷，于姜、张流弊之浙派不惮烦言，于但讲音律、不工于修辞者亦龂龂不已，持论极正，宗派门径了然，佳书也。无一语及周保绪，殆未见其撰述。谭复堂在闽久，亦无往还。订补万氏《词律》亦精审，颇主张苏、辛。

**二十日，辛酉，二** 　晴

谢氏①最不满于王兰泉《国朝词综》。

**廿一日，壬戌，三** 　晴

**廿二日，癸亥，四** 　晴

诣道尹一谈。

**廿三日，甲子，五** 　晴

清明。发刘次饶函，附诗。

**廿四日，乙丑，六** 　晴

冷巢来。

**廿五日，丙寅，七** 　晴

以谢氏《词话》交还琴隐。

---

① "谢氏"指《赌棋山庄词话》作者谢章铤。

**廿六日,丁卯,八**　　晴

函致仲陶,得一回信。得《漫兴》七律四首,函示冷巢。

**廿七日,戊辰,九**　　雨,旋止

诣沈宅,闻谈闽馆会长改选事。

**廿八日,己巳,十**　　晴,旋阴

严琴隐来,谈良久。上海梅白格路一二一号医学书局发行《地理辨正释义》,秘诀显豁呈露,无师可通。每部实洋乙元二角,外埠函购另加邮费一角。

**廿九日,庚午,十一**　　晴

# 三　月

**初一日,辛未,十二**　　阴

送林立夫贺礼六色。诣闽会馆。

**初二日,壬申,十三**　　阴

得王毅侯自北京发来谢函及乃翁志铭。

**初三日,癸酉,十四**　　阴

夜赴席氏之宴。

**初四日,甲戌,十五**　　阴

诣林宅祝寿,雨旋作。

阅报,知段祺瑞于十号逃入使馆,以鹿钟麟发令讨段,兵围公府及私宅,改编卫队,释曹锟,电迎吴佩孚入京主政,所指金佛郎与惨杀学生及任安福三大罪,颇快人心。

佛官忽于夜间上船赴沪,云广东在沪招学生兵,特往应之。为人所愚,固可怜。先不一言,临时索洋,顷刻即去。并欲拉达官同去,禁之不可,劝之不从。闹至三四更,达官始听吾言。而佛官鬼迷不悟,无如何矣。夜雨大作。

**初五日,乙亥,十六**　　雨

林宅招饮,未去。得廿六京信。下午雨止。陈仲陶乃翁子万七十寿,送礼未收。

**初六日,丙子,十七**　　晴

冷巢来,以《集羽续编》六册见赠。周孟由以《海南一勺》十册见假。李孟楚以代购之《北堂书抄》廿册来。夜函送书价去,则已回瑞矣。

**初七日,丁丑,十八**　　晴

诣陈宅拜寿。

编定《蜕盫文剩》讫,存文百卅二篇,分五卷五册,合以《台州志议》一卷、《麰纬篇》两卷,共八卷以待印刊,删者廿二篇。《笔记》尚未编竣,大抵亦有八卷。诗则甲寅至乙丑分十二卷,删存甚妥,另《集外诗》一册、《诗外》一册、《词剩》一册,所作对联,当汇写归入《诗外》可也,生平笔墨具于是矣。《范子》辑本尚须补完单行。

夏朣禅来。仲陶送来乃翁征启,为作七律二首应之。

**初八日,戊寅,十九**　　晴

**初九日,己卯,二十**　　阴晴无定

严琴隐来。

**初十日,庚辰,廿一**　　阴

严琴隐来,赠以《集羽续集》一册,《古文释义》八册。借来《寺人征略》十六册。以书价洋十元还李孟楚。

**十一日,辛巳,廿二**　　晴

得陈叔咸自南京丁家桥十六号来函。

**十二日，壬午，廿三**　　阴

诣沈宅一坐。方处交回仇画一轴。夜雨。

**十三日，癸未，廿四**　　雨，午后止

段祺瑞因鹿钟麟退出京城，遂回公府，通电复职。不两日，以吴佩孚电口气不佳，逃往天津，又通电辞职。

佛官自沪来片，云往山东。

**十四日，甲申，廿五**　　晴

**十五日，乙酉，廿六**　　雨

洋广局来一征文启。

**十六日，丙戌，廿七**　　晴

诣人参巷看屋。

**十七日，丁亥，廿八**　　阴

偕陈、沈二人看妆楼下徐氏屋。

**十八日，戊子，廿九**　　阴

诣杨淡峰，偕渠看屋一所。下午晤陈君，云徐屋已与屋主说过，可照办。

夏曛禅偕瑞安张枏字震轩者来，年六十七，老于教员，现在公学，即继李仲骞席。自云向慕已久，今始得见。熟于《史记》，撰有《史读考异》，盖仿武氏《经读考异》体也。又云某氏所撰《〈红楼梦〉索隐》甚佳，与蔡元培之《〈石头记〉索隐》迥不同。

**十九日，己丑，三十**　　阴

取来两处夫马费。得本月初七日九铭信。以《诗人征略》十六册还严琴隐。

**二十日，庚寅，五月一号**　　晴

与杨房东面说移居备押租事。

**廿一日,辛卯,二** 晴

以《适园丛书》卅二册还图书馆,又借来东壁全集廿二册。得次饶函及诗,即发一函,亦附数诗。

**廿二日,壬辰,三** 阴

下午在沈宅一谈。陈君亦在彼,云徐处尚未晤。昨晨严琴隐忽来片,招往东山陪祭。以往八仙桥、天妃宫两处看屋归迟,未及去。昨夜大雨而雷达旦。

校阅《日记》中所抄论诗一门两卷,尚须删移。

**廿三日,癸巳,四** 天气蒸闷而热,时有雨点

午宴八闽会馆,人多喧哄。

**廿四日,甲午,五** 晴

以《海南一勺》十册还周孟由。

**廿五日,乙未,六** 晴

得吕文老上海函,附来《陈小石尚书七十寿征启》,属代拟五言长篇。孟由以《等不等观》四册来。

**廿六日,丙申,七** 晴

方苑香来,云寿诗即日欲寄,遂草就六十韵。夏臞禅来。与杨房东面订六月内还款。

**廿七日,丁酉,八** 晴

以诗稿两纸并《征启》及答吕之函统交方苑香。诣陈让顾谈屋事。陈下午来。

**廿八日,戊戌,九** 晴

诣关监督,卧未起。答诣张震轩,已回瑞。诣徐宅,与张姓说七月初迁居事,张他出,告其眷属。诣沈宅,而陈让顾亦至,说明七月初迁居,下月初择吉付徐处定洋。为黄仲荃乃祖昆南先生作《〈雪鸿

书屋诗集〉跋》。陆鲁望自作《甫里先生传》。

**廿九日,己亥,十**　　　阴,微雨

得十九日京信。

**三十日,庚子,十一**　　　阴,午后雨

林立夫送来润笔廿元,菜点六品。收回杨房东押租洋二百元,给予收条一纸。送朱晓崖礼。

# 四　月

**初一日,辛丑,十二**　　雨

朱晓崖来,以吕撰寿文商请润色,出吕意也。

**初二日,壬寅,十三**　　　晴

发黄仲荃函,附跋语一篇,寄杭州新市场。

陈季孚之长女及婿蔡立功字惟九者同来,即前岁所嫁者,已生儿矣。蔡充天津利济公司办事,该公司专运羊毛行销美国,获利殊厚。据云羊毛来自口外,售于天津行家。该公司购自各货行,加以制造,再行出口,业公司者计数十家,分售东西洋。出产之旺可知,猪鬃亦然。

**初三日,癸卯,十四**　　　晴

午后一钟许女房东病殁,大厅公用,不能不让,同居所以不便。沈宅招往略谈。新华书局新出《清宫十三朝演义》一百回出版,阅其目录,为之发指,风气至此,数千年来所无也。

**初四日,甲辰,十五**　　　晴

**初五日,乙巳,十六**　　　晴

吕宅阿四来,云文老已旋,小恙,未能出门。夏臞禅偕其未婚妹

夫陈珩同来，云伊妹佩湘于三月廿九咯血症又发而亡，出《事略》一纸，乞列名《追悼会启》，并乞挽联，盖吉期在本月初八，殊可惜也。吕文老送茶叶、火腿来，却而复送。

**初六日，丙午，十七　　晴**

颜惠庆复职通告谓"本年五月一日曹通电辞职，本院依法自本日起摄行总统职务，特此通告"。此电系十三号所发，奉未同意，奉、直破裂，指顾间耳。详见初二、初三《申报》。

**初七日，丁未，十八　　晴**

李孟楚来。以次饶所作《〈志议〉跋》一纸、自撰《说文分类》跋尾三篇函孟楚。付抄书人三角，自十二月至此付过抄书人乙元又十九角。房东第二子杨国梁兆芳自五夫军中奔丧回家，来见。

**初八日，戊申，十九　　阴**

清晨黄梅生自平阳来。诣吕文起，未晤。诣朱晓崖祝寿，即归，归时雨作。

**初九日，己酉，二十　　晴**

答诣黄梅生，未遇。撰《夏佩湘女士诔词》一篇、挽联一付。严琴隐来。

**初十日，庚戌，廿一　　晴**

诣吕文起，未面。周孟由以新出之《观音颂》三册来。

**十一日，辛亥，廿二　　晴**

朱晓崖招宴，却之。

**十二日，壬子，廿三　　晴，暖甚**

陈让卿来，云徐宅押租须先交两百元。

外人呼曹锟为"火柴"，又曰"卖布总统"，曰"猪仔老板"；呼徐世昌曰"逃克透"。外人加吾国总统以"美称"者唯此二人。

赴松台别墅书画会,与蔡笑秋女士一谈,相隔数年,蛾眉老大,几不相识矣。

**十三日,癸丑,廿四**　晴

午后在沈宅晤陈让卿,谈久,屋事尚须商议再定。吕处送来夏季脩洋。

**十四日,甲寅,廿五**　晴

以挽夏佩湘女士联及诔文送去。

**十五日,乙卯,廿六**　阴

昨、今成七律三首,殊工丽脱俗,寄托亦深。刘次饶来,以《元诗选》廿册见假。

**十六日,丙辰,廿七**　晴

诣陈让卿,未晤,晤于沈宅。

**十七日,丁巳,廿八**　阴

成七律一首,赋、比、兴悉备,可云佳制。诣刘次饶。午后雨。得陈季孚函,随答之。夜雷雨大作。

**十八日,戊午,廿九**　阴

诣陈让卿。

**十九日,己未,三十**　阴晴不定

诣吕文老,未晤。旋遣人来,订明日往谈。

**二十日,庚申,卅一号**　晴

取来两署夫马费。得陈叔咸南京十五日函,为现世宝事。下午诣吕一谈。

**廿一日,辛酉,六月一号**　晴

发陈叔咸复函。发北京信,附陈信及答稿。

**廿二日,壬戌,二号**　晴,午后陡起大风一阵

严琴隐来。夜饮严处,盖与孟楚合招也,同席常州谢君玉岑,年

少多才,师范教员也。冷巢出其友金松岑《嫁杏图》诗索和,灯下为成二律。画者毕勋阁大令,年七十四矣,旧识也。

**廿三日,癸亥,三** 阴

以七律二首及丁卯年所印《无题》诗两纸函曹、寄金。午后雨。

昨闻谢君谈郑孝胥事,云在京为宣统帝售古物,价极贱,而私入甚丰。有揽售而价稍增,帝改任之,郑衔恨,因报告国民军,致有搜禁清宫之事。果尔,肉不足食矣,始志以二十八字:"折鼎何如卖绢工,当年将玺薄司空。已亡宝镜妖难照,带剑龙头入汉宫。"

报登吴佩孚于十六日即廿七号由汉抵郑,所坐花车四周绕以黄绫,系慈禧太后特备御用者,袁世凯亦曾一用,价值六十馀万。郑州大街上满铺黄土,四围里许洗街,不许交通,事前另以飞机高举空际探察一切。先吴专车而来者皆系由汉北来之兵车,每隔一点钟即开到一列,计共十馀列,约有军队二师人数。此车名为压道,以防出险,载重炮、机关枪极多,枪口皆向外排列。

山东会匪名目至多,初称"联庄会",嗣则"大刀会"、"红门"、"玄门"、"金钟罩"等。各遗孽练拳念咒,宣传教旨,供奉老子、观音、孔子等,荒谬万端。大者为"红枪会",乘时而起者为"黄沙会"、"白戟会"、"黑枪会"。又有一种秘密教,即白莲教之流亚,称为"圣贤教",别有"五煞会"、"野猫子会"源流。见于四月十六、十九《申报》颇详。

张学良年廿六,军人为之称寿。孙传芳调兵二万在徐会操。张昌宗在鲁苛捐有商货捐、绅富报效捐、军队服装捐、兵鞋兵袜捐各名目。求雨未应,将龙王神像锁缚。

吴景濂召集国会,沪上公民发电反对,极其恶詈。

**廿四日,甲子,四** 阴

冷巢以《小瀛壶仙馆丛刊》六册见赠,广东澄海蔡竹铭著。严琴隐来。

**廿五日,乙丑,五** 阴

周孟由来,以《云栖法汇》卅四册见假,云此次印舍《观音本迹感应颂》一万部,愿亦可谓宏矣。夏臞禅来。索来《观音颂》五部,以一部转送冷巢。

诣中华书局购书三种,一元二角。还旧欠书价一元四角。

在沈宅晤陈让卿,面覆徐氏屋事。是日,杨房东商定以楼上三间并归于我,押租五百元,不收月租,一如旧例。说明廿八先付定洋乙百元,馀俟其出屋时付清。前所取回押租两百元本日仍交房东,将收条收回,悉还原状。

以《观音颂》一部转送陈让卿。严、范二人同来。

**廿六日,丙寅,六** 晴

午刻诣女子高等小学,赴夏女士追悼会,颇热闹,挽联百馀付,佳者寥寥,字更不堪。

**廿七日,丁卯,七** 阴

方某来,即介庵乃翁。

**廿八日,戊辰,八** 雨

付房东楼上添租房屋押租定洋乙百元。夏、陈二君同来。

**廿九日,乙巳,九** 雨

得五律四首。得陈胜帷徐州函。

# 五 月

**初一日,庚午,十号** 雨

严琴隐以代购《广白香词谱》五册来,无足取。

**初二日，辛未，十一** 雨，午后晴

以书价一元二还琴隐，退回。夜琴隐来，以六元为节礼，却之，坚不可。

**初三日，壬申，十二** 雨，午后晴，晴雨不时

**初四日，癸酉，十三** 雨晴不定

答陈胜帷函，附诗。

**初五日，甲戌，十四** 晴

端午节。比日得律绝十馀首，均惬心。读崔氏《洙泗考信录》，则孙氏《孔子集语》不足存矣。

乐清人黄憬字惧华者来，即仲荃从弟，菊襟子，昆南孙也。取回《雪鸿诗稿》两册寄仲荃，并云《天一笑庐诗》由此翰墨林铅印连史纸五百部，每部两册，每页工料乙元三角，书角包绫，外加布函，另给三分，统计二百馀元，一月可毕。

**初六日，乙亥，十五** 晴

发梅①鹤亭函，寄上海共和路镇安里一百六十五号。

崔氏《洙泗考信录》足为《孔子年谱》定本，自《史记·孔子世家》以下各种皆可废，亦可为《〈论语〉编年》。孙氏《家语疏证》一书未之见，然既得崔氏书，则亦不必他求矣。

**初七日，丙子，十六** 阴

午后诣答二周及洋广局朱。在朱处晤烟酒局朱君伯房，谈张仲昭在津见逊帝事甚悉。所献仅五千元，问答颇详，了然于时局、商务，殊不可测。

诣吕文老，未面。夜赴道署饮，饮后与林书记一谈。

---

① "梅"，疑为"冒"。

**初八日,丁丑,十七**　　晴

至张大顺买官堆纸一刀,二元二角,毛边半刀,二角五分。成《客座纪闻》一篇,附七律一首,记昨所闻事。

**初九日,戊寅,十八**　　晴

诣朱伯房,以《纪闻》一稿质之。诣吕文老,又未晤。

**初十日,己卯,十九**　　梅雨间作

刘复初名孔钧来,即赞文子。

**十一日,庚辰,二十**　　梅雨

**十二日,辛巳,廿一**　　梅雨

朱伯房修正原稿后段函还。

**十三日,壬午,廿二**　　晴雨间作

成一律,柬朱。

**十四日,癸未,廿三**　　晴

陈叔咸来,盖归自金陵,谈及现世宝补粮事。叔咸之侄陈达源字寿泉现充浙军步兵第三师十二团三营第十连连长,寓南京丁家桥。十二团之机关枪连驻南洋劝业会内,与丁家桥相近。

**十五日,甲申,廿四**　　阴

午后答诣陈叔咸,见瞿宅堂中祀先龛制作殊佳,应仿之。

**十六日,乙酉,廿五**　　晴,午后大雷雨一阵

答朱伯房一函。

**十七日,丙戌,廿六**　　阴,晡时雷雨又作

**十八日,丁亥,廿七**　　晴

**十九日,戊子,廿八**　　晴

以函致吕文起。得五月八日京信。得陈胜帷函,云黄仲荃到徐,由徐赴宁。比日得五、七律数首,皆工。发北京信。发张仲昭

函,挂号寄沪。

**二十日,己丑,廿九** 晴雨不定

颜惠庆去,杜锡圭代,廿四五号事。

**廿一日,庚寅,三十** 雨

取来道署六月分夫马费,关署须稍缓。

**廿二日,辛卯,七月一号** 雨,午后雨止

房东杨媪开吊发引。

**廿三日,壬辰,二** 晴

报登张、吴廿七八号先后入京会面。

**廿四日,癸巳,三** 阴

李孟楚来,云《志议》已刻好,印一百部。

**廿五日,甲午,四** 晴

黄惧华函请为乃翁作传,开来事实。

**廿六日,乙未,五** 晴

取来关署六月份夫马费。张震轩来,乞书扇,并以乃翁张庆葵心如纪事文稿《瑞安东区乡团剿匪记》属跋,又母夫人事略求作传。付抄书人一元,件已缴齐。

**廿七日,丙申,六** 晴

为《黄菊襟小传》讫,录稿交去。校阅乙丑年诗册,凡六百卅馀首,应删十之三。诣文老,谈稍久,移榻园中,尚静谧也。在沈宅见伊侄孙名炼之者,由北京大学毕业归,即日赴法国。甫廿三岁,而器宇尚佳,不似此地学堂生也。岁费共须千元,三年毕业,川赀四百元,四十馀天船始到。

黄惧华来,云乃翁诗集初三、四可印完。以乙丑稿一册函请冷巢阅之。

**廿八日,丁酉,七**　　晴,颇炎热

为张震轩作文两篇:一、《〈瑞安东区团练剿匪记〉跋》,一、《节母谢太孺人传》,皆惬当,不虚作。

**廿九日,戊戌,八**　　晴

以明信片寄丽水买艾把。是日,发热,头痛,腹泻,颇不支。得黄仲荃回书,云自徐州旋杭。邮局退回前寄林铁尊函,云已赴北京。下午大雷雨。

**三十日,己亥,九**　　晴

病卧,不舒。张震轩取去原稿并所撰。

# 六　月

**初一日,庚子,十**　　晴

黄惧华来,亦不能见。

**初二日,辛丑,十一**　　晴

晡时又大雷雨。

**初三日,壬寅,十二**　　晴

剔脚人住木杓巷口,名红妹。

**初四日,癸卯,十三**　　晴

冷巢题乙丑稿两律,和《纪闻》一律,交回原稿。

**初五日,甲辰,十四**　　晴

以楼屋召租。

**初六日,乙巳,十五**　　晴

杨淡风、潘松衡同来。潘云昌宅门口现辟屋二间,陈列书画古董为游赏处,颜曰"亦一适轩",延伊任之。伊撰骈文一篇序其事,以稿见示,云半月后可开幕也。名葆琳,永嘉廪生,与樊氏文笔相似。

瞿宅交来湖南笔六枝,价二元四角,即给付之。笔不佳而价员,不能退回。

**初七日,丙午,十六**　　晴

发陈胜帷函。函致陈仲陶,为志成辞校务。饭时风雨一阵,不大,即止。于翰墨林取来正七刀毛边纸乙百张。仲陶复函,仍留志成。夜五更将黎明大雨一阵。

**初八日,丁未,十七**　　晴

得《亦一适斋纪事》五古一首,函致文老。陈叔咸来。得初一日京信,随发一函去。

**初九日,戊申,十八**　　晴

又以一函致仲陶。得张仲昭复书及《涧于集》诗与奏议两本合八册,即发一函道谢。发京信,附张信去。得陈胜帷函及诗。楼上翁、林两姓昨日迁去。

**初十日,己酉,十九**　　晴

杨馨山房东交来楼屋押契乙纸。五百元押租洋收据乙纸,当付大洋五百元,屋事告讫,给还前所具定洋百元收条。答陈胜帷函,和以一诗,并另柬一诗。移床住左边正屋,因本日大吉也。取来艾把。

**十一日,庚戌,二十**　　晴,热甚

检点群书,以《乙丑书目》一册及《小说书目单》一纸交文华堂觅售。以乙丑年诗稿一册、文稿四篇送刘次饶阅之,渠昨始到馆,来谈。得李孟楚函及代刻《台州志议》样本来,校改数字,仍寄去,附七律一章,又以《德惠重光集》精印本一函十二册赠之。是日初伏。

**十二日,辛亥,廿一**　　晴,旋微雨

发一明片答胡李祥丽水小水门,以收到代买艾把也,五十条中

少七条。以《息影偶录》八册付书坊重订。

**十三日,壬子,廿二**　　晴阴不定,风雨斜飞

诣次饶一谈。

**十四日,癸丑,廿三**　　晴

吕文老来,属代作七古十题,并赠润资,姑漫应之。取去文稿两篇。阅《元诗纪事》竟,所采颇具,此书可传。仿郑思肖"本穴世界"、李元仲"但月斋"义,称"水月主人"。

诣沈处一谈,闻林寡妇案判定,罚洋三千元,处徒刑三年。其同赌各人亦罚如此数,独同赌而借端告发之王、陈二人竟无事。由林寡妇初冀避重就轻,且律师辈亦不欲结衅凶人,初供略未攀及,以故得免,亦幸矣哉。

又闻桂花糕案,大理院判定益美店罚洋廿五万几千元以偿死者各家,其应得刑事罪名尚未宣布。此举差强人意。

以《历代诗话续编》廿四册还沈仲纬,并赠以《青楼韵语》一册、《燕山外史注释》二册。

**十五日,甲寅,廿四**　　晴

夜诣图书馆,坐定,冷巢亦至,谈至二鼓后归。严琴隐来谈,为田土涉讼事。月色殊佳。

**十六日,乙卯,廿五**　　晴

清晨诣冷巢,而琴隐已先在。以选本《寒支集》两册借与次饶。

桂凤议定嫁与杭人孙小亭为侧室,聘洋乙百八十元。孙家杭州林司后卅五号门牌,云充某校教员。媒为杨房东戚王陈氏及王氏之戚黄显芳,系服务浙军第一师者。

琴隐来。

**十七日,丙辰,廿六**　　晴

由邮局汇洋卅元至北京,另发京信一缄付邮。次饶交回诗稿一

册及《寒支集》两册。

**十八日,丁巳,廿七　　晴,热甚**

桂凤于夜间由媒人王陈氏、黄显芳二人带去,云十九夜或二十早上广济船去。达官午饭后出外,夜深未归。

**十九日,戊午,廿八　　晴**

达官至曙不归,知有变故。查点文老所来鼎元庄十三日廿九号百元支票不见,立诣晏公殿巷该号一查,已于昨日付讫,事属达官证实。约陈叔咸来商,并由美官约伊同学访寻。下午遇之于途,车行追之不及,呼之不答,始知其日前曾有赴粤或赴南京之说。夜闻其在温州民报馆楼上,同座人多。美官唤之被叱,旁有一少年帮同吆喝。杨房东偕美官去,吾亦继往,至则空矣。报馆无人,美官等皆不见。不得已,就近询之瓯海公报馆王云龙,据云民报馆似无人赴沪,楼上高姓则不可知,高姓往来少年甚多云云。谈次而美官、老汤及伊同学某来,谓无寻处,闻由瑞安搭轮赴上海。随即回寓,无策可施,广济虽明晨开,又无人帮同终夜守候,纵令撞着,亦未能挽之使回,无可奈何,只索听之。合家忙乱焦灼不必言,而究不知其所向,胆可谓大,心可谓狠矣。

**二十日,己未,廿九　　晴**

清室要求恢复十三年原状,由遗老函商吴佩孚,由吴函致杜内阁查照。内阁交内部,内部议者多持反对论调,以未测吴意所在,未敢遽定。有李燮阳通电反对,又有国会议员何弼虞等八人电吴拒绝。最悖者为章炳麟致吴一电,内有"违誓复辟,罪在当诛。侍从群僚,悉宜骈录"语,吴复电,谓"并未闻要求还宫事,如有之,必以尊旨应付"。哿,祃。其详另录。

得六月十二京信,云已奉委交通研究会专任事务员,随向该部报到。月薪五十元,为数虽微,不无小补。该会系交部附设机关,裁设不常,会长一人,参事兼充副会长一人,事务长一人。委员五十人,每人月薪八十元;专任事务员廿四人,每人月薪五十元;兼任事务员无定额,不给薪云云。未知所办何事。

王陈氏来,云桂凤已上广济船。达官亦在船,同行者似不一人,云往广东,而达官并未明言也。本日早八钟开。

得瑞安李叔诚苣来函,为《台州志议》事特赠七绝四首,即孟楚之本生父也,书法颇好。

**廿一日,庚申,三十　　晴**

答李叔诚函,和诗四首。

为达官事函告吕文老,请其发书转托广东军界中知好留意招呼,拟就函稿大略送去,并附名条四纸。此外无他法也。夜得吕函及粤中戴、郑、钱三函,以无地址,无从寄缴,请查填再发。

诣严琴隐,未晤,旋来。

**廿二日,辛酉,卅一号　　晴**

发京信,极详细。取来两处七月份夫马费。为屈绍璟致函陈仲陶商校务事。

文老来函,附来四械:一为广东全省军械局处长兼军官学校戴立夫任,内附姚味辛一械;一为广东司令部副官长钱子芳,住广州濠畔街金陵会馆,内附郑佐平一械,呼为仁弟。共四械,即为付邮。

得九铭函。

**廿三日,壬戌,八月一号　　晴**

侵晨林浮沚来。诣冷巢,出示近作七绝十八首,殊佳。午后林浮沚又来。上午十钟时风雨一阵即止,入夜甚凉。陈仲陶复函,许任屈接教席。

**廿四日，癸亥，二**　　晴，午后雷雨一阵，不大

夏臞禅来。得十七日京信，附回仲昭函。

孙传芳梗电主和，京中响应者多，吴佩孚不谓然，谓此时言和，必表同情于赤化。田维勤部叛变者为陈、贾、马、吴等，田几被擒，伊子率卫队救之，年甫廿一岁，颇有勇略。蒋中正廿七号出发。

**廿五日，甲子，三**　　晴

发张仲昭函。冷巢以《登记所章程》来。

田部变者为陈鼎甲旅，贾自温、马宗融团，吴世杰旅。

招商局广利轮船上次九号由沪开，十三号被劫，伤二人，绑十三人，损十馀万；此次卅一号开。

**廿六日，乙丑，四**　　晴

**廿七日，丙寅，五**　　晴

**廿八日，丁卯，六**　　晴

**廿九日，戊辰，七**　　晴

发九铭函，内附府君《小传》一篇。

# 七　月

**初一日，己巳，八**　　晴。立秋

得陈胜帏函。

**初二日，庚午，九**　　晴

末伏。禁屠求雨。阅《夜谭随录》，笔墨殊佳，驱使陈言如自己出，且能随手点化。闻出满洲某才士，除纪儿女风月外，馀多可存。《息影偶录》所采颇精，选数十条。

拟缉一书，命曰《檠鉴》，檠以约己，鉴以察人，专为末季周身涉

世之防,因果附之,必求实用,行当着手。

复阅《退庵随笔》一过,圈点不苟,须时时及之。得廿三京信。

**初三日,辛未,十　　晴**

**初四日,壬申,十一　　晴**

以诗函曹,并寄刘。夜得曹和章及所作。

**初五日,癸酉,十二　　晴**

和曹,并附近作,函致。发陈胜帷函。

**初六日,甲戌,十三　　晴**

得吕函。

**初七日,乙亥,十四　　晴**

答吕函。辰巳间,飞雨数点。得廿六京信,款收到。向吕宅索来丸药十馀包。夜二更复大雨两阵。

**初八日,丙子,十五　　雨而兼风**

发京信,所言颇详。下午风雨势暴,入夜更甚,过于壬戌七月在潘宅时。幸楼屋尚坚,不至飞去,而漏下如在露天。至二更势稍衰,然合家皆不敢卧。

**初九日,丁丑,十六　　晴**

京信付邮。陈晒各物,忙鹿异常。夜得吕函,属代拟寿人诗,可云不情之甚矣。

**初十日,戊寅,十七　　雨,不大,屡有风意**

传言尚有风灾,谣言亦不可谓尽诬。

陈叔咸来,谈及伊友叶小浦之子在广东充连长,可以访问达官行止。因作一信,由陈托叶寄去,未知能否转交。为吕撰二律函去,旋又来函,属撰某中丞挽诗。妆楼下徐宅楼飞墙圮,幸未移居。

**十一日,己卯,十八　　晴**

《民报》登单平通电揭发漏海黑幕,所云商漏、绅漏,言颇中窍。

乃据沈仲纬、刘赞文言，此人即绅漏之渠魁，伊充水警队时，事皆亲历，故言之详切。机器碾米厂，旧者只四家，前年获利甚丰，新者三家则否。单所办新厂失败，故任意攻讦。然绅士朦、官包庇事亦是实，前年为吕，今年则张也。今日不仅漏海，而多漏山，自省长流通处州一令来后，乃由处属畅运闽境，明目张胆。事出于公，添一漏卮，更无从究诘矣。

**十二日，庚辰，十九** 　　晴

**十三日，辛巳，二十** 　　晴

**十四日，壬午，廿一** 　　晴
严琴隐来。陈、夏同来。

**十五日，癸未，廿二** 　　晴
为吕文老撰各题诗。

**十六日，甲申，廿三** 　　晴，夜雨

**十七日，乙酉，廿四** 　　雨而兼风，仿佛上次，自晨而暮，自夜而旦，无
一刻断，幸不甚猛

**十八日，丙戌，廿五** 　　雨止，风亦息
七古十篇亦完。

**十九日，丁亥，廿六** 　　阴
以诗稿函吕，此还债也。陈叔咸来。

**二十日，戊子，廿七** 　　晴
房东修补屋漏完毕。

**廿一日，己丑，廿八** 　　晴
得初十日京信，内附给仙官信。夜得达官初九日自广东城内华宁里泰生旅馆来信，云上月廿一夜到上海，廿四上船，本月初四夜始到粤。初六有同学周佩三、叶乃年等介绍入卫生队，充队长，月薪四

十元,每月伙食须花十六元。已奉队长令,于十一日开赴湖南云云。虽所言未详,而身子平安,所谋如愿,为之一慰。但开差匆遽,又为担心。所用信纸系国民革命中央军事政治学校用笺。

**廿二日,庚寅,廿九**　　晴

发京信,内附达官信。

**廿三日,辛卯,三十**　　阴

豫北林县属河北道,有教匪天门会,会首韩某聚众数千,置枪购械,自称“天门大皇帝”,以左道符箓传授从者,在该县油村地方盘踞,并征收捐税,劫夺县署枪枝,截留正供,一时有“油村政府”之号。当集众操演时,辄以各项神话宣誓,身龙袍而首皇冠,并制刻玉玺,诏书自称“灵宝元年”。此外,并分别设文武职名以为号召,其情形一如前年该地自称朱明十九世孙之朱九与王六仔两伪皇帝相同。

夜,雷电而雨。

**廿四日,壬辰,卅一号**　　晴

取来两处夫马费。李仲骞、夏臞禅来。

**廿五日,癸巳,九月一号**　　晴

借来图书馆《古愚消夏录》廿乙册、《焦氏遗书》卅七册、《春在集》卅三册,皆不完本;《渊雅堂集》廿四册,全,由铸民陶君镕检交。焦书乃光绪二年扬州重刻,板宽,字亦不少,大可看,恨文集及他撰均未刻也。

以《战国策》为案牍,以《孟子》为判断。二书必当同时用功,《左传》之于《论语》亦然。

**廿六日,甲午,二**　　晴

刘次饶来。下午以近诗十馀首函示刘。

《俞楼杂纂》中有《小繁露》一卷,足补翟氏《通俗篇》、梁氏《称谓录》两书之未备。《荀子》说《诗》一卷，足与《毛传》互观，与《孟子》之引《诗》同为学诗之要。上海群众图书公司新出之《国学专刊》㲍两月出一册，主任为陈衍，较章炳麟之《华国》似佳，十五年三月出版。

付《温州民报》报价六角，至八月卅一号止，夜雨，甚凉。

**廿七日，乙未，三**　　晴

次饶以诗四首来，旋录四诗答之。

**廿八日，丙申，四**　　阴，微雨

为《陶翁寿诗》五古四首，写成一幅，函次饶转交，并抄代作《金陵怀古》一篇附去。夜雨。

**廿九日，丁酉，五**　　阴晴不定

晨诣刘次老，已他出。便诣朧禅及冷巢一谈，知患背疮，现已愈。得十八日京信。夜又风雨，旋止。报传武昌于一号不守，吴有受伤说，又云已死，尚待证实。又借来郝注《山海经》四册。

**三十日，戊戌，六**　　晴，午后雨，旋止

冷巢来，出笺三纸诗十馀首见示。并云汉口已树白降旗，吴退居舰。傍晚大雨，霹雳。

# 八　月

**初一日，己亥，七**　　晴

诣章进元店定笔。

《春在堂正续集》有骈、散《寿序》三十八篇，骈七、散三十一，与《天岳山馆》寿文合看。作此等文者，取法取材于是而稍易其面目，亦不大劣矣。两家皆不甚高古，合于酬应之用。惟曲园喜用不经见之古字，万不宜效，所谓"字古而文不古"也。

《太上感应篇》俞谓与《抱朴子》所述《玉铃经》、《易内戒》诸书相近,盖古籍之幸存者。《惠注》征引渊博,文字雅驯,惜其多用骈词,有乖注体。且原文明白易晓,初不待注而明。惟宜附以经义,证以秦汉古书,使人不敢鄙夷,自然敬信奉行,身心有益。余拾所未备,所已及者则从略焉。

下午诣刘,少坐即归,以风雨势迫也。

**初二日,庚子,八　　晴**

以《国学专刊》二册还刘次老,又借来惠栋注《感应篇》一册。夜雨。是日大庙醮毕,夜三鼓后送船,各神回宫。

**初三日,辛丑,九　　雨**

《感应篇》惠注、俞注各合刻以饷世。

**初四日,壬寅,十　　雨**

夜得次饶函,云明日回里。

**初五日,癸卯,十一　　雨晴不定**

发次饶函,附诗两纸,寄平阳。

**初六日,甲辰,十二　　晴**

晨诣吕文老探病,适能起坐,略谈各事,神明不乱,为之狂喜。回寓,得七律一首。严琴隐来,未面。

**初七日,乙巳,十三　　晴**

馈吕宅节,并写诗去。严绍尧字冀阶送来租约、租折各一件,定廿二进屋,付租洋一月六元。

夜得达官七月廿七自广州东山皮革公司陆军医院来信,谓七月初十日由广州出发,车至昭①关,以受苦不起,兼路多土匪辞职。回

① "昭",疑为"韶"。

省,入中央军事政治学校陆军医院,月薪毫洋三十元,除伙食十二元,馀十八元,只够零用云云。而此间上月初十去信尚未收到。

得七月廿五、本月初二京信两封。

**初八日,丙午,十四　　晴**

发双挂号广东信,又北京信。下午雨。

《申报》七月廿八日登载,逊帝函托奉张保护陵寝,称其"大帅",自称名,亦可得古今之所无矣。函系阳历八月廿八到奉。

**初九日,丁未,十五　　阴**

得七律三首,极惬意。

蒋已得汉阳及汉口,吴退武胜关,势大不支,武昌危在旦夕。

**初十日,戊申,十六　　晴**

严琴隐来,陈叔咸来。

**十一日,己酉,十七　　晴**

严冀阶来,王云龙来。

**十二日,庚戌,十八　　晴**

改定《汉口纪事》二律,增成四首,颇用工,录示冷巢。付申报馆五月至七月报费三元。

**十三日,辛亥,十九　　晴**

发刘次老函,寄改稿去。严琴隐来,送节敬五元。

**十四日,壬子,二十　　晴**

取来道署九月份夫马费。

**十五日,癸丑,廿一　　晴**

中秋节,月色殊佳。

**十六日,甲寅,廿二　　晴**

阅俞曲园《宾萌外集》四卷毕。万卷填胸,俯拾即是,弹丸脱手,渐近自然。然为骈体中之时文,齐梁之气尽矣。《吴山尊集》最为谭复堂所推,工力实深,音节入古。奈古藻与时花杂出,淫哇偕雅奏并陈,佳者极佳,恶者极恶,必须大加删汰。拟撰近人四六中女寿文及志传、哀诔、征启之类数十篇别为一帙。冯梦华骈文出山尊学士上。南海谭氏浚气格高雅,求其集不得。李审言之文沉闷不快心。

下午,雨而雷甚,霹雳。陈季孚。

**十七日,乙卯,廿三**　　晴

医院蔡女士玉轩交来郑友琴女士照片一张。抄存碎件名“夹袋储”。严琴隐来,借去石印《学诗法程》两册。得陈胜帷徐州函。

**十八日,丙辰,廿四**　　晴

发北京函,附郑女士照片去。发徐州陈函。

**十九日,丁巳,廿五**　　晴

严琴隐来,又借去《冬心杂著》一册。李孟楚来。又续发徐州明信片一。

**二十日,戊午,廿六**　　晴,连日秋热不可当

杨房东馨山附海晏赴杭,杭寓仍在广福营第七号门牌,伊第二子已由五夫调往徐州。陈仲陶来,未面,以诗两首见示。和其《吸江亭赏月》,函致之。

**廿乙日,己未,廿七**　　晴雨不定

得达官八月初六日信,云已考入中央军事政治学校入伍生,六个月入伍生,六个月学生,一年毕业。改名志决,住在广州沙河新编入伍生第一营第一连。随发一回信,双挂号去。前去两函均未收到。

租户严慎修夜间入屋。

旅京万县同乡通电:九月五日,英舰惨杀川民二千馀,烧房千馀

家,如去年"五卅"杀毙学生三十馀,今年六月十八滇光号在万撞沉民船十一只,溺毙二十三名,嘉利号撞沉民船五只,溺毙二十一名,均悬案未决。八月二十九、三十,九月五日共烧杀川民二千二百馀名,毁房价值无算,近更乘我内争陆续增舰。

武昌仍未下。南昌于二十号为党军所陷,廿一号为联军夺回。孙于廿夜乘轮赴九江。苏军注全力于赣北,兵多至六七万人。安福系谋恢复段氏。吴氏之直军多叛,不独豫省各军也,所任前方之靳云鹗与吴意见不合。报传吴已弃信阳退保。奉张、苏孙已通谱。

**廿二日,庚申,廿八　　晴**

道署招饮,未赴。收回方处寄售端砚。

**廿三日,辛酉,廿九　　晴**

重阅《养一斋诗话》,所见极高,均论历代之诗而不涉本朝及朋好之作,在诗话中别一体。

**廿四日,壬戌,三十　　晴**

取来关署九月份夫马费。吕文老来函,云又转机,属拟对联,随答一函。得本月十八日九铭信,无甚话说。又十五日达观①寄美官信,所说稍详,而去信均未收到。付笔价两元。

南昌于阳历九月二十日为党军所得,廿一为联军夺回;十二复失,廿三复得。

文老嘱撰寿诗,并示粤东钱子芳回信。钱名针,系八月十八所发。

**廿五日,癸亥,十月一号　　晴,两日骤冷**

函答文老。

---

① "观",应为"官"。

**廿六日，甲子，二**　晴

**廿七日，乙丑，三**　晴

夏曤禅来，云为欧阳境无带信者为陈啸秋，系伊弟。海晏轮船二十日自温放洋，在台州洋面失火，幸经扑灭。

**廿八日，丙寅，四**　晴

陈叔咸来，以所图属函文老，为发一札。得杨房东到省来函。

**廿九日，丁卯，五**　晴，秋热不可当

得吕回音，即送与陈。

**三十日，戊辰，六**　晴

# 九　月

**初一日，己巳，七**　晴

发北京信。达官八月廿日自广州来一函与美官。发达官信，此为第四次矣。

**初二日，庚午，八**　阴

拟将旧辑《范子》补完。丛书之应考者为《说郛》、《墨海金壶》、《玉函山房》、《珠丛别录》、《续知不足斋》、《茅辑十种》。

又拟编《玉溪生诗汇评》，各书略备，所未备者冯氏《钝吟杂录》、《指海》、《借月山房》，《泽古丛抄》有之。吴氏《围炉诗话》单行本，上海西泠印社新印出，易得。此外，国朝诗家之及义山者均须采录。

**初三日，辛未，九**　阴

得文老函，云可为达官续托事，又赠墨二笏。

**初四日，壬申，十**　阴

章吉士来。刘次饶来，云前日到。答文老函。

**初五日,癸酉,十一**　　　阴

为次饶撰六十寿序千馀言,颇自喜。得八月廿六京信,寄回郑女士相片。诣次饶一谈。

举无算爵,祝无量寿;赓小雅诗,入小春天。

**初六日,甲戌,十二**　　　阴

以寿文赠次饶。

**初七日,乙亥,十三下皆误**　　　晴,天热

午后谒道尹,以近年《文录》两册乞政。答候章吉士。诣文老,未晤。

**初八日,丙子,十四**　　　晴

得文老函,旋去一函代面。得八月卅日京信。

武昌于双十节入南军手,刘玉春、陈嘉谟被捕。

**初九日,丁丑,十五**　　　晴

双挂号邮寄三十元至京,又另发一函。

五省联电响应十三公使主张停战、召集国民会议,署名者为周荫人、卢香亭、陈调元、郑俊彦、夏超、萨镇冰、陈陶遗、李定魁、高世读、陈仪、白宝山、周凤岐等十二人。佳电。

**初十日,戊寅,十六**　　　阴,旋雨

得初三京信。次饶袖诗来,送其寿分四元,未收。

**十一日,己卯,十七**　　　阴

发北京信。答杨房东函。冷巢来,云时局大变,五省已服从蒋,浙夏为国民政府第二十一军军长,昨夜通电将温地宪兵一排缴械,立刻装轮赴沪。电局长薛某先期挈眷已逃。

午刻次饶招饮华盖山,张、杨、曹、余、王、刘、陶等。

番禺人沈南野《便佳簃杂钞》廿卷付印,由沈崇雅托冷巢代征题

辞,灯下为草五古三十韵。沈寓北京宣外番禺新馆。

**十二日,庚辰,十八**　　晴

以诗函冷曹,并为沈氏题辞写就,交其转致。

午后诣次饶一谈,闻沈仲纬谈戴立夫及林式言、林立夫各历史。戴现升充东江属政治委员,伊与蒋介石厚,与蒋百器儿女亲家。又云钱针即伯吹之子,其兄弟两三人均在广东。

**十三日,辛巳,十九**　　晴

为陈仲陶族嫂林孺人作寿诗。刘、沈二人来。

**十四日,壬午,二十**　　晴

午后诣琴隐,未遇。夜月色佳。诣冷巢,已他出,遇于道,遂偕至朣禅处一谈。

**十五日,癸未,廿一**　　晴

陈叔咸来。严琴隐来。

杭州财、实两厅长均去沪。北兵尽遣散,调警备队扎嘉兴。松江苏兵亦调防,上海并断沪杭铁路,大有战意。教、运两司及电政监督已由省政府委人,似独立而非独立,莫名其妙。

招商局江永轮于阳历十六号在九江炸裂,全船兵士千二百馀人存三百馀,船员百馀人存二十五,军装更不足计,非常可惨,见于该局函求赔偿者颇详。

**十六日,甲申,廿二**　　晴

海晏进口,得初十日京信,九月初六广东信。云开往虎门,未言何日出发,何日到达,驻在何处;惟云寄信由省城天平街总司令部军法处钱山来转交。又云现有微病,在东山医院。诣钱伯吹,未晤。冷巢来。

**十七日,乙酉,廿三**　　晴

清晨诣钱伯吹,知子芳、山来皆伊乃郎,尚有一子充某署科长。

发达官信,托伯吹加封寄粤,由山来转交,此为第五函矣。

饭后诣冷曹,知省电三道:一陈仪自徐发,云归浙为总司令;一苏军旅长宋梅村自沪发,归罪夏超一人,斥为"夏逆";一为杭公团发,云夏超下野,暂推张载阳维持。应彩云社征求作七律三首,交冷巢寄。张道尹来函,比吾文为王仲瞿,并交回原稿两册。

**十八日,丙戌,廿四**　　晴

**十九日,丁亥,廿五**　　晴

诣吕宅,与方苑香略谈。诣陈太太,未面。

**二十日,戊子,廿六**　　晴

送马耀夫礼。冷巢来。夜宴马宅,闻电示捕拿许宝□①、马叙伦等六人,又夏超赏格一万元。

**廿一日,己丑,廿七**　　晴

得达官初十来信,系接到八月廿一去信所发者,云第一封亦收到,未言何日移营;云钱针现任本校管理处处长,戴立夫现任总司令部军法处处长。

得陈胜帷十月廿一号徐州函,以其母八十征启属为修正,并附七律三首。

**廿二日,庚寅,廿八**　　晴

答陈胜帷函,附还征启稿。以诗两首函冷巢,并及严琴隐事。

**廿三日,辛卯,廿九**　　晴

送关署丁科长及申报分馆席善夫礼。

**廿四日,壬辰,三十**　　晴

成《暮秋杂诗》廿四绝。董祥言伊戚潘姓买得护国寺近处地一

---

① "□"疑为"驹"。

方,颇佳而宽,可分售云云,稍缓当往看。以绝句示冷巢。钱伯吹来。

**廿五日,癸巳,卅一号**以上皆误　晴

取来道署十月份夫马费。改定绝句。

闻夏超已为人击毙,孙电保全其家产,不复株连。赏格为十一万元,宋梅村先悬万元,孙加十万。惟行凶者未知属何人,在何地,《申报》则谓其七人同至沪,证据甚确,究不知其云何。

冷巢以诗来。夏臞禅来,适他出,未面。王云龙、吴敢心同来。得十八日京信,洋已到。

**廿六日,甲午,十一月一号　晴**

冷巢交来沈习公《北固楼唱和集》稿两册属为评定甲乙,佳篇寥寥,所取者识以朱圈,随送还之。下午诣吕文老,仍未晤,与方苑香、陈仲陶略谈。夜饮申报分馆。

**廿七日,乙未,二　晴**

发北京信。为沈题词一首,交冷巢附寄。

**廿八日,丙申,三　晴**

严琴隐来,云伊祖母去世,寿九十二。

**廿九日,丁酉,四　晴**

诣关员丁宅行吊,在彼午饭。饭后诣杨园一走,菊尚未开。得九月十九日达官信,云营已开往东江,距省四五百里,火车可达。伊病稍瘥,尚在东山医院中。

# 十　月

**初一日,戊戌,五　晴**

发达官第六次信,附洋十元,函托广省太平街总司令部军法处

处长钱山来代为转交,邮局双挂号去,另以同样一缄付邮径寄东山
医院。

**初二日,己亥,六** 晴

得上月廿二京信。以函致文老及道尹。

**初三日,庚子,七** 晴

得吕回函。闻道尹附轮晋省。发陈胜帷函。以诗一首函夏臞
禅,并示冷巢。取来关署十月份夫马费。

**初四日,辛丑,八** 晴

诣刘赞文一谈,适沈仲纬在彼,遂同午饭后归。得文老函。诣
新任警备队统带,未晤。陈叔咸来。夏臞禅来一诗,次韵答之。

**初五日,壬寅,九** 晴

借来刘赞文所藏梁节庵手写诗稿一册,系壬辰二月寄与季度
者,不知为谁。时甫罢官,语多牢骚,笔殊隽健。字出入坡、谷,飞舞
而未甚稳,而天分过人。刘统带来拜。诣吕文老一谈,亦一适轩
开幕。

**初六日,癸卯,十** 晴

又诣刘伯屏统领略谈。为吕撰沈前省长金鉴挽诗二律,又为书
横披一纸。

报登九江于五号为党军占领,并占德安、武穴。孙氏率全部官
兵并轮船退走,七号抵南京,五省戒严。周凤岐兵三千馀人一律降
彼,周不知下落。

夏超尸四号发现西湖古荡,弹由脑后入,左眼出,尸尚完全,已
拍照棺敛。乃父八十二,由某绅伴送赴沪。尚有云其已至东洋,居
某地方,《申报》亦不可靠如斯。

琴隐来,冷巢、臞禅各以诗来。

**初七日,甲辰,十一**　　　晴

又和曹、夏诗各一律,又成七古一篇,函致之。为琴隐改定伊祖母哀启,并送以挽联。嘱董祥诣刘赞文。

李孟楚以代刻印就之《台州府志刍议》四十册来,装钉尚佳。以四册送曹,一册送夏,沈、陈、刘各一册,送仲陶一册,另一册属致林铁尊。

**初八日,乙巳,十二**　　　晴

瞿禅又来七律二首。发章一山函,并邮去《志议》四册、甲乙两年诗稿两册。送吕文起《志议》一册。以梁节庵诗册还刘赞文,并以《志议》一册属其转送宁海李知事渶。又答瞿禅一诗。

**初九日,丙午,十三**　　　晴,热甚,如八月初

瞿禅来。琴隐来。下午风起。

**初十日,丁未,十四**　　　阴

晨诣亦一适轩与文老一谈,来客已不少。以宋李龙眠人物、元赵仲穆山水、明仇十洲仕女、王石谷麓台山水、朱子八言大对六件,青端石砚、祭红水池、田黄、水晶印章四件,共十件交方苑卿代为觅售,即存亦一适轩。

得达官廿八信,云病渐愈,尚在医院。一营一连开往深圳地方驻扎,不云何县,闻广州四百馀里,火车六时可以直达,土匪甚多。郑友琴女士来,出彭儿致伊函。为文老撰七律两首。

**十一日,戊申,十五**　　　阴

**十二日,己酉,十六**　　　阴,午后雨

以五古、五律各一首函冷巢。

**十三日,庚戌,十七**　　　雨,午后止

以《古愚消夏录》、《焦氏全书》、《曲园集》、《渊雅堂集》、《惠注

感应篇》等共五种乙百十六本还图书馆，另借来《四库提要》乙百十二本、石印《简明目录》八本、《五代史》十本、《十国春秋》廿本、《论衡》九本、《孟子正义》十本，共六种。

**十四日，辛亥，十八　　　阴**

发刘次饶函，并诗一轴。得初六日京信。又得达官初八日广东深圳来信，云九月初一日去函已收到。渠一营共四连，皆驻该地，邮递可达。道尹回署。

涂赭于鼻，拢翠于腕；金环约指，纸卷吹唇。

张仲昭来《五十自寿诗》八律。

**十五日，壬子，十九　　　晴**

严宅行吊。发张仲昭诗函。

**十六日，癸丑，二十　　　阴**

发第七号达官信，寄广州深圳新编入伍团第一营第一连。

**十七日，甲寅，廿一　　　雨**

冷巢来，谈及卧云和尚不安于金山事。发北京信，详说郑女士事。

**十八日，乙卯，廿二　　　晴**

得达官十五日恐误。深圳来信，云钱山来处一函已收到，其一、二、三各函均到，只八月八日寄医院一函退回。得陈胜帷答函，斤说滑稽，固预料及也。

**十九日，丙辰，廿三　　　晴**

得次饶函。

**二十日，丁巳，廿四　　　晴**

拟某公书。吕文老函属撰桥工碑记。

**廿一日，戊午，廿五　　　晴**

送吕宅寿礼，未收。得章一山答函，去件均到。夏曜禅来。

　　孙传芳宅在法界二十四号，于十八夜秘密到津乞援张作霖，并向杨宇霆蔡园议定划定地盘：孙浙，张宗昌苏，褚玉璞山东，张学良直隶，韩麟春河南。直鲁兵十五万攻江西。

　　**廿二日，己未，廿六　　晴**
　　诣吕宅，与文老略谈，在彼吃寿面。

　　奉鲁军南下分三线：安庆第一，浦口第二，蚌埠第三。三省联合会二次通电拒孙拒奉，鲁军入境，入境以敌视之，宣言殊简明。浙一师及三师均调回，浙陈仪与蒋介石议和，经蒋百器说合可行。

　　**廿三日，庚申，廿七　　阴**
　　午刻赴刘统带招饮，并晤翟楚材。闻奉军已抵上海。

　　得宋墨庵函及《勷堂日记类抄》一册，山阴人顾家相撰，勷为勷之篆字，勷音间，助也，又音虑，义同。顾由江西知县官河南知府，革命后数年殁。

　　奉军负京汉全线责任，鲁军负津浦全线责任。江苏耆绅唐文治领衔电请鲁张出兵，浙、沪及皖南归孙负责，苏及皖北由张担任。鲁张将率兵坐镇南京，以二十万人攻赣。招商局轮将全部停开。

　　**廿四日，辛酉，廿八　　阴寒**
　　刘贞晦自北京回温，来谈，以《志议》一册赠之。贾凫西《木皮子》、归元恭《万古愁》、李笠翁《如意曲》三者合刊一册为妙。

　　**廿五日，壬戌，廿九　　阴**
　　为吕文起撰《善同桥碑记》。发一山函，附诗文。

　　**廿六日，癸亥，三十　　晴**
　　取来道署十一月份顾问夫马费。以《志议》三册送图书馆及刘、陶二君，又借来《止斋集》《习学记言》各十册。以碑记函文起，得回讯及冬季份脩，又为撰《止斋祠堂诗》二首。

**廿七日,甲子,十二月一号**　　晴,天暖甚

答候刘冠三。夜饮杨园。

**廿八日,乙丑,二**　　晴

以《和潘松崖诗》一首由杨淡风转交。得次饶函及《六十书怀》七律四首,即和之,寄平阳。答宋墨庵函,并附去《春树斋丛说》两册、《毕法要览》一册,借其所欲阅也。得十六达官信,云洋已收到。十八京信。

**廿九日,丙寅,三**　　雨

取来关署十一月分夫马费。发次饶函,和伊诗四首。发台州中学褚九云函,又《志议》一册。

**三十日,丁卯,四**　　阴

以本年诗稿交林某抄。

# 十一月

**初一日,戊辰,五**　　晴

**初二日,己巳,六**　　晴

得陈胜帷函,云于阳历廿五号抵杭,驻西湖宝石山,即答一函。偕樊、陈、沈三人至张府基及吕氏祠一看。

**初三日,庚午,七**　　晴冷,北风作

得廿二达官信,又钱山来答函,住省政府土地厅。

张作霖称"安国总司令",张宗昌、孙传芳副之。通电未言讨赤、共产、蒋介石等事。孙三号回宁。福州已入党军手,有两路攻浙说。给抄书人四角。

**初四日,辛未,八**　　冷甚

发达官信。报登全浙公会致孙传芳一书,不知阅者何以为情。

**初五日,壬申,九**　　晴,冷甚

发京信,附洋廿元。午刻诣严宅,吊客多。闻衢州、开化已作战。

**初六日,癸酉,十**　　晴

诣吕文老,而刘冠三亦至,谈良久。

**初七日,甲戌,十一**　　晴,稍暖

**初八日,乙亥,十二**　　晴,天暖

闻有闽兵自龙泉入温,官厅开会议筹款办供张,人心惶骇异常。又闻杭州独立。得廿七京信及附稿两件,又同日达官来信。得一山函。得褚九云答函,云撰就《有清十代纪略》,又云玖伯所辑《三台文征》台人集赀七千元谋刊。夜诣冷巢,未面。琴隐来。

**初九日,丙子,十三**　　雨

发京信,发一山、九云函,九云函内附诗文。

深圳属宝安县,在省城之东四百余里,离九龙约三十里,坐广九车慢车一日到,快车四小时可到。营长罗翘秀,湖南人,保定军官学校毕业生;连长陈恺,亦湖南人,本校第三期毕业生。近香港,不过廿余里。本校在黄埔,入伍生六月毕业,多军事训练;军官班八月毕业,多政治训练;调回本校训练即毕业。校中管理处处长钱子芳。

李孟楚又以印就《志议》六十册来,云即赴南昌,应其戚姚味辛之招。姚本在粤,现调赣,不知何职。

**初十日,丁丑,十四**　　晴

昨夕大雨,雷作二三次。文老担任经济,详言办法。闽兵系过境赴沪,或可无虞。午后谣言又甚,倍难揣测。发陈胜帷函,发京信。诣统领及文老处一谈。

**十一日,戊寅,十五**　　雨

保安会交际股派许炳藜、白文俊、曾广汉、杨联芳赴丽水接洽。

以衣箱一口交郑女士转寄某西人宅。杨房东三子携眷自青田回。送还图书馆各书九部，共乙百九十乙本，另《浙江月报》两册，取得收条。亦一适轩退回寄售各件。

**十二日，己卯，十六** 雨

杨云，在青田见周凤岐通电，已于十三号就南方二十六军军长职，是日由衢回杭。

**十三日，庚辰，十七** 晴

发达官信。吕和音奉周凤岐令坐永川船来，重接警备队事．并带有便衣军士及机关枪，刘锡蕃立即交卸。闻夏超尚在，不日出见，其事言者甚详。浙一师石旅调甬，余旅来瓯。党军已至桐庐。

**十四日，辛巳，十八** 阴

吕和音调集兵队避往南溪，索取县署洋五千元而行。闻演说时自云"奉夏超命令"，其布告但称"省长"，刘锡蕃则并未奉电，亦未电询也。道尹、知事及刘统带眷皆由永川船去，城内无一兵。

吕文老送来润笔廿元，却之复送，姑暂留用。

**十五日，壬午，十九** 雨

闽兵清晨到数百人，亦有携女眷者，未肯登轮，分驻城内外，其旅部在瓯海关署。琴隐来。叔咸来，云得季孚信，平阳亦到二千人，为何部之兵未悉。夜诣冷巢一谈，所闻异同不一。永川船去，皆官眷，未装兵。

**十六日，癸未，二十** 阴

永宁船到，得初六日达官信，云与土匪打仗两次，初次营中死廿馀人，二次五六十人，战事极险。闽军出布告，孙、陈亦有联衔布告。夜间全城移徙几空。

**十七日，甲申，廿一** 晴

冷巢来，谈酒捐局事，与所闻同。大小店铺均闭，知事偕绅步行出劝。闽兵又来数百。福裕轮船早十钟开,未装一兵去。刘、沈二人来。旅长董胜标由平、瑞来,又吴德威及副官长刘肃自处州来。闻商会长叶小浦给其亲家青田人张新约洋二千元,张系革党,向在闽省,犯有案者,外议其用意与给吕同。付抄书人四角。

**十八日,乙酉,廿二**　　晴。冬至

又到闽兵多人,各官皆赴西门迎接。闻酒捐局长在青田为革党所捕是实,现由文老函吕和音请释放,似可邀允,搜去道尹及刘统带函件,未知所云若何。发次饶函,附诗一纸。

**十九日,丙戌,廿三**　　晴

又有闽兵旅长蒋姓自瑞到。夏、陈二人来。得十一日京信,洋已收到。

**二十日,丁亥,廿四**　　晴

由平、瑞来闽兵又数千人,有苏、蒋二旅长,军械大炮甚多。挑夫多妇人,似由闽雇来者,尚着单裤或夏布裤,亦有怀妊者。付抄书人四角。

**廿一日,戊子,廿五**　　晴

杨淡风来,谈四代表事,可笑可怜。杭州于十九号宣布自治,选出委员九人:蒋尊簋、陈仪、张载阳、蔡元培、周承菼、褚辅成、黄郛、周凤岐、陈其采。蒋尊簋为军政部长,陈仪为民政部长,各设秘书厅,定一月一日就职。《省政府组织大纲》九条。

**廿二日,己丑,廿六**　　晴

发北京信,发达官信。

闻超武到,有麦粉、现金接济闽兵。闻事务所已募捐,款有六万:钱业四千元,布业三千二百元,东门三千馀元,某姓乙千二百元,林浮沚四房合二千元,上、下河乡五千元,馀不尽知。闻吕和音招土匪及台匪颇多，空手者给一元，有枪者二元，南溪人恐扰地方，起而反对，但招来易，遣去难，未知如何。酒捐局长自金华电此间中国银行电汇二千元救急，有"恩同再造"语。

**廿三日，庚寅，廿七　　晴**

闽兵分路出发赴南溪、乐清、处州，而自平、瑞来者仍不断。拉夫事作，行人甚稀。

**廿四日，辛卯，廿八　　晴**

孟昭月兵入杭，缴陈仪械，自治各人逃匿无踪，并派兵攻兰溪。某军官上超武船，令所过居民店家皆闭楼窗，不许窥，或谓即周荫人也。平、瑞、乐所有警备队闻皆缴械。

《论衡》、《抱朴子》两书当合读。《论衡》三十卷，以明刻单行本即通津草堂本为善，初刻《汉魏丛书》次之，后出丛书湖南刻中等本及湖北官局大本皆讹脱不堪寓目。《抱朴子内外篇》七十卷并附编，平津馆本，又《内外篇校勘记》各一卷，《佚文》各一卷，严可均四录堂类集本。

王充为汉儒之新学，亦可谓之革命派，又可谓之驳案新编。崔东璧嗣其遗风，虽不及十之二三，然考订极精，剖断极允，驾乎其上矣。

《汉魏丛书》卅八种本，明人程荣校刊，又七十六种本，明末何允中刻，此两本较佳。其九十六种本及近刻湖南本皆劣。

**廿五日，壬辰，廿九　　晴**

闽兵将出发，下令索洋五十万元，限明日午刻交。

**廿六日，癸巳，三十　　晴**

平阳船到，佛官自杭廿二逃出，由甬而归，孑然一身。据云杭垣发现便衣党军百许人，孟昭月不战而回嘉兴。清河坊火发，城内大乱。

方苑卿来，知索款减至十二万元已定，有明日出发，留数百人暂屯之说。林立夫、杨联芳同来，所说皆同，惟云留屯二团。

得十四日达官信，云派出剿匪。得章一山廿二函，亦云杭垣变局，但浑含其词，即答一函。

下午东门、双门闭城，恐慌异常，继知有某轮进口之故。

**廿七日，甲午，卅一**　　　晴

闽军昨从中国银行取去钞票十二万元，不要现洋，带来闽中钞票亦不要。本日开去队伍不少，分往青田、乐清，其留者尚有一团。自闽入瓯夫千馀名只放回二百馀人，馀仍带去，道毙者不少。此间拉夫警察得钱卖放，任情敲诈，民间苦之。杨房东三子自青田归，并接其眷从乡回城，入城被搜甚严。周荫人昨有布告说出发事，自谓秋毫无犯。得次饶函，云平阳招待已用两万馀，现更索两万。

取来两处夫马费。十二月分。

**廿八日，乙未，十六年一月一号**　　　晴

自瑞开来闽兵一团，当夜赴乐清。发次饶函。

**廿九日，丙申，二**　　　晴

闻闽兵尽去，无一留者。又闻党军离处州、平阳皆近。

夏曜禅来，为其戚陈纯白索书条幅。

民国之史体例应变，本纪改为年纪，只记逐年大事，标题入目录。然总统入传，与各传同，表、志仍旧可耳。拟编《华胥年纪》。

瑞安来永之团长王姓索洋万五千元，未之允，立将余知事、叶小浦捆缚，宣言枪毙以示威，不得已，许以二千元，始释放。洋尚未到而闻党军至，立刻逃亡，遗落百馀人徒手无枪在外者，其恐慌之状可想。张新约名□□，已署衔建国军第一总指挥，出示遍贴南溪一带。

警察局长马振中已于昨晨逃去。

**三十日，丁酉，三** 晴

松阳知事逃，委章吉士代，尚未敢去。

# 十二月

**初一日，戊戌，四** 晴

闻吕和音已逃。乐清大荆被劫。冷巢来。

**初二日，己亥，五** 晴

诣吕文老略谈，云警备队之随吕和音赴乐清者因缺饷哗变，势绅蒋叔南家及文老亲戚富户徐姓均被掠，吕和音逃，现由道尹委张姓营长暂代，请省另委。闻福建党军由轮船至甬。闻黄仲荃已回温。十钟时，司令部照墙后玉丰和店失火，旋扑灭。夜雨。

**初三日，庚子，六** 晴，连日暖甚，如十月初

乡间贱价粜谷以避抢掠。

**初四日，辛丑，七** 晴，清晨大雾迷漫

得廿六京信，尚有廿一二信未到，此间上月初八去信亦未到。发京信，又说一切。

**初五日，壬寅，八** 阴，微雨

得廿一日京信，云初九、初十两信均到。报登上海会审公廨于阳历元旦收回，由孙传芳、徐鼎康委徐维震充临时法院院长，即于是日就职。

严琴隐来。

**初六日，癸卯，九** 晴

以近年出土隋《苏使君慈碑》一册赠同寓严智道女士，年廿二

岁,字甚佳。得宋墨庵函及诗十馀首,云《寥天庐诗集》将付刊,索序,并寄还《春树斋丛说》两册。刘次饶来。得达官廿一日来信。

**初七日,甲辰,十**　　阴

发宋墨庵函,附去《志议》一册。次饶、冠山来。

**初八日,乙巳,十一**　　晴

撰就《〈寥天庐诗集〉序》一篇。付抄书人乙元。

上海报纸之通行者:《申报》、《新闻报》、《新申报》、《时报》、《时事新报》、《商报》、《神州日报》、《民国日报》、《晶报》九种,尚有各小报在外。

汉口轮船至上海沿途经过九江、大通、芜湖、安庆等处,均有停顿。

**初九日,丙午,十二**　　晴

董亮自台州归,陈说一切。

**初十日,丁未,十三**　　阴

警备队兵强当行凶,质铺罢市。在处州之闽兵又开一团来温,闻属江运球旅。

吕文老送年物四色,收二色。

**十一日,戊申,十四**　　晴

闻周荫人设司令部于宁海,联军由海道至甬,独立取消。

《林损杂志》。上河乡霸霸富户张润玉有田三千多亩。方苑香来,以宣纸中堂属书,文老命也,午后写就交去。

**十二日,己酉,十五**　　晴,暖甚,如三月初,下午风起

昨所传闻闽兵并未来。在沈宅晤一乐清议员洪叔翰,云闽兵过境供给用四万,行时索取四万,甫交两万即去;又云黄岩花至十馀万,分两路走:一由宁海赴甬,一由天台、新昌赴绍,说似可信。

给温州民报馆报价两月洋八角，已清帐。该报馆久停未开，据说来年再开。

孙仲容《墨子间诂》，李笠雁晴校补，商务馆上年印行。广西陈柱尊又有《补正》一书，尚未刊。刘师培又有《拾补》两卷。

**十三日，庚戌，十六　　阴**

镇海炮台要塞司令陈其蔚、宁波水上警察来伟良率败兵七船清晨抵埠，出示布告，署衔为"浙江省防海陆军司令部"，主张彻底革命，官皆上船迎谒。随即缴缉私两营械，管带闻风先逃。是日党人在师范校开大会，改"保安事务所"名称为"革命军招待所"，举起草员七人，刘冠三亦在内。县党部总理为王超凡、郑侧臣，第一区一分部助理戴树唐①。女子协会总理何世音。

**十四日，辛亥，十七　　阴，微雨**

阅报，知浙一师余、石两旅长弃萧山、绍兴逃百官、宁波，联军已渡江入绍兴城，富阳党军退至严州。闻吕和音今早到城，被派率警备全队赴处州，并闻其沿途需索已得十馀万。得本月初三日达官信。拟抄丹法要语于一编，命曰《丹壶玉液》，口诀传真，非隆礼重赟、歃血盟誓不可轻传。以《志议》两册交严琴隐转赠他人。又以一册及《观音颂》、《救急良方》各一册送杨淡风。

**十五日，壬子，十八　　阴**

发达官函。顾阁改组：内务胡惟德，交通潘复。同居青田人徐某由法国回，昨午到。张书元焕绅，王启文永山，梅雨清冷生。

上海防军司令部公表赤祸侵入湖北后之现象淋漓尽致，决非全诬，应按此文征其事实。孙传芳颁布《崇俭约》十四条，救时良策莫

---

①　戴树棠（？—1945），字荫良，浙江瑞安人。私立浙江法政专门学校毕业，律师，1924年加入中国共产党，为温独支宣传委员，曾两次被捕入狱，1945年刑伤复发病逝。

亟于此,不得以人废言。

**十六日,癸丑,十九**　　阴寒

闻甬兵昨日勒取林祥记二房洋乙万五千元,派兵数十围其住宅前后门,情同绑票,主其事者闻为前永嘉知事刘强夫,先入门者为林立夫。本日,钱业开会,闻甬兵尚索二万元,即日开拔。以联军将至,议由平阳迎党军避免战事,又可沿途索款。张兆辰到城,设司令部于瓯海公学,部下无一兵,虽愚人亦知其万万无成。其所出布告署衔为"建国浙军第一路"总指挥,告语极无理由,不足动人,与甬军文告大异。又闻浙一师一旅败至奉化,不日将来温州。陈胜帷有家书言及,亦事势所必尔也。南门叶太元颜料店又被甬兵勒去五千元。

发京信。程监督住上海贝禘鏖路美仁里十九号。

**十七日,甲寅,二十**　　阴

清晨文老着人来邀,立即诣彼。至则男女盈室,盖病势已危,惟神识尚清。谈十数语,握手作永诀状,泪为之下。又谆谆以诗稿校刻为托,当反复劝譬安慰经数分钟退出。又出一函,属回寓时再开。出去,与方、王、王诸君略谈,云昨有司令部军官张姓到宅,索款两万,限五分钟缴齐。答以"如此,即枪毙亦办不到",两相冲突,因而病势陡危,医者云脉已空,症在不治,为之焦灼。回寓展函,则来岁春季脩洋庄票两张。临危尚有此举,世间能复几人! 倍感寸心。

夜二更火起,由四顾桥烧至登选坊八九十家,时微雨。

**十八日,乙卯,廿一**　　晴

探文老病,闻昨服西洋参,汗出,稍愈。

发程监督函,附履历乙件,又文稿三篇、《志议》一册及广告一纸同日另邮。

闻张兆辰、刘强夫冲突事。又闻包某亦招匪二三千人欲来，徐某、梅某均已到，逃去警局长马某又来。潘某招数百人在东门外，浙一师逃来之兵与官亦不少。闻张氏所招之人今晚解散。中国银行纸币数十万元一概截角，行长已逃，市面恐慌异常。

入夜遣探文老病，知已食粥两次，似可无虞。得宋墨庵函。

**十九日，丙辰，廿二**　　晴，旋阴

闻张氏所招人尚未解散。甬军以王渡为盐务行政局局长，将减价收税，正与杨博夫交涉。又以泰顺人周元为平阳知事，其他均将更易。

严琴隐来，赠年敬五元，云遇刘次饶于途。

屈宝宝自乐清回，言第一师两旅兵皆溃，甚狼狈。余宪文已回东乡，石铸在上海。外传孙传芳给石氏洋卅馀万为遣散费，伊在乐并无所闻。周凤岐亦大败。

**二十日，丁巳，廿三**　　晴，连日冷甚

闻张氏得洋千元许解散，然司令部中尚热闹也。闻铜山商会函此间商会，云党军即到，属招待。又闻周荫人兵在温岭，即日回攻。

发宋墨庵函，为撰《〈寥天庐诗集〉序》一篇附去。

**廿一日，戊午，廿四**　　阴雨欲雪，天寒

张仲照来函，谓次和寿诗以吾为首，翻阅所印稿本，竟如其言；寿文三篇则甚佳也。

**廿二日，己未，廿五**　　晴

答仲照函，附去《志议》两册，一属其转赠高潜子编修。吕文老遣其婿文隐龙名祖福来，年廿馀，湖南沅陵人。张兆辰于昨夜解散其众。

灶神联语："一咏一觞，适口为贵；三熏三沐，洗心曰斋。""厨娘

灶婢家风睦;公悚侯鲭祀典虔。"

日本驻荷公使广田经粤,十六日宴会,田演说云:"视察广州后,知外传赤化之谣完全不符,党政府乃极有纪律、有希望,与欧美新政治相同。"彼将"函约本国人士来粤参观"。见十二月十六日《申报》。

中比新约订期开议,半年可毕,比使宣言自动退还天津租界。美国亦有退回租界及领判权,更优友谊之意。

**廿三日,庚申,廿六　　阴**

文老函告病状,并属代撰一诗。房东第二子杨兆芳来,略谈战事大概,谓在此待其旅长,气象殊不佳,其事可知。

**廿四日,辛酉,廿七　　晴**

得十二日达官信。为文老撰七古一篇。方苑香来,以去诗有误请更正,旋为增删一段交去。各机关多所更易。

**廿五日,壬戌,廿八　　晴**

连日伤风畏寒,殊不适。闻曹厅长缺亦动。又闻党军反攻,仍到桐庐。褚、沈二人到此,随即赴处,倏来倏去,未知何事。得文老函,于诗极满意。

**廿六日,癸亥,廿九　　晴**

闻王启文被捕,索洋五万买命,因函请孙传芳派兵,函被检查故也。此人惯作此事,无足惜。闻地审厅长已为项某所得。马孟容自沪归,来谈,云与方介安同旋。

**廿七日,甲子,卅　　晴**

诣冷巢,尚卧未起。诣朣禅一谈。冷巢旋来,云传闻不实,悉仍其旧,高等厅徐氏则以嫌疑先已行矣。闻瓯关督属刘强夫,各知事均更易。

房东杨三自青田回，谈良久。

第一师石旅全旅只馀二百馀人，余旅尚馀一团零两营，其一团现到丽水，此间甬军议招来改编，而该团以未奉旅长令尚观望。石、余二人均在沪。

**廿八日，乙丑，卅一　　晴**

取来关署正月份夫马费，亦出意表。道署人员星散，闻将改为司令部，道尹取消。方介庵来，略谈上海情形。云西泠印社有一笔工，徐姓，能随人字体制笔，价则极昂。方住该社，社在宁波路。

**廿九日，丙寅，二月一日　　晴**

清晨诣道署，已无一人，仅遇章吉士，略谈片刻，知不日移司令部于此间，取消道尹明文尚未见也。

诣吕文老，以头晕偃卧未入晤，与方苑香略谈。各店账勉为开销以渡年关。

同居严冀阶经司令部委以坎盘盐务稽查。仓桥朱姓、朔门吴姓皆殷实商人。

现充北京稽核总所英文秘书陈守庸①，永嘉城内人也，其弟②充北京统一银行经理，两人均据优差，为温人之得势者。林式言明岁六十，照章收税官满限，应辞职受养老金。王启文以一万元保出。

　①　陈守庸（1882—1966），名权东，浙江永嘉（今温州市）人。上海圣约翰大学毕业，1907年任温州府学堂英语教师，辛亥响应起义；民国任四川、东北盐税稽核，三十年代返乡任招商局温州分局经理。

　②　其弟，指陈亦侯（1888—1970），北京译学馆毕业，任湖南优级师范教师。曾任温州电报局、上海盐业银行、北京劝业银行、通易信托公司、开滦矿务局、恒源纱厂高管，天津银行同业公会理事长。1924年溥仪大婚，把一套16件金编钟与玉器、瓷器、宋版书等抵押于盐业银行而无力赎回，陈亦侯冒险把国宝秘密转移天津，躲避军阀、日寇、戴笠、孔祥熙追查，新中国成立后移交军管会，金编钟现存故宫博物院。

朱子常工于雕刻,家存黄杨木甚多。东门外恒泰过塘行,刘项宣所开,其子主事,颇发财,而弊窦甚多。

# 民国十六年丁卯（1927）

## 正　月

**初一日，丁卯，二月二日**　　元旦。晴

得七律一首，尚惬意。爆竹禁绝，久无所闻，桃符亦稀。市上多党部所书白布旗帷。

阅李国杰寿其中表张仲照侍读五十序文，藻采乔皇，四六佳手。中有"从贼斜川，屈身刘裕"语，颂人切矣。如己所自处何，不知为谁捉刀也。陈夔龙一篇，易于着笔，然而亦有未解者，如"须知天顺夺门，曾未闻明英宗复还南内"两句是。诗则佳者极少。

吕文老遣乃郎弼周来代贺年，去后成诗一首函柬之以当面谈，旋得其回字。

樊、刘、杨来，适他出，未晤。晤于沈宅，剧谈至晡。赞文言及陈介石、王玫伯在粤冲突事：玫匿报继母艰，为介侄孟聪所知，谋函京员揭参以泄愤，经人婉劝而止。陈固险，而王亦有愧生平。在粤时尚未知此事也。陈仲陶来。

**初二日，戊辰，三**　　晴，暖甚，如三月时

郭弼丞、陈让卿、马孟容、公禺、刘冠三来。答诣樊苏馨廷杰、刘赞文，由刘处携来鄂印本《黎副总统政书》十六册，革命初起至三、四年间事，有应参考者。陈叔咸来。

**初三日,己巳,四**　　阴

清晨诣刘冠三,未晤。诣马孟容、公禺,亦未面。诣杨淡风,谈良久。午后诣瓯江旅馆,与杨兆芳略谈。诣陈叔咸、陈让卿。

沈仲纬来。严琴隐来,云李叔诚芭已得九江关监督,盖姚味辛所任也。军人之自由如此。琴隐将赴闽,投戴立夫任,以戴与乃翁同窗且通谱也。沈仲纬亦欲投之。

**初四日,庚午,五**　　雨。丙寅刻立春节。傍午雨止日出

得褚九云年内廿四日由天台来函,并《感旧》诗印纸十馀首,天台闽兵经过情形,略而未详,然已得其大概矣。

钱伯吹晤于沈宅,云其子山来年内回里,不日赴粤,谈及钮、戴二人历史。闻党军明后日由平阳可到。

**初五日,辛未,六**　　阴

黄仲荃自乐清来,盖候余宪文也。杨伯畴、杨兆芳来。

警备统带吕和音开往处州,犹前次之行为。本日大街新贴"北伐国民军先遣军总司令"布告,大旨仿佛上次之张兆辰,署名正唐大钊,副胡嘉善。道尹署为国民第十九军第二师司令部,即余氏部也。浙江第一师司令部与浙江省防军第一师司令部与省防军政治部均在中校。

迩日军人有一种新风气,为愿败不愿胜。盖胜未必升官,败则尚可发财,愈出愈奇,愈趋愈下,几于同一心理。

**初六日,壬申,七**　　晴

答诣仲荃,未遇。诣伯吹,并晤乃郎山来。发达官信,并鞋一双,托山来带粤转交。夜宴关署。吕统带率队赴栝,闻来氏亦须开往宁海。司令部考军官。闻司法四厅长及收税官均更委取消。

**初七日,癸酉,八**　　晴

以《元诗纪事》十二册送还黄仲荃,并赠以《台志刍议》一册,另

一册嘱其转赠高心朴。诣杨淡峰，未晤。

佛官投考政治部，取第八名，当携铺盖入司令部，据云两星期后即开拔。投考者百七十馀人，取廿名，备取廿名。方介庵来，饷墨一笏，又以新出《印谱》二册见示。

国民革命军浙江海陆省防军政治部训练班学员符佩秋。

杨淡风来。严琴隐来，云月半前后赴闽。闻此间党部指出劣绅十人，姑隐其名，颇彰公道。

**初八日，甲戌，九**　　阴寒

杨老三谈闽中军队接洽事，陈、来①皆未为所承认，故来先去，陈亦将继行，云皆回原防，以在甬之联军已他调也。黄仲荃来，所言略同。渠今日回乐，十五六再来，盖余氏须彼时始到故也。陈仪不为党军所认，石铎无一兵卒，亦不见任，大抵余宪文尚可暂主此地，候改编出发。

**初九日，乙亥，十**　　晴

清晨诣吕文老，谈片刻，气虽弱而神识尚清。商会会长自称永嘉人民公团联合会会长，张贴广告，收取房租一月，竟如汉口举动，可云离奇。

房东杨老四自沪归，知余宪文亦到，盖自厦门水路来也。杨谈及龙游、严州、桐庐战事颇析。因河南吴部四师反戈，虽寇英杰下野，调停说合，未尽哗变，然人心已不向，吴不能指挥矣。

**初十日，丙子，十一**　　晴

诣吕宅，与方苑香略谈。得十二月二十及廿四京信两封，二十及廿六达官信两封，又致佛官、仙官、美官信各一封。杨老四已充余

①　陈指陈其蔚，来指来伟良。

部军法官。李直绳改字释戡,现住京城南府口老爷庙,不日移居东城隆福寺对巷弓弦胡同。

方苑香持吕函来看。方介安以西泠印社笔工徐保三所制羊毫一枝见赠。价贵,装饰精,不知入用如何,退回未许,姑留试看。

冷巢来,谈厅员似可无动,云党军十七军军长明日可到,其军佐已来,曾晤熟人一二。瑞安有"四凶十恶"诸劣绅品目。十七军司令部招考宣传员六十名,定明日考。

**十一日,丁丑,十二　　阴**

清晨方苑香来,谈某事,并出文老旧句一联,嘱为足成一律赠冒鹤亭。即为构就,午后袖去,与方略谈。十七军长曹万荣尚未到;政治部所考为选练班,非宣传员,屈绍璟改名投考。

**十二日,戊寅,十三　　阴,微雨**

屈子已考取,闻取至七十名之多,未知何用。

曹氏于昨夜到。余索十万,曹索四十万。

方苑香来,云秘书文件已送吕处,当详告一切。属勿交来。

**十三日,己卯,十四　　晴**

发达官信。发上海函,托方介安带交。

永嘉人民团体联合会执行委员会通告第一号,主席员叶维周,二月初九日。

国民革命军十九军代理军长兼第一师师长①、第二师师长余宪文,十六年二月十二日布告,第一号。

严冀阶来,谈杨宅姻事。

**十四日,庚辰,十五　　阴**

曹悯佛、夏瞿禅同来。曹谈前日余师长派人至厅查提司法款

---

① "长"下疑有脱字。

项,先到司令部,后到实业银行,言语龃龉及辞职等事,强迫实甚,勒款之法愈出愈奇矣。

雷作,雨一阵,不甚大。飞机在空,不知何来。

高心朴、黄仲荃同来。刘冠三来,谈十九军内容颇详。余师长至楼上,与杨老二有所接洽,盖杨派往黄岩调兵甫归也。下楼稍一周旋,未谈秘书事。

佛官云当夜开拔,乘船赴海门,同班尽行,夏曙禅任秘书,马公禹任政治部员,亦皆同去。晡时大雨。昨闻兰溪党军败退,本日闻来伟良开往海门,兵队被甬上联军击败,未知确否。余氏所扣轮船两只,本定今早开行,因闻联军有兵舰在洋,惧而暂停。余部现元一兵,在黄岩之一营,在永康、处州之一团均有充拓自立之意,不愿归向,只曹氏借以一团而已。似此情形,安能成师？

十七军参谋洪莲舫士雍来,即前在郝司令处者,别已三年,晤谈片时,亦出不意。

夜雨。

**十五日,辛巳,十六**　雨。上元节

寄京信,多至十纸,拟托刘贞晦带京,但轮船被扣,尚不能行。为董亮致一函与黄仲荃。闻联军有二船在口。

黄仲荃招饮于乐园,同席者为十七军参议诸暨人俞乃恒字久哉、厦门银行行长副朱镜宙字铎民、十九军职员张侯佐次缪、朱鹏复戡,皆乐清人,刘冠三、刘赞文等。冠三当夜登舟,将京函托交。俞君久在闽中,人极明爽。朱铎民翩翩少年,言动活跃,宜乎骗得章炳麟女为妻也。闻十九军本日已开一团,即十七军所借之兵,由乐清赴海门。十九军余师长明晨乘轮去,十七军军长不几日亦去,将会师于甬、绍。省防军归十七军节制,二三天内开拔云云。未知究竟如何。又闻党军已到闸口，据俞氏所谈，曹军长并无索款四十万之事，且颇思取缔不轨行为，"打倒劣绅土豪"名条贴满街市，与前所闻悉合。警备队如何区处，了不之及。党军现为三一制，每军三师，每师三团，每团三营，不设旅部。稽核所用人权极呆，凡月薪三十元以下，须经分稽核所定，四十元以上，则请命于总所，事权操于洋员。

### 十六日，壬午，十七　　雨

闻陈其蔚、余宪文均去，司令部已空。十七军之兵自平、瑞来者不断，有马数十匹。街衢张贴"市民要求十大件"，大要在平米价，禁漏海，停机器碾米厂，解散莲池海会、同善社、醒社，惩办贪官劣绅等事，颇公允切要。贪官为刘强夫，劣绅仅张焕绅、王永山、林云龙、林立夫四人，与散贴各条多寡不同。

闻来伟良战败于海门，夏臒禅随省防军去。地审厅款提去者七千馀。招游击队之李价人，乐清人，云奉闽中张贞所委，欲收乐清所有军械，而邑人不许，派四代表来争。

防反戈，防军队自由行动，议划上海租界为独立区。

杨维桢又号锦窦老人，见《香奁八咏》小序，"窦"同"窠"。《搜神记》："琵琶"一名"鼛婆"，铁崖有《鼛婆引》七古。

《漫兴七首》序云："学杜者必先得其情性语言而后可，得其情性语言必自其《漫兴》始。钱塘诸子喜诵予唐风，取其去杜不远，故今《漫兴》之作将与学杜者言也。"

《宫词十二首》序云："宫词①，之大香奁也，不许村学究语。为本朝宫词者多矣，或拘于用典故，又或拘于用国语，皆损诗体。天历间，予同年萨天锡善为宫词，且索予和什，通和二十章，今存十

---

①　"词"下疑脱"诗家"二字。

二章。"

《香奁八咏》序云:"吴间诗社《香奁八咏》,无春芳才情者多为题所困,纵有篇辞,鄙妇学妆院体终带鄙状,可丑也。"

《续奁二十首》序云:"陶元亮赋《闲情》,出亵御之辞,不害其为处士节也。予赋《韩偓续奁》,亦作娟丽语,亦何损吾铁石心哉!法云道人劝鲁直勿作艳歌小辞,鲁直曰:'空中语耳,不致坐此堕落恶道。'予亦曰然。不料为万口播传,兵火之后,龙洲生尚能口记,又付市肆梓而行之,因书此以识吾过。"

《铁崖古乐府》十卷,门人吴复类编,每卷加以评识。铁崖自言:"予三体咏史,用七言绝句者三百篇,古乐府体者二百首,古乐府小绝句体者四十首。绝句人到吾门者,章禾能之;古乐府不易到吾门,张宪能之;至小乐府,二三子不能,惟吾能之。故五峰李著作推为咏史手云。门人章琬又编《复古诗》六卷,皆五七言绝句,大半见于吴编《古乐府》中。"

《西湖游览志》载铁崖雅好声妓,名彻都下。晚居松江,有侍儿四:竹枝、桠枝、桃花、杏花,皆善歌舞。酒酣耳热,命歌《白雪》之曲,自倚凤琶和之。一日,访瞿士衡,饮次,脱妓鞋置杯行酒,名曰"鞋杯"。诏其侄孙宗吉咏之,宗吉作《沁园春》一阕以呈,铁崖大喜,即命侍儿歌以侑觞,当时传为佳话。常过玉山草堂,题云:"无奈道人狂太甚,时携红袖写乌丝。"其风流韵致,要非方幅之士所能及也。

《璚花珠月二名姬诗》序:"春正月廿有二日,偕昆山顾仲瑛、雪川郯九成、大梁徐师颜宴于吴城路义道家。佐酒者六姝,皆苏台之选,内有璚花与珠月,选中之绝也。义道起,持觞属客曰:'今日名姬对名客,不可无作。'座客酒俱酣畅,璚花者捧砚请余题首。仲瑛:'花月一对虽绝,而彼此不无相妒,题品稍偏,当令偏者举主人莲花巨觥连饮之。'予矢口:'月满十分珠有价,花开第一玉无瑕。'时珠月者已出主,仲瑛有意收之,璚花者尚未事人也。两姬大喜,客皆起坐交觥,予就醉矣。"《铁崖古乐府》外,有《咏史诗》,门人顾亮所编,多吴编所未载者。铁崖乐府自吴复、章琬所编者名曰《铁雅》,而咏史诗又名为《铁史》云。

周铁星:"张氏亡国,亡于其弟士信,趣亡于毒敛臣周㑆。㑆,山阳铁冶子,以聚敛功至上卿。伏诛日,曰:'钱谷盐铁,籍皆在我。汝国欲富,当勿杀我。'主者怒曰:'亡国贼,不知死罪,尚敢言耶?速杀之!'吴人快之,或手额谢天曰:'今日天开眼也。'"

《老客妇谣》一作《针线妇》。

有势利始有纲常,纲常随势利为转移,当作一文,发明此义。

**十七日,癸未,十八**　　雨

严智道女士随其师某氏及宣传队由处州赴金、衢,同行女二,男廿馀。

安国要人豪语:三星期河南可以完全解决,六星期可到武汉,四月一日可行使安国政治,七月一日即可统一长江。

济南货物税局长蔡湉新因舞弊于八日晨枪毙。南昌定期举行县长考试。中华民国男女年满二十五岁以上,有左列资格之一者得与考试。章程另抄,见正月十三《申报》。

滇唐继尧被其部下刘云逵、胡若愚向范石生通款倒唐,范电蒋介石请示,唐于十二日出走离滇。

河南怀庆通讯云:向例每年纳钱粮两次,上年曾纳至八次之多,而今催缴第九次之锣声又铛铛鸣于四乡矣。济源人民不堪其虐,愤然起抗,红枪会现方与军队为敌。当局所委为军队征捐之富绅六人,其二自裁殒生,馀四人弃家而逃,县知事亦失踪,其眷属二人被杀。捐税多寡，各处不同，自百分之十至百分之三十不等，铁路一带之军事税，其昂尤骇人听闻。见正月十四日《申报》。

奉军入豫。汉案解决，陈阿签字。税务司安、易交接。

二五附税开征。刘强夫随陈其蔚去，监督由刘委杨联芳代。

**十八日，甲申，十九** 雨竟日

得宋墨庵函并印纸索和诸古诗。

**十九日，乙酉，二十** 雨

夜赴乐园刘赞文之招，同席为县知事及张益平、曾丹香、唐伯寅、沈仲纬、王鸣卿与闽商某，其正客俞久哉、洪莲舫均临时开拔。十七军曹军长夜间亦行，军队全去，只留四连分扎各县，合一营之数，索洋两万，尚不为多。知事云，曹得电，党军十六已陷杭州。此事岂守秘密而不宣传，恐尚非实。

本日军民开联合会于中校操场。又有市民多人执旗拥入司令部，要求六事：一为平米价，一为严办张焕绅，其四未闻。曹已将行，何暇及此，亦徒然矣。惟张氏罪状经党部通过，此后市人均可逮捕送究。县议会、参事会、自治员，概行取消，款归党部。党部将迁入道公署。曹部未到者尚有两团，到即开发。第五区警备队归并十九军，名色取消。闻刘锡蕃饬回原差，尚在沪侦探。

严州为联军所扰，较温州十倍。建德县有吴姓殷户，赀四五十万，店铺甚多，剽掠焚烧，十去八九。地方未逃避之妇女，十三四以上，六十以下，悉遭强奸，无一免者。余知事曾任该邑，得有通函，故知之详。

党部本有左右派，现加中派，合成三派。陈、来二人各回原差，已奉令饬。平阳某乡盐厂为乡民所焚，厂员殒二人，失踪者十六人。

发京函，附剪报一方。

戴九灵叔能曾为丁鹤年作《高士传》,以申屠蟠拟之,此为人作生传之好故实。丁永乐间卒,乌斯道为作《丁孝子传》。

**二十日,丙戌,廿一** 　阴

闻杭州妥协,喧传孟超月索三百万,经蒋介石及商会各给乙百万,遂退出杭州。

得佛官海门寄来明片,云来伟良在临海告捷。余所提司法之款,高审五千,地审曹七千五、康八百,均存实业银行者,曹行时仅索二万。

发陈季孚函。借来沈宅坊印《说部》廿四册。

**廿一日,丁亥,廿二** 　雨

民众以要求减轻米价于昨晚罢市,车亦停开。闻议定米每元廿斤,谷每石三元。

**廿二日,戊子,廿三** 　雨

国民党开全体大会,罢市如昨,事尚未决。

陈叔咸来,云得信,台城迁徙一空,并属代撰挽伊婿联,即为拟就。

发章一山函,附诗五纸。

**廿三日,己丑,廿四** 　阴,微雨

闭市三日,事尚纷呶。阅吴仲伦德旋《初月楼闻见录》十□卷,皆明季以来及同时诸士女言行之遗佚者,与《敏求轩述记》略同,李氏《国朝先正事略》多所未收,实史料之一种也。全书无考据、议论,皆记叙,笔力简洁,渠本桐城派古文家。

**廿四日,庚寅,廿五** 　阴,午后日出,入夜雨

上海于十九日总同盟大罢工,罢工人数约在十五万人以上,各工会代表到者五百馀人,主张十七条。闻党人被诛者十九、二十两

日内已二百馀，极惨虐，即分布传单、接阅传单者皆不免。二张派兵助孙，上海大戒严。刘赞文得沪信，言之详。

**廿五日，辛卯，廿六**　　阴雨

阅《冷庐杂志》，已四十馀年不翻矣，可取者多。《南浔楛语》亦佳，固近代著述才也。

**廿六日，壬辰，廿七**　　雨

得李孟楚正月十三自南昌射步亭十三号邮政科来函，云供差总司令交通处邮政科，乃叔任南昌市政厅编辑。即答一函，附《寥天庐诗序》稿一篇去。前云榷关之说，乃传讹也。

**廿七日，癸巳，廿八**　　雪，寒甚

抄书数纸。文老赠酥糖一盒。

**廿八日，甲午，三月一号**　　雨中夹雪

支关署夫马未得。以二绝句函谢文老，颇工丽。

**廿九日，乙未，二号**　　阴

发黄仲荃函乐清西乡高桥，附《寄怀》二律，又稿五纸。

闻党军已至淞江，陈、来之省防军及十七军由海道攻松，左、右翼由湖州攻苏州、长兴攻宜兴。十九军未知在何处。学生及党人在沪被杀者不少，商务印书馆中人尤多，传闻已杀百馀人，凡在街中分散、披阅传单及看广告者，不分皂白，首随刀落，有砍断手臂者，惨不可名。

闻省中派来一财政委员会稽查员，专收款项，住知事署。涑仲陶被委收发兼庶务，亦可云善于营谋矣。

十七军又有二师师长杜成武于昨日到温，开会欢迎。新委之瑞安知事余国辉，平阳包澈，乐清吴恩鸿，泰顺周元。警察局改名公安局，局长戴绍礼，此间十七军政治部所委，而省垣所委者为金桂星，

不知若何。马振中则携款潜逃,警饷分文未发。

**三十日,丙申,三**　　阴

# 二　月

### 初一日,丁酉,四　　晴

得达官信、九铭信。来报纸十四天,阅之神疲,于温州事仍无一言。

党军十七入杭,白崇禧、何应钦先后到,联军退至松江,全浙入手。省政府成立,委员选出,大约日内齐集,未集之前皆由东路总指挥部政治主任胡公冕主之①。胡为楠溪人,任用楠溪人不少,颇有权势。

本日中校操场开反英大会,闻欲拆劣绅张书元屋。又闻有"打倒刘次饶"条子,道尹因王永山案有缉拿之说。

发京信,附剪报两段去。发达官信。沈宅来米六斗,当面交米价五元。晤钱伯吹,据云乃郎已行。严琴隐来。文老来函,属撰管氏寿诗,即交去。

### 初二日,戊戌,五　　晴

冷巢以彩云社课卷见示,并以赠品墨拓一分来。侧帽词甲第四、随园、曲园甲第三,甲等只六名。又以《柳絮》征题,限四律,次原韵,次韵万不能佳。夜枕无聊,自成四章,并近稿五纸函致冷曹。为

---

①　胡公冕(1888—1979),浙江永嘉人。1921 年参加中国共产党,赴苏联学习,回国后筹建黄埔军校,参加东征、北伐,1927 年被当局通缉,1930 年任红十三军军长,1932 年被捕,1936 年出狱做统战工作,抗战胜利后回上海策反敌高级将领,新中国成立后任政务院参事。

严氏所托事与之一谈。

张焕绅屋昨已捣毁，闻将及于王、叶二氏。

**初三日，己亥，六** 晴

诣吕文老，就病榻略谈。黄仲荃来，云初五附轮赴甬，由甬坐火车至百官，由百官坐船至杭，不必走上海。冷巢来，见示《春兴》八首，用杜《秋兴》韵。

午后罢市，以捕获漏海犯青田人王某，为律师王在丰之子，游街时为司令部收入，民众要求枪毙，不许，鼓噪投石，司令部开空枪示威，不退，遂枪死一人，伤二人。捣毁各处米铺，势颇汹汹。

**初四日，庚子，七** 阴雨

为仲荃书横披一张。午后答诣略谈。陈文照交来乃翁正月十七函，当复一函，由宁波法院吴藻卿转交。得达官正月廿七信，云阳历三月一号准回沙河。阳历二月廿五佛官信，云已行毕业考试。得章一山回信。

瓯关监督徐乐尧，台州人，永嘉县长韩毓棠，青田人，公安局长韩文彬，安徽人，均由省来温。孙氏联军悉调赴江北各处休息，宁、苏、松、沪均归鲁军。孙通电下野，张作霖慰留，命卢香亭赴前方与鲁军合作。

取来二月分瓯关夫马费。

**初五日，辛丑，八** 阴雨

新监督本日接事。发达官信，为之另取一名曰"建中"，属其以后来信用此二字。

**初六日，壬寅，九** 自此至四月卅日干支皆讹 阴晴不定

**初七日，癸卯，十** 阴晴不定

缮就某公函，未即发。

孙氏之联军尽调江北休息,江以南防地尽归鲁军。松沪尚未交锋,皖则甚扰。两韩均不能接事。盐务行政局由眘氏委余朝绅之子某接充,王某虽仅两个月,闻所入数千金矣。招商局海员罢工事解决。警察局长共委四人:孔、戴、金、韩,未知所属。

房东戚雨伞店丁永元在鼓楼下。

**初八日,甲辰,十一**　　阴

章一山寄回诗稿两册。

**初九日,乙巳,十二**　　阴,微雨

午刻宴乐园,应冷巢之招也,同座大半不相识。下午沈、刘偕黄、李二人见顾,皆席中人。黄名劼宸,字劫宸,南门外人,现为湖北候补知事。李名识韩,字湄川,茶山人,现在小南门外轮船公司隔壁某公司。夜以一函致冷巢,旋得回信。

**初十日,丙午,十三**　　阴雨,雷作

冷巢来,旋来一纸,嘱代余知事拟一函致徐氏,即缮就送冷巢转交。闻刘次饶来城。

十九军由何应钦令暂编为十五师,余宪文为师长,奚骏声为副师长。

**十一日,丁未,十四**　　雨竟日

刘次饶来。房东杨三夜附船赴甬。得宋墨庵函,嘱书对。

**十二日,戊申,十五**　　晴

花朝。发达官函,寄广东省城沙河入伍生第二团第一营第一连。发佛官函,寄宁波江北岸火车站财神庙十四号浙江省防军政治部宣传队。

李烈钧就江西省长职时,南昌开公民大会,蒋介石演说,谓共产不过为经济发展之一方法,有数国情形或适用之。但若中国采行共

产制则为大害,徒使中国倾覆与革命耳。蒋对外人之态度极为友好,已向南昌外人声明必予以绝对之保护,并发出通告,劝谕人民保全外人友谊,予外人以安全。此段见二月初十日即三月八日《申报》,据此知蒋为右派,无怪与左派不合。左派亟亟欲起其魁汪精卫以抗蒋,两派之冲突分裂时已近矣。

**十三日,己酉,十六** 阴

**十四日,庚戌,十七** 晴

吕文老来一函,云病状如旧。

广州民政厅饬公安局提各户婢女身契注销,并向警署存案。靳云鹗挟吴佩孚投南,事前确得吴同意。汉口组织"惩治劣绅土豪委员会",条例甚苛。宁台温防守司令王俊通告各机关,关于土豪劣绅等案,呈该司令军法处办理。省防军政治部有解散消息,主任叶震赴杭接洽。赣省政府整理财政办法及分设五厅办法,报登甚详。汉口妇女要求条件。

**十五日,辛亥,十八** 雨

**十六日,壬子,十九** 晴

下午诣吕宅,与其孙字麟士名人龙略谈,并诣严琴隐。

传闻上海又有大罢工之举。

翟灏《通俗篇》、梁章钜《称谓录》、杜文澜《古谣谚》、易宗涊《齿谱》四种书均有用,应购备。

**十七日,癸丑,二十** 晴

借图书馆书五种,只来三种,为易氏《齿谱》、方氏《集虚斋集》、陈庆年《中国历史》,共三十册。

冷曹来,以旧作《杨花》及新集玉溪咏柳絮各四诗见示。

前安徽省长高世读被鲁军师长孙殿英在蚌枪毙。

**十八日，甲寅，廿一**　　晴

诣余知事略谈。吕文老令其孙送洋七十元来，不知为何，当函璧缴。旋又送到，谓即夏季脩脯，遂留之。来代买米一袋，付洋十五元，找回三角零。又从李房东处分米一担，付洋十元。

**十九日，乙卯，廿二**　　晴，暖甚，下午微雨数点

得北京初七来信。

**二十日，丙辰，廿三**　　阴，旋雨

往大南门外虞师巷上岸答拜黄君劼宸，以致李孟楚函托其带至汉口，加封邮寄南昌，并附邮票两角。致李函内有致某公一函，托李转交。据黄君云，月内动身。黄之通信处为汉口法界新巴黎街天福里统计局转，统计局将改为土地厅。

诣吕文老，略谈片刻。发京信，内附致林铁尊函，林现充内务部秘书，此信双挂号去。

**廿一日，丁巳，廿四**　　雨，午后雨止

发宋墨庵函并对联。屈绍璟字友崇。

**廿二日，戊午，廿五**　　阴

省党部议决通令废止祀孔典礼，撤销文庙奉祀官，原有学产拨为县教育小学经费，所有房屋、器具统交古物陈列所或县教育局暂行保管。同善社一律封闭，房屋悉归地方公用。司法改组，高等审、检两厅取销，改设大理院。各旧府属拟设初级审判厅。

东路总指挥部政治部派出政治监察员十七人，分配各县，永嘉为边隶，有弹劾县长权，遇必要时得先为处理，县长舞弊发觉，以军律惩处。县署发布命令、公文、公告，均须副署，月薪百元，公费百五十元。十七军留守司令部军法处处长昝右禾率兵三百馀人赴甬，余知事亦离职去。廿六军所委官吏自动通电取消，并自请处分。

**廿三日,己未,廿六** 　　晴,时多阴

发京信,附剪报数方。琴隐来。冷巢来,谈甬上罢工风潮甚大,工人要求不近情理,有闭店者,店中货物不许移动,因是激怒店东,将工会拆焚,互相击斗。城内外所贴标语有"打倒三从四德"、"打倒贤母良妻"字样,杭城亦然。闻上海鲁军退出,党军已逼金陵。夜,冷巢函示《次韵桃花》四绝。

**廿四日,庚申,廿七** 　　晴

省党部为整顿党务起见,有特派员十人分赴各区,温区蒋本菁,处区陈子强。省党部联席会议议决《打倒贪官污吏、土豪劣绅实行办法》,极严,果能践言,亦可惩戒也。

**廿五日,辛酉,廿八** 　　阴

佛官忽自杭归,云派来组织工会,并将自结婚孙女士带回,拒不许入。孙名文铮,馀杭人,年十九,肄业上海三育学校,父亡母存,有一弟同在校。因罢工由沪避甬,由甬结婚回杭,由杭偕来。所言如是,未知的否。佛官之举动,罪不容诛。

**廿六日,壬戌,廿九** 　　雨

**廿七日,癸亥,卅** 　　阴雨

**廿八日,甲子,卅一** 　　阴

孙文铮女士自书一函,说明结婚及一切,自任无人可以干涉情由,请承认入门。筹思再三,许其所请,定于明日相见。

闻蒋介石宣言在租界者迁徙,以免战祸,上海大纷扰矣。

**廿九日,乙丑,四月一号** 　　阴,微雨

志高与孙女士同归谒见,亦算了一事。凡百将就,不能认真也。

琴隐缴回定谷原洋,以存谷昨被盘查,颗粒不许出门也。南门外叶振荣家私粜事发,全数八万馀斤充公,人被拘押,罚洋千元,并

谷价三千馀元及花费,耗五千元矣。

# 三　月

### 初一日,丙寅,二　　晴

达兴进口,得十五日达官自沙河来信,据云接到正月十三去函,而初七日之函及鞋尚未收到,奇极。学生毕业期改长为一年,军官仍八个月。

得刘次饶函,云图书馆已由党部中人陈啸秋所得。

来报四天,证实上海、江宁于阳历三月廿二、廿三为白崇禧、何应钦所攻下,上海总工会率工友八十万人响应,党军故得之甚易。鲁军退败,将北车站、宝山路一带焚烧,死人数百,毁屋数千幢,惨不可言。周凤岐军在龙华,海军杨树庄早已投南,毕庶澄以反侧被拒,缴械逃亡。上海特别市政所成立,蒋介石亦抵沪。江宁未下,孙传芳于十八号先逃赴扬,褚玉璞追之不及,褚亦旋逃。

浙省司法暂定为四级三审制,检察及律师依然存在,又将设保安委员会,讨论警备队、水陆警察及陆军各机关。西湖罗苑已为廿六军留守政治部所占。

渡钱塘至西兴,可赁轿以代步,轿置于巨大之义渡船中,用江轮拖之以达彼岸。西兴以上可乘轮至曹娥,复越曹娥江由火车以达宁波,即甬曹铁路也。

杭稽核分署裁撤。十七日指令通缉闽军官曹万顺、杜起云。陈调元由皖电调郝国玺旅长。

革命党三派,左、右、中之外,又曰广东派、南昌派、汉口派,汉口即左派之共产也。报缺二月十九、二十及廿二三四五,共六天。

屈友崇绍璟明日赴闽。

**初二日,丁卯,三**　　阴

得达官二月十九日沙河来信,正初七之信仍未收到。

**初三日,戊辰,四**　　晴

冷巢召集东山书院,到者为黄、朱、马、陈、严、郑、林。宴毕,作诗钟一唱。未到者杨、刘、梅。答次饶函。诣周孟由小坐,承赠佛经三种。

**初四日,己巳,五**　　晴

冷巢来,云上海大乱,英租界住户皆迁移,温州人有二千馀,公雇一船装回,本日可到。至凌永昌定鞋一双,另从别店买布鞋带回。

**初五日,庚午,六**　　雨

**初六日,辛未,七**　　雨

得次饶函及诗,即答一函,亦附诗五纸去。

**初七日,壬申,八**　　雨

阅明末人谈孺木迁《枣林杂俎》,多明代掌故、琐闻,可取者多,惟好引方志为病。又张和仲燧《千百年眼》,识高论切,笔力亦佳,足与《论衡》并观,明人笔记之可宝者。

**初八日,癸酉,九**　　雨

得二月廿五达官自沙河来信,云各信及鞋子皆收到。得九铭三月廿三号南昌来信,云于六号出京,廿一号到省,即可得事,事定即接眷。现寓孺子亭十二号欧阳寓。

**初九日,甲戌,十**　　晴

发达官及九铭信。诣冷巢,未晤。得陈胜帷三月廿八号自湖州来函,云仍充十五师副官,其司令部在旧镇守使署。

汪精卫已回国,在沪开会,以公产为主体,以三民为友党。吴稚晖与之辩论,甚中窍要。国共两派之分裂在即,蒋宣言不问政治,政治归汪,而专任军务。汉口委员会将江西政务委员全数更换,明示反蒋,又欲免蒋职,谭延闿力争未得而去。江西通电拥蒋。福建开大会游行拥蒋,当场捕办反对者二人。

**初十日,乙亥,十一** 雷雨,旋止,午后晴,傍晚又雨

图书馆取回《齿谱》、《集虚斋文》、《中国历史》三种,共三十册。严冀阶回,云所委系穿长场场知事。

毕庶澄为张宗昌枪毙。张作霖派兵搜俄使馆,得共产党人名簿,有四万多人,其酋李大钊已获。

刘赞文借去仇注《悟真篇》三册。以挽胡榕村联寄瑞安。

**十一日,丙子,十二** 雨

**十二日,丁丑,十三** 雨

**十三日,戊寅,十四** 晴

冷巢来,谈党中左右派分裂情形,《时事新报》阴历三月初六所登较《申报》初四、初五所登详备。下午在沈处略看一过,瓦解即在目前矣。闻总政治部被封,捕十九人,邓演达亦被捕,邓为共产派首领也。闽省初三之拥蒋大会亦为反对共产,有一条驱逐政务委员戴任及他数人,当时反对者五人被拘,逃去四人,仅将为首之方毅威一名游街枪决,戴任经方馨涛保护离闽。蒋介石于八号迁江宁。扬州于七号为孙军反攻而入,曹万顺十七军退回镇江,死亡甚众,略如江西之战。段祺瑞挈眷住大连,吴佩孚避往山西孝义县之石楼山。蒋委陈仪为江北宣抚使,吕公望为收抚使。

**十四日,己卯,十五** 晴

昨取回托人寄南昌函,付邮挂号寄沪。得初一日京信,云张安圃正月病故,年八十二,加太子少保,未予谥。寓天津英租界戈登路

九号,远伯寓天津英界新加坡路。林铁尊住北京东城铁狮子胡同宽街二号胡宅。得初九日达官信。

**十五日,庚辰,十六　　　晴**

杭州于阳历十二日搜查工会,解除纠察队武装,并打省党部,捕获男女党员二十馀人。总工会及纠察队被解散,党务人员养成所封闭。十一日由军警捕去共产犯查人伟等十九人,十二日又捕唐庚生等若干人,其中有郑采臣者为胡世英之夫,胡即严智道女士之师,正月内同赴杭州者。此次胡、严及戴任之妻某女士闻先事避去,未遭捕拿。

宁波于九日由防守司令王俊派兵将总工会、市党部、农民协会捣毁,捕去三十馀人,伤二十馀人,死一人。

上海出事亦在十二日,所有南市、闸北、浦东、沪西以及吴淞、江湾等处被缴械之纠察队有十四处,惟工会未曾封闭,执行者为二十六军军队。环龙路四十四号国民党为白崇禧所封,以其为西山派非法机关也。江宁亦发生同样事实。

南昌于二日学生界封闭教育厅,程天放厅长被总工会拘押,民众团体"打倒省党部"风潮甚大。各方皆国倒共,右倾左,南昌独不然。

永嘉总工会执行委员长施德彰①、县党部工人部长陈仲雷、苏中

---

①　施德彰(1901—1932),浙江瑞安人。1925年加入中国共产党,次年任永嘉县总工会主席,四一二政变后温独支遭破坏,改名雷高升,任瑞安县委书记等职,1930年任红十三军第一团团长,1932年被捕牺牲。陈仲雷,浙江永嘉人,中共温州独立支部第二任书记。苏中常(1908—1995),又名渊雷,字仲翔,号钵翁,浙江平阳人。1926年加入中国共产党,1927年被捕,1933年出狱。任华东师范大学教授,著有《易学会通》《宋平子传论》等,华东师范大学出版社出版《苏渊雷全集》。

常、秘书长戴荫良均于昨午为司令部所捕,其项强①、庄竞秋、蔡雄、林枚、邵锦荣、李平、尤建人等均逃,现由王超凡等另组。

**十六日,辛巳,十七**　　晴

刘赞如②于明日宴客于东门外化鱼巷刘恒泰行。

**十七日,壬午,十八**　　阴

严蕡阶赴甬就职,夜宴恒泰行,归时小雨。

冷巢言通电捕拿省党部左派共三十馀名。云陈独秀正法于沪,陈,皖人也,此为第一快事。汉口政府迁江宁,左派人物尽更。

**十八日,癸未,十九**　　雨,旋止

闻胡世英女士被捕,其夫郑采臣枪决。

有清一朝诗文名家甚多,吾所好者,诗则张南皮、舒铁云、吴梅邨,骈则谭□□、洪稚存、袁仓山,散则李次青、包安吴、杭大宗、李寒支凡十家,由近而远。扬州黄春谷。

**十九日,甲申,二十**　　阴

冷巢来,云厅务已于本日交卸。下午雷雨。

闻严智道女士亦被捕。

**二十日,乙酉,廿一**　　晴

得初三日京信,云林函收到。刘冠山住前门内石牌胡同花园大院六号陈宅。

左、右派大宣战,左派之为国民痛恨,见各通电、宣言,已不胜

---

①　项强,又名项逊斋,浙江温州人。1925年任温州国民会议促进会委员长,1926年加入中国共产党。庄竞秋,中共温州独立支部成员,红十三军驻沪联络员。蔡雄(1907—1927),浙江瑞安人。1924年参加青年团,1926年加入中国共产党,任温州学生救国联合会领导人、共青团温州支部书记,1927年5月被捕,23日就义。林枚,中共温州独立支部成员。

②　"如",疑为"文"。

书,总罢工之恶潮或难再见。南京国民政府定十八号办公,即居督署,总部别迁。

湘省变更审判土豪劣绅条例,紧急时不经审判,由民众径行处理,绅富被决者日以数十计,旧文豪、帝制馀孽叶德辉十一号枪毙。十七号,北京先哲祠公祭康有为,七十岁。广州共党被捕者实数一千一百馀人,十日内自首者免罪。

湖州织机工万馀人组织总工会,勾结共产党勒索敲诈一百五六十万金。

九江劳动界每搬运一物上船须给离陆税一元半,又运费一物须八角,否则,不动。有日本人携物三件,被索八元。又日人辞去所雇用人时,要求发给六个月解雇薪工。

广州于十四、十五号大捕共产分子、工人、学生千人,解散工会二百馀组。黄埔军官学生及驻郊外之入伍生八百人于十四夜悉被缴械。

湘省农民协会以暴力分田,对于田主多所残杀。

汉口于十三号后左派失势。

北京交民巷内清理,华人住户须有保证寄存物件搬出,以后外人家宅不许代中国保管财物及人员之避居。

南京妇女运动委员会提议坼除南京城墙。

**廿一日,丙戌,廿二** 晴

闻平阳有闽匪入境,自称李生春部下,在城内大扰,捕去县长,所勒之款约万馀元始他去。瑞、永恐慌。

冷巢来,偕至沈宅一谈。得屈友崇闽中来函。

**廿二日,丁亥,廿三** 晴

内子喉痛,延吴姓医士来诊。

**廿三日,戊子,廿四　　晴**

诣天后宫午宴,客颇多。闻调来军队由海门径至平阳、瑞安,又闻余氏仍回永嘉知事本任。

**廿四日,己丑,廿五　　晴**

冷巢来。得十四日京信,又得达官十四日致美官信。

南京政府于十八号成立,扬州尚在孙手,蚌、浦、徐州战事激烈。

苏俄对华之宣传费半年中有美金三十八万馀元,分给九万馀于中国共产党,二十九万馀于第一、第二、第三国民军。又付五十万元于冯玉祥,为一九二六年三月底以前六个月之宣传与军事费,此项见于俄使署内搜出之文件。

前上海公共租界工部局总办英人濮兰德谓上海租界如交还中国或改为华人市政局,则租界之繁盛将立刻终止,而中国商业亦将灭亡。又谓在华之忍耐与温和态度终造成战争。渠意《汉口协定》必须废除,否则将有更恶劣之事件发生。不信基督教会能导中国于和平,亦不信莫斯科可永远左右中国。中国任何领袖非受人之雇用,即准备受人雇用,苟有若干百万之卢布,渠担保明日即可在中国获取亲英之运动云。

汪道源宗洙充广东财政部库藏科科长。

中国共产党首领陈独秀、上海共产党首领罗亦农,见吴敬恒呈文。徐谦、邓演达、谭平山、陈独秀、恽代英、李大钊、顾孟馀、于树德、戴任、马式材、李培桐、张德忠、李伯羲、潘谷公、余佩皋,见方馨涛通电。

冒景玮充张宗昌外交处长。

武汉联席会议十一点悖谬,议决案内有设置中央军委会及废除民国十五年七月所颁布之《总司令条例》。

平阳滋扰之闽军自称国民革命军第十七军第二营,司令丁振华,营长郑克礼,勒去万元,去时将法警、警察之铺盖一概检去,并立去民人税来之马三匹。三月十九日早由泰顺来,廿一日晚九钟始去。

**廿五日,庚寅,廿六**　　晴

**廿六日,辛卯,廿七**　　晴

冷巢交来夏瞿禅《题集羽三编》诗词二纸。取回付抄未完之诗稿一册。付永康人应姓书目一册,据云东门内资本家徐克臣喜买书画,尝代吕文老买了多件,有山货行在东门外。夜雷雨。

**廿七日,壬辰,廿八**　　晴暖

湖南收回岳州海关,胡、曾、左、彭诸祠均充公。汉口禁止现金出口,只准用中央、中国、交通三银行纸币。妇女发起免耻裸体游行会,中华妇女同志会电请蒋禁止查办。冯玉祥脱共产入三民。唐生智辞职照准,亦因左派疑之。俄馆搜出共产文件关系军事甚多,郭松龄叛奉时曾收俄款四十万,苏俄许除张作霖后再付四十万。豫西兵匪交战。晋阎归降三民。

送还《黎氏政书》十六册,收回仇注《悟真篇》三册。

**廿八日,癸巳,廿九**　　晴

诣图书馆,与陶、孔二人略谈。诣冷巢,谈稍久。

闽兵入平阳勒款,城内与鳌江各五千,鳌江尚未交,而此间军队已到,闽兵遂去,闻二百馀人,枪仅百馀枝也。游越生鼓动农工捕吴醒玉游街,并禁县署。次日,党部被捣,吴出,游逃,遂将游父殴伤,报复之速无过于此。游与范介生皆共产派也。

德国所售生殖灵,男女分用。

章吉士来,程文焕来,盖自台州携眷至此。

**廿九日,甲午,三十**　　晴

冷巢来。下午在沈宅闻黄劼宸云邓演达在南京被捕。沈仲纬谈吕和音以强盗手段捕西溪土豪诸立峰事颇析,诸打电各方,费及千金,而不肯以一文给吕,至今尚押司令部,事未解决,吕之行动自由居然无他,亦一奇也。孔云荪、陶铸民。

# 四 月

**初一日,乙未,五月一号**　　晴,旋阴

僧尼开佛化会于九山,欲往看而未果。答诣程文焕,未遇。

共产主义分马克思、蒲鲁东派:马派为阶级斗争、无产专政、政府主义、集权主义、夺取政权;蒲派为全民主义或大同主义、互助主义、无政府主义、地方主义、分权主义或合作主义、社会组合。据此,则苏俄属马,三民属蒲。

**初二日,丙申,二号**　　阴,午后雨

闻吕文老病危,昨夜四钟后不能言,呼之不应。亟往探问,见偃卧闭目,呼吸尚如常,身温,脉尚有根,面色未变。闻四钟时自言"轿已来,我将去",并云"初二日子好"等语。

康南海今年七十,逊帝赐寿,康感涕,亲缮折谢恩千数百言,写十五开。不几日没于青岛,日本人思以二千金买其稿而未得。孙派人到宁输诚,未许而去。李大钊等二十人绞毙。

**初三日,丁酉,三**　　晴

程文焕来,未面。夜冷巢来话别,云附广济赴沪,即刻登舟,未及一饯,以陈曼生所藏端研一方、印泥一合、茶叶两瓶、糖果四色,研未收,再送仍璧。

**初四日，戊戌，四　　晴**

清晨诣吕宅，知文老于昨夜亥时去世，初六卯时大敛。老成凋谢，伤感莫名。归来成挽诗二章，挽联一付。发次饶函，告以吕殁曹去，并附诗两纸。相识无多，从此更无谈处矣。

**初五日，己亥，五　　晴**

梅冷僧来。

阅报，见吴稚晖《书汪精卫铣电后》一篇，中多要话，摘录于左。四月十六号铣电：武装工人、武装农人，我们亦曾把苏俄当神仙待过，把共产党当兄弟亲过。孙哲生方是真左派，汪精卫止合称准左派。陈独秀说二十年把中国变共产国，汪说止要两年。汪寄李书有"左派左派，寤寐求之"等语，汪耻为右派，争为左派。民生主义是进步的共产主义，非如俄国共产主义乃马克思病理的共产主义，是民主义。共产党与李闯、张献忠在实际上并无分别。孙劝少年勿作张邦昌、吴三桂、李完用，所谓民族主义。共产党革命决不会成功。蒋劝告国民、军人、工人书各一通，极繁冗。孙传芳投诚正在谈判中，均有代表在宁，党方与之接洽者陈公侠。

**初六日，庚子，六　　阴**

侵晨诣吕宅哭吊，时甫大殓毕。答诣程文焕。

上海特别市委员宣传会通电，谓汪精卫貌为长厚，心实险狠，桀犬吠尧，发为铣电，其罪浮于共产党人，应明令加以声讨。

生活费指数表。诣严、梅两处。

**初七日，辛丑，七　　阴**

得上月廿三达官信，云暂赴黄埔本校看守重犯，下月回营。

**初八日，壬寅，八　　晴**

发达官信，仍寄沙河。得次饶函。

连日重阅仇氏《悟真篇集注》一过，篇注只此已足，丹法亦只此已完，不必多求。惟张三丰《金丹节要》、孙汝忠《金丹真传》二书详言铸剑，不可不读。性由自悟，命假师传。阴符、道德皆盗机逆用之事，阴符恩害相生，道德祸福相倚。他家"活子时"，朱元育注本须觅。

**初九日，癸卯，九**　　阴寒而雨

发次饶函。

**初十日，甲辰，十**　　晴

发九铭函，仍寄南昌孺子亭十二号。

**十一日，乙巳，十一**　　阴

诣钱伯吹，未遇。旋晤于沈宅。得孟楚南京函，即答一函。扬州米一石三十五元。

**十二日，丙午，十二**　　阴

**十三日，丁未，十三**　　晴

又发李孟楚函，附诗六纸。

**十四日，戊申，十四**　　晴

得初一日京信，即答一函。送吕宅联、幛。

**十五日，己酉，十五**　　雨

上海洋货店有一种电气渡钢小刀，每柄四元，切铜铁如泥，又名电钢刀。阳起石末弹人颈项，即美人脱衣法也。

王玫伯有《世说新语》校本，系传抄李莼客手稿，云洪氏各书除《经典集林》一种外，馀悉备。又云湘潭某君记闻极博，有《三国志补注》数十卷，仿郑所南"本穴山人"、李寒支"但月斋"，自称"水月主人"，暗寓"清"字，又曰"十二丹水"，此意萌于光绪庚子，当时不知何心。

**十六日,庚戌,十六**　　雨

得廿九日达官黄埔信,又初十日沙河挂号信,云患肺疾,咳嗽颇剧。即答一函,附洋十元。以邮局洋款不能直达沙河,不得已,函托钱山来转交。

得曹民父初十上海信,云暂不赴宁,移居伊戚丁伯扬处,即刘怡翰屋。并云通信由上海地审厅陈劭庭庭长转交,即答一函。

**十七日,辛亥,十七**　　晴

发浙江省政府民政厅长马彝初函,另邮《志议》一册。

警备队已由省防军正副指挥蒋伯诚、陈其蔚派参谋主任王乃斌来温与十七军后方剿匪司令丁振华商编,即于初十在平阳编竣。委丁振华为浙江省防军独立团团长,斯长江为团附,郑克礼、张宗海为第一、第二营营长,但不知分扎何地。总工会改称工会统一委员会,解散纠察队。

**十八日,壬子,十八**　　阴

严琴隐来,云欲赴杭。程文焕来。

**十九日,癸丑,十九**　　晴

党军已渡江占扬州。冯玉祥到洛阳,又云到紫荆关。

**二十日,甲寅,二十**　　晴

得屈友崇函,云在建属禁烟检查分所充文牍,所长即其母舅,通信在福建建瓯县小梨山梁宅。上海英二马路昼锦里西七十七号丽华精绣批发所即章一山如君所开,电话中央八四三〇。

严琴隐来,云即往杭州,携去青端石研一方。

**廿一日,乙卯,廿一**　　晴

得章一山十八来函。夜雷雨。

**廿二日,丙辰,廿二**　　晴

答一山函。以食品四色送琴隐,另以朱子八言大对一匣托其与砚一并带杭觅售。吕讣今日始来。程文焕来。闻省防军在平阳为收编甫就之警备队哗变缴械。

**廿三日, 丁巳, 廿三**　　　晴

**廿四日, 戊午, 廿四**　　　晴

闻前夜军队搜捕瓯海公学, 拘教员一, 学生五, 或云共十馀人; 于昨夜将蔡雄一名枪决, 瑞安人, 年十九, 共党也。

大同巷郑宏大蜡烛店店东之子郑廷和诱美官由海晏赴上海, 幸而得信, 立刻追回。

**廿五日, 己未, 廿五**　　　晴

闻平阳收编之军队在县署枪毙公役, 县长周元逃而被获打伤。此间戒严, 电调台州队伍由温岭、大荆径赴平阳。

取回《多妻鉴》两册。

**廿六日, 庚申, 廿六**　　　晴

党军于廿二、廿三占领扬州、蚌埠, 直鲁军退徐州。

得达官同学潘泰运由沙河十七来函, 云达官于十四日下午收操后吐血晕绝, 救治而苏, 神思昏迷。送往外国①医治, 每日针费、药费须五元以上, 属寄五十元应急云云。阅之彷徨无措, 医云二星期可以全愈, 或不至有意外, 然合家为之不宁矣。钱山来住广州豪贤街中约德庆里新门牌六号, 系伯吹开示。

**廿七日, 辛酉, 廿七**　　　雨, 雷作

写就复潘泰运函, 并洋卅元, 托钱伯吹划汇乃郎山来转交。伯吹以山来钱款皆伊妻弟德昌南货店东叶楠经手, 遂转托叶君将洋收下, 发一函属山来拨付。旋将叶函交来, 即加"快信"二字付邮, 另发

---

① "国"下疑脱"医院"二字。

一快信与达官,详告之,同时寄出,如此办法较为妥当。本欲由中国银行电汇,乃因时局,电汇不通。叶住信河街一五八号。

报登逊帝偕后入京之交民巷,未审何故。

先公《鸡窗》二排律及《禁摘牡丹告示》一篇应录入《笔记》,勿忘。

**廿八日,壬戌,廿八　　晴**

程文焕来。扬州、蚌埠已下,联军、鲁军均败退,江南北隔绝至四十六天。

**廿九日,癸亥,廿九　　阴**

陈叔咸来,云季孚脱馆回来。

**三十日,甲子,三十　　阴,微雨**

海晏到,得曹民甫廿四由南京夫子庙东牌楼李佑生宅来函,云月半到彼,意欲接眷,来诗三首,和其一,随即答函,由上海老垃圾桥贻德里四二三号丁公馆转交。午后由伊寓又来廿五日函及三诗,另答一书,径寄南京。

徐州亦为李宗仁占领。

有难民到沪,言汉口已无兵可调,将新编之童子军开调前方,皆十二三岁之幼稚学生驱以作战。武汉市上已无穿长衫者,有则捕去或枪杀,数且不贳。咸宁县为共产党最盛之区,沿户搜查,没收田产、银米等等,其智识界中人竟有活埋或殴击死者。该县之农民协会委员长李某将生父捕拿到会,亲自审问,判交出八千元与彼,其父不允,竟遭枪毙。见四月廿六日《申报》第三张第十版。徐谦、邓演达被拘。

《国民革命》,三角,陈白虚著,揭发共产恶状,上海泰东图书局。

武汉当局发表命令,谓各处农人协会常有无端骚扰前敌兵士家属或没收其田产等事,着各省政府严禁此种举动,查明给还,如再有此,即予惩办。

自二月初六至此干支皆错。

# 五　月

**初一日,乙丑,卅一**　　雨

卖古董人应雨卿,永康人,住东门外新码道煤炭道头,开外科医店,与周用生炭行隔壁。交伊端研两方,又一方,古铜水池一个。以《蒿庵类稿》十三册交文华堂。

**初二日,丙寅,六月一号**　　雨

付《申报》洋四元,取有收条。

**初三日,丁卯,二**　　晴

双门内叶源顺山货店。

**初四日,戊辰,三**　　晴,蒸闷极,午后雨

得达官廿三沙河亲笔来信,云病已稍轻。即答一函,双挂号去。

**初五日,己巳,四**　　晴

端午节。得七绝四。章、程二人先后来。闻刘冠山在伍文渊师部充秘书,驻太仓。

灯下偶然作字,大有米意,从来未学米,忽然暗合,盖得其运笔窍也。

**初六日,庚午,五**　　晴

严琴隐来,谈陈仲陶谋图书馆长不成及通告事。

**初七日,辛未,六**　　雨,午后雨止

发达官信,为订婚事。得九铭五月初一自南京工业学校后面舒

家花园来函,云已得国民政府交通部秘书,眷口亦到,交通部在成贤街。即复一函。

**初八日,壬申,七**　　雨

又发九铭函,详叙一切。佛官搭益利轮由沪赴杭,早十一钟上船。

报登,徐州以南无北军,奉军由河南退河北。唐生智已占郑州,冯玉祥已至洛阳,北京恐慌,要人多移眷入交民巷,租一椽小屋,月须千金。逊帝与后亦入日界屋。王国维在颐和园投河自尽。长沙有救党军人大会,解散农、工会党,捕治共产,宣言甚详。

永嘉县长胡某撤任,由公安局长叶某兼代,传闻以中校校长案,叶捕而胡纵之也。

日、英出兵来华,反对之团体颇多。

工会马周施送来致杭信两封交志高带,而志高已开船。

**初九日,癸酉,八**　　雨

发志高信,将工会来函寄去。

**初十日,甲戌,九**　　阴

发章一山函。公安局仍改警察局。

**十一日,乙亥,十**　　雨,旋晴

**十二日,丙子,十一**　　晴

得达官廿八日自沙河来信,病渐轻,尚未出医院,十六所寄十元已收到。由翰墨林买来毛六纸乙刀,码一元,龙泉出产毛边纸乙刀,码一元四角。以书就宣纸单条一纸交方冠英转交乃郎上海,并以一元托买钱中一店兼毫笔。

**十三日,丁丑,十二**　　阴,午刻小雨

初十《申报》登湘人述何健铲除共产党一条,捕杀之时及妇女十

馀人,因妇女打先锋也。六月一换,谓六月期满,必须离婚,打破永久婚姻制。搜出一个秘密议案,凡男女在二十五岁以上未入共产党者及四十岁以上者皆必尽杀,定六月一号施行。

**十四日,戊寅,十三**　　阴晴不定,日光甚烈

九钟诣吕宅行吊,至午后二钟始出殡,送者塞途,行里馀即归。次饶来。

**十五日,己卯,十四**　　阴,旋日出

诣次饶一谈,知陈、钱、梅、叶各人谋图书馆甚忙。

**十六日,庚辰,十五**　　晴

严氏即日移居回报房,屋另贴召租。

**十七日,辛巳,十六**　　晴,风作

得佛官十一、十二两信,云十一到杭,先住旅馆,次日经周主任濂泽招住工会组织统一委员会内。已为介绍省党部,不日可以发表。该工会廿六可以成立,局面甚大。即发一函,由该会指导员高绍英转交。

**十八日,壬午,十七**　　雨,天忽冷

图书馆来新印《目录》六册,又见假抄本海宁人杭辛斋《读易笔谈》四卷一册,此书成于民八,时在广东。理与象数会参,而于象所得更深,能以西洋科学证实本于大《易》,皆极确切。于《易》兼汉、宋,而重在术数。盖得有秘传,近代如来氏、焦氏、纪氏、端木氏四家皆推尊之。所论极当,深信河洛及江氏精蕴,与余好尚正同,恨不见其人。另有《易楔》一书,必须物色。

王国维之死,逊帝谥以"忠悫",派溥沂致祭,赏二千元治丧。康南海二月二十八日殁于青岛,年七十。讣告全用旧官衔,并不用"前清"字样。子二人:同籛,同凝。

**十九日，癸未，十八** 雨

得一山十五答书，略及王静安死事因由，所谥为"忠悫"云云。一山近皈依净土，一反从前见解。详发一函，絮谈种种。

借来图书馆《参同契阐幽》两册，即汪刻道统大成本，而民国八年合川会善堂慈善会重刻送赠者板纸粗恶。纪氏最重此书，而怀疑诘难处亦不少。

**二十日，甲申，十九** 雨

张作霖谓改称革命军，悬青天白日旗，虽粉骨碎身亦做不到。三民主义当加入"民德"为"四民"。孙、张均到京会议，仍主战，将改组内阁。

**廿一日，乙酉，二十** 雨

得达官初八来信，云卅元收到，初十回连，将调南京。即发一函，说九铭在南京事。程、严二人来。发次饶函，索自撰《后江东生传》稿。

张作霖于十八日下午二时在居仁堂就海陆军大元帅职，通电略云"讨共为世界公共事业，不必功自我成。此后海内各将帅，不问何党何系，但以讨赤为题。不特从前之敌此时成友，即现在之敌将来亦可为友，独对赤始终敌对"等语。拥戴者八人，无阎。内阁管外、内、财、交、农林、工商、教、法八部；设军务院，与内阁并行，管海、陆、参三部。从前各机关一律改组，缩小范围。

蒋偕李烈钧十七日到徐。

**廿二日，丙戌，廿一** 阴晴不定

程来。拟辑古寇盗行事之可取、足示劝惩而愧衣冠中人者百十条，命曰《亦有道编》。

**廿三日，丁亥，廿二** 晴

发九铭函。

**廿四日,戊子,廿三　　阴**

为人写扇叶三纸。借来石印《翁文端日记》四十册。

**廿五日,己丑,廿四　　阴**

得佛官十八日自杭来信,云奉省党部工人部委为於潜县总工会筹备员,即日接事。距杭三百八十里,火车可达。月薪暂定八十元,公费百元,内设四部八科。亦出不意,但恐才不胜任。前去二函均未收到。发佛官函,寄於潜县总工会筹备处特派筹备员。发建属禁烟检查分所董国亮函。

帅府设秘书、参议两厅,外交、庶务、收支、指挥、承宣、监印、编译、侍从等八处。内阁秘书改名秘书丞,参事改为都事,金、主以下添司务。元帅办公在怀仁堂,宿居仁堂。并陆、海、参三部及航空署为军事部,烟、酒、盐务署并入财政部。声明以前约法、宪法均不适用。

任潘复为国务院总理,其下首为外交部,次为军事部,再次为内务部,其农商部则分为农工、实业两部。军事部长定何丰林,府秘长任毓麟,院秘长夏仁虎;外王荫泰,军何,财阎泽溥,法姚震,教刘哲,内沈瑞麟,农工刘尚清,实业张景惠,交潘自兼。军次四,财次三,杨宇霆奉督。

冯玉祥十九抵徐会蒋。拥蒋电阎无表示,宣布晋军分十路出兵北伐。南京市政府刘纪文在门首设纳言箱以求民隐。

**廿六日,庚寅,廿五　　阴**

邮局退回初四挂号寄沙河一函,因封面误"一营"为"二营"也。夜雷雨一阵。

**廿七日,辛卯,廿六　　晴**

发达官信,告以佛官事,并附初四函去。发一山函,内附钧陶一函,属其代交。另发钧陶商业品物社邮购部一函,应征联语二付。

**廿八日,壬辰,廿七**　　晴

得达官十一日信,云二十外开往南京,附来与陈、潘两人合照相片一张。

蒋助冯五十万。彭德铨降,授新编十九军军长。马叙伦议加县长及掾职俸给、公费。

**廿九日,癸巳,廿八**　　晴

复阅《秋雨盦笔记》八卷。必须购一部汪氏《振绮堂》,原刻不易得,能得光绪甲申许之埏重刻于湖北之本亦足矣,坊间板本,铅字、石印各本皆劣,极不堪入目。

# 六　月

**初一日,甲午,廿九**　　晴

阅《参同契阐幽》一过,讫按章、按节注,且句句、字字注文贯串,钩连上下文,解释详明,实胜诸家,宜乎纪氏重之。但亦有未明了处,纪氏皆指出。

程文焕来。

**初二日,乙未,三十**　　晴

吴佩孚逃蜀,仅以身免,河南全归于冯。

楼上严姓迁往仓巷徐家。发董国亮函。

**初三日,丙申,七月一号**　　晴

发李孟楚函。

**初四日,丁酉,二**　　晴

得达官寄回照片两纸,别无他函。得佛官廿五於潜来信,云到会为彼等包围,不能接事,即日回省。又得严氏自穿长场来函,又杭州某氏函。下午四时许大雷雨。

南京定阳历八月一号实行裁厘加税,现先设统税厅收取统税。江浙两省行新大学制,江宁已裁撤教育厅。黄埔军校调往南京,以黄埔为分校。浙已通令田租减收百分之二十五。

北京元帅改《讨赤令》为《息争令》,其气已馁,其言已卑,终不免于降之一字,青天白日旗已悬于五色旗之上矣。

中央执委会《告湘赣鄂民众书》及两湖特委会《请救湘鄂民众呈》与湖南代表赵麓阶等《请愿书》共三篇,于共产之恶状、阴谋揭发已尽,当事尚不投袂以起,怪哉,怪哉!

**初五日,戊戌,三　　晴**

达官附海晏回家,以升学调江宁,请假两星期,病后体羸于前。同来者一平阳人王绍维,其同连之潘运泰亦回温,家城内。

得九铭初一函,云移居秀山公园东厂街一号。得严智道女士五月廿六自穿长场来函,署名"严溇"。琴隐来。向吕麟士借来大洋五十元。

**初六日,己亥,四　　阴晴不定**

发一山函。得宋墨庵函。

闻人说外国肥田粉不但宜稻宜麦,于花木亦宜。所用无多,收效甚速,以德货为上,英次之,每斤约一元,每亩用几分便够。

**初七日,庚子,五　　阴晴不定**

答宋墨庵函,又发一山函。

**初八日,辛丑,六　　阴晴不定**

达官附海晏赴沪,以黄埔学生已抵沪也。带去致九铭一信及端研、碑榻、牙梳、手巾等,又《志议》四册。同行潘泰运,其王绍维以回平阳赶不及。王字书芳,家鳌江,父在北京某部,兄在美国,家颇裕,通信由鳌江孙永记号转。潘住大南门内谢池巷潭。海晏帐房戴振甫,永嘉人,住仓后人参巷十六号。船上极拥挤,以投考南京者多。查得潘泰运并未行,事殊跷蹊。

**初九日,壬寅,七　　晴**

程文焕来。夜夏曨禅来,渠在甬江第四中学充教习,暑假回瓯,现住杨柳巷七号。略谈杨虎、陈群二人奉蒋委到甬清党,捕杀共产男女多名,均不宣布。

丁匪由泰顺至处,报登已占庆元县,龙泉、丽水恐慌。省城派兵一营,今日到。

**初十日,癸卯,八　　晴**

发严智道回信。傍晚雷雨一阵。

**十一日,甲辰,九　　晴**

得佛官六月初四日自杭工会组织统一委员会来信,云已由於潜辞职回省,即日随宪兵团赴南京就事。所言闪烁杂乱,势所必然。得李孟楚六月初七自沪宁铁路军车管理委员会来函,云眷口住南京城内北门桥。傍晚大雷雨,霹雳惊人。

**十二日,乙巳,十　　晴**

阅报,知共产党首陈独秀之子陈延年,又名陈友生,在沪被杨虎捕斩,吴稚晖有函贺之。萧山茧捐委员孔继荣以九千赃案枪毙,又云实得只七百元,年六十馀。湘省共产有十万馀人。陈济棠报告苏俄中山学校情形颇详。

邮局退回寄於潜函。

省防派来军队在永川船遇匪行劫,击死数十,生擒四名。邓演达以八十万包雇一船预备赴俄,其富如此。

夜得达官初九明信片，云是日四钟到沪。

**十三日，丙午，十一**　　晴

反日经济绝交大会，于十三日起不用日货，违则处罚。

**十四日，丁未，十二**　　晴，天热

海晏进口，达官以带宁端砚等四件交该船帐房戴姓带回，而无信件，其不赴宁可知矣，奈之何哉。是日始浴。

**十五日，戊申，十三**　　晴

双挂号发九铭函，寄南京秀山公园东厂街一号，内附致成贤街中央执行委员会宣传部一函，又致城内北门桥李孟楚一函。

南海谭宗浚叔誉以榜眼官道员，即玉笙先生莹之子，父子皆工骈文，而叔誉尤高。同时张樵野侍郎荫桓亦能手，但未之见。

**十六日，己酉，十四**　　晴

诣吕宅，未见一人，留片而归。

王书芳自平阳来，云将偕潘泰运赴沪，略谈粤事。广济到，得初五京信，云内部裁员，即日出京回瓯。夜，王、潘二人同来，云俟海晏行。谈及羊城黄埔学校因毕业展期两年，学生不愿，改赴汉口者已数百人，以汉口仍止一年学期，只须凑足三个月也。又云达官已由怡和船初十行，不知确否。潘尚能说普通话。

程文焕来，云警察局长叶林森于十四夜为司令部诱捕解省。嗣在沈宅闻钱伯吹所说较详，盖谋财害命罪案发作，经周凤岐密电饬拿也。即茶山朱、张近日赌案，所得已数千元。

湘省益阳、浏阳、平江共派极猖獗，浏阳自卫军有现金集中办法，勒令居民将现金一律缴存农会，由会给以当十元、五元、一元及五角、三角、二角、一角之草条，在城乡行使，违者杀。各县亦多仿行。又云长沙搜索更甚，家藏不得超过五元以上，超过之数须向政府兑取库券,违者以反革命论,而库券仅抵四五折。吃排饭。

吴佩孚被捕,在路逃往南漳。其俘虏之文武军官八十九员,器械文件坐获。见七月八日张联升电。与张远伯密电,本为岱密。

**十七日,庚戌,十五** 晴,初伏

吕麟士、方苑香同来,以抄就于园诗稿两册属校。汇胜。夜大雨。

**十八日,辛亥,十六** 晴

校于园诗册。夜月色颇佳。

**十九日,壬子,十七** 晴雨间作,有风痴意

陈叔咸来。撰于园诗跋,颇自喜。夜雨。

**二十日,癸丑,十八** 晴雨而风

改定跋尾。

**廿一日,甲寅,十九** 晴雨不定

以于园诗册并各抄件交还吕麟士。闻南京危险、山东日兵战胜等说。楼上租户张也衡润玉迁来,送礼四色,未之收,亦俗例也。

**廿二日,乙卯,二十** 晴

抄杭辛斋《学易笔谈》十之五六,原书四卷,八年己未羊城有印本,须觅之。严琴隐来。张润玉招饮,却之。

**廿三日,丙辰,廿一** 晴

清晨有叶姓青年持钱潮致伊信,云志决在粤动身时借去洋四十元,又白操衣一套、帽一顶、鞋一双,嘱伊取还。答以俟志决回日,或问明底细再说。得冷巢十八南京函。

**廿四日,丁巳,廿二** 晴,时而阴

清晨诣东门外一转。

近人日记四种必备:曾文正、李越缦、翁文恭、王湘绮。海淫书

报如《性杂志》、《性欲丛书》、《双梅影阁丛书》、《赤裸裸研究交合史》、《温柔乡指南》、《新潮》、《冰淇淋》、《快活世界》、《逍遥世界》、《福尔摩斯》、《阴阳怪气》等类,均饬禁。

**廿五日,戊午,廿三　　晴**

清晨诣方苑香,遇诸途。得屈绍璟七月十一自闽潭盐仓巷来函,云调充建阳检查员,此函即由建阳县发来,而董国亮无信。

图书馆取回《翁文恭日记》、《易学笔谈》、《参同契阐幽》三种。

程文焕来,云传说党军为日兵所败,退至蚌浦,连败三阵,头阵学生军全殁,未知的否。

美官偕王春赴永嘉桥①。

**廿六日,己未,廿四　　晴**

清晨诣陶铸民,知姚平子②定一号接事。孔馆员仍旧,其一为吴女士某。月薪略增,馆长月八元,现加十二元五角;馆员月十四元,现加十八元。其入款总约千五百元,戏捐千元,涂租五百元。内外涂租向例只报二百元,近已据实报出,究不知所入有若干也。

得十七日京信。

**廿七日,庚申,廿五　　阴**

发北京信,附剪报一方。国民军军饷预计最少月需二千一百万元。裁厘展至九月一号实行。江苏考官定九月十一号举行。上海禁止现金出口,有几处不禁,为厦门、广东汕头。九江缺油、盐。发九铭函。

---

①　"桥",疑为"场",即七月初五日的"永强镇",永强方言"场"、"桥"同音。

②　姚平子(1897—1941),女,浙江瑞安人。杭州省立女子师范学校毕业,任女子学馆教师、校长,国民会议温州女界促成会委员,1926年参加中国共产党,在定海、上海、永嘉等地任中小学教师。1927年7月至1929年12月任温属公立图书馆馆长。1941年获悉四子胡景琛已牺牲,悲痛过度病逝。

**廿八日，辛酉，廿六** 晴

以诗函夏臞禅。以《赵帖》一册邮严智道，附函一件。吕麟士以谢函稿乞改，措词尚妥，即交还之。

周孟由来。林亮周来，谈及江北置田分田皮、田骨两种，江南无之。江南上河乡安下有一徐阿来者为首富，有田三千三百馀亩，岁得租价五万金而无子。次户即张玉书、润玉兄弟。茶山朱氏田亦三千多亩。本城林浮沚外，推双门吴姓、四顾桥金姓、南门林姓漆店、叶德昌南货店为最，东门外各钱庄十馀万者颇多。

得次饶廿七函，即答之，附文稿一篇。

王书芳之父自平阳来，有伊子欲附海晏去，往客寓寻而未见，云往瑞安。其意似欲尼伊子之行，并开潘泰运住址去访。周仲明来，以扇叶乞书。孟由以《法苑珠林》卅册、《华严经》八册见假。

徐阿来工于赌，因赌入赀甚多。下河乡朱氏之外，尚有一姓家赀相埒。

**廿九日，壬戌，廿七** 晴

程文焕来，传言县长又有更动说。

**三十日，癸亥，廿八** 晴

早九钟彭儿附广济回家，离家七年，平安归来，馀皆不问。北京局面日趋于坏，更不足言。

在沈宅见其买草药，据云小南门外有一草药店药物甚多，治痢尤神。

两湖代表请愿讨共，文内历举共党罪状，内有一条云，在省农协会经团长许克详搜出五卅大屠杀、六一成立之劳农政府议决案：凡年满二十五岁以上，不论男女、有无知识及产业者，一律杀绝；已入该党者，年在四十岁以上亦尽行屠戮，不稍容留，以合鲍罗廷"中国不杀五百万人,革命不能成功"之说。见六月廿七日《申报》。又登司法部制定《律师章程》、《土地登记》、《浙江保障安宁条例》,各条均要。何健虽派员至宁请讨共党,但据汉口后并不取消政府,且更换委员多人,其欲擅地盘而非真离唐合蒋可知。

# 七　月

### 初一日,甲子,廿九　　晴

得董国亮七月十九回信,云不能来,语及草草,不甚分明。函又自福州城发,尤不可解。夜,某君来。

### 初二日,乙丑,三十　　晴

刘次饶来,云一号交替馆务。

### 初三日,丙寅,卅一　　晴

答诣次饶。严琴隐来。

### 初四日,丁卯,八月一号　　晴

浙江考试定阳历九月十一日举行,报名者八月一号起,廿号截止。九江米价由每升五角至九角,是每石九十元矣,每人只许买一升。

江苏省党部特别委员会妇女运动会主席廖世邵限妇女一律剪发,违即令公安局强制执行。上海特别市政府公布章程,甚详细。次饶来,云即回平。

### 初五日,戊辰,二　　晴,时有风

美官自永强镇归。

### 初六日,己巳,三　　晴

清晨诣方苑香,已他出。海晏八钟开。致函夏臞禅,有所商询。

下午小婢玉兰不慎堕井,适邻居人多救起。

**初七日,庚午,四**　　晴

方苑香来。张润玉昨日交来租折一个,房租半年,自六月初一起至十一月止,计洋四十八元。

**初八日,辛未,五**　　晴

苏省县长之任免法,资格分考试、荐举、遴选三种,任期三年,不分性别,较浙江为宽。程文焕来,严琴隐来,皆言上海近事。

**初九日,壬申,六**　　晴,热,下午微雨

冯梦华中丞煦七月初四殁于沪,年八十五。

**初十日,癸酉,七**　　晴,热

陈电飞来。

**十一日,甲戌,八**　　晴,热。立秋

少有感冒,殊不自在。

**十二日,乙亥,九**　　晴,热甚,午后雷作而雨,雨不大,稍解暑氛

夏臞禅来,假去《莲子居词话》、《词学集成》各一册。美官投入学生兵招兵所,随同赴杭。

**十三日,丙子,十**　　晴

海晏黎明开。

**十四日,丁丑,十一**　　晴,下午雷作而不雨

在沈宅晤刘赞文,前两日自闽回。晡时雨雹,甚微。

国初金沙潘永因长吉所编《宋稗类钞》八卷殊佳,惜未注原书所出。今人杭州徐某《清稗类钞》多至数十册,更佳。

**十五日,戊寅,十二**　　晴,午后雨,较昨大,雷亦作,夜又微雨

湖南长沙杂捐名目有车捐、轿捐、旅馆捐、妓捐、筵席捐、茶馆桌捐、戏捐、孤儿院挨户捐、贫女院挨户捐、医院挨户捐、房捐、牌照捐、

垃圾捐、煤炭捐、肥料捐、卷烟吸户捐,现又厉行登记捐及电灯市政捐。

**十六日,己卯,十三**　　晴,稍凉

得严女士函,帖已收到。矅禅来,又借去初白《诗评》八册、刘氏《艺概》二册。

**十七日,庚辰,十四**　　晴

以一函致李仲骞,附书五册。以《香研居词麈》二册交夏矅禅,先后共去书五种。贾凫西《木皮子词》一册,图书馆有之。

明季归元恭《万古愁曲》、国初李笠翁《如意曲》两篇当合看。

浙民政厅长马叙伦以妾、婢同系父母所育,或迫于家境困苦,或被人诱惑所卖,情殊可悯,通令各县一经查实,将该妾、婢发交善堂另行择配。七月初九《申报》。

浙江七十五县:一等廿一,二等卅一,三等廿三。

浙省萧山茧捐委员孔继荣、江省丹徒税局委员寿林、国民革命军总指挥部政治部特务组长尹子衡均以舞弊受贿,尹已伏法,孔、寿二人尚未判定罪名。

**十八日,辛巳,十五**　　晴

**十九日,壬午,十六**　　晴

清晨方苑香以重抄《于园诗稿》来,为勘一过,并为吕麟士拟陈太傅乞序函稿。

闻徐州又失、兵退浦口之谣,白崇禧兵大损伤。

**二十日,癸未,十七**　　晴

以《于园诗稿》等函缴吕宅。发九铭函。

闻蒋介石去职,其事固在意中,不料如是之速也。

**廿一日,甲申,十八**　　晴

来报四天,云蒋于十三由沪行,十四抵甬,十五到奉化。何应钦、李宗仁为正副总司令。胡汉民、张静江、蔡元培、李石曾、吴稚晖十四日电冯玉祥，不赴安庆之会，各回故里。

江西共党内讧。十一军蔡廷楷师长率部七千馀离赣入浙，总部派陈铭枢往浙东接洽，以蔡系陈之旧部也。晋之磁州红枪会首领刘某，年八十五岁。杭州军事厅因大军开拔上游，特于桐庐、建德、淳安、衢州、常山等县派谍报员十馀人以探消息。

武汉金融状况：上海各银行钞票每元值一元二角，中央、汉口中国、交通三银行钞票由六五折降至五折，国库券仅二折半。市面米价每石廿七元，盐每斤一元，鞋一双八元，袜一双四元，旅馆二元以下无下榻处。长沙洋油每斤四角，茶油七角，煤每石二元。均见十七日《申报》。

**廿二日，乙酉，十九** 晴，晡时飞雨数点

闻孙传芳兵已到浦口。叶氏子交来钱潮自羊城来函，为四十元事。

**廿三日，丙戌，二十** 晴

**廿四日，丁亥，廿一** 晴

清晨诣李仲骞略谈，云孙到宁是实，浙马与周有嫌，已逃云云。衢、严一带已有兵，学界中人多回杭。

得十八日美官自杭州运司河下国民革命军东路前敌总指挥部招兵办事处军士队来信，云考入乙等第一名，三个月毕业，可充上士、中士。现在每日两操、两堂功课，日吃三餐。十六所发一信未到。

**廿五日，戊子，廿二** 晴

发美官信。

某外使谓此次宁方变化不是左右问题，乃是士官生与内地生势力之竞赛结果，长安无所过虑。国民党第四次大会原定十月一日，

现改九月十五日。全体大会大概在宁召集,在武汉代表出席时,随带武汉军队入宁以作护卫。唐生智派军人对于宁派军人似以蒋、汪同时下野为交换条件。湘、鄂、赣将征收不动产新赋税。三十一军军长郑绍虞谓奉蒋令,由海州、扬州开拔来浙,原定开赴严州、兰溪。蒋下野,何应钦命暂驻杭州,经费月需三十万元。

杭州定家犬领照条例。

白崇禧在沪宣言徐州不得不暂为放弃,一月间可将敌军完全消灭,军事、政治均极有把握,独财政极困难。用兵非专制不可,委员制绝对不成问题。日人谓徐州之败实促蒋之引退,而徐州之败多因日本到鲁之故。

**廿六日,己丑,廿三**　　晴阴不定

诣琴隐,不遇,遇诸途。夜小雨,颇凉。

**廿七日,庚寅,廿四**　　晴

章吉士来。比日得五、七律十馀首,皆惬意。得次饶诗函。

**廿八日,辛卯,廿五**　　晴

发次饶函。琴隐昨以《绝妙好词笺》、《冬心杂著》两种见还,尚留《学诗法程》三册,并携去书目一册。

周凤岐回浙,暂代政务主任,设军警联合稽查处,以叶焕华为处长。报考日期展至八月底。裁厘缓行,照旧办理。

新出磨墨机五种,由三元五角至廿四元,各书坊出售。世界舆地学社新出地图一册,每十一元五角,廉价一月,七元五角,寄费二角。

**廿九日,壬辰,廿六**　　晴,热,九十二度

# 八　月

**初一日,癸巳,廿七**　　　晴

发次饶函,附近诗数首。

因果之说,有补于儒教大矣,然专主此流弊亦多。假如乱臣贼子弑父与君,谓为冤对债家,归之因果,则人无忌惮,不可为训。一切道理议论皆尔,可互相济,不可互相争也。

**初二日,甲午,以下甲子尽错。廿八**　　　晴阴不定,午后小雨,傍晚
大雨一阵即止

**初三日,乙未,廿九**　　　晴,热极,蒸闷不可当

两三日得诗十二首,皆佳。得次饶函。

**初四日,丙申,三十**　　　晴,热

以刘作跋文函致吕宅,并答刘函。夏臞禅来。

**初五日,丁酉,卅一**　　　晴,热甚

周仲明来,以扇面联纸索书。夏臞禅以常州人钱名山诗集刻本二册见贻,钱名振锽云。借去词学书五种为严琴隐所转借。

**初六日,戊戌,九月一号**　　　晴,热极

得美官自上海小西门尚文路宪兵营第四连来信,云已改为宪兵营,驻上海,未言何日自杭开,言之不明,即答一函。公费月十六元,八折十二元,恐未必照给。

**初七日,己亥,二**　　　晴,热极,夜五鼓雨

报登,孙军在栖霞、龙潭激战,败遁浦口之兵撤退。沪宁火车上行至苏而止,长江停轮,沪上加严。

**初八日,庚子,三**　　　雨,稍凉

上海有所谓"民众挽蒋拥胡讨汪灭共护党救国大会"名色。唐

生智抵宁,何健抵皖,皖政府迁避于芜。

扫叶山房新出板《论衡》,叶德辉注,中纸二元八角,洋纸二元。

**初九日,辛丑,四**　　阴

闻蒋中正得赀二千数万,马叙伦得廿馀万。杭垣有驱逐"马党"宣言,周凤岐军队多开往苏松。

得达官上月廿八自鄂来信,云将赴沪,旧病时发时愈。发次饶函。

**初十日,壬寅,五**　　雨

《世说新语》、《南北史捃华》、《大唐新语》、《宋稗类抄》四种熟览,则行文典实词藻足用矣。涉世应事则莫妙于《智囊补》及新出之《劝戒类编》,他无须及。《福寿全书》、《人镜类纂》两种亦佳,《人寿金鉴》、《月令粹编》两书均不可缺。箧中虽乏秘笈,幸数种皆在手边,或再觅《子史精华》一编。

**十一日,癸卯,六**　　晴,稍凉

在沈宅晤黄劼宸,盖自南京回。程文焕来。

**十二日,甲辰,七**　　晴

阅《名山集》,题五律一首,函致钱君振镗,附《志议》一册,托夏曜禅代寄。而夏已赴严州,此函仍留夏宅。发一山函。

**十三日,乙巳,八**　　晴

闻章位三献猷与伊子居沪,其子招兵投周凤岐,委以师长,后知其诓骗,欲拿办,父子均逃。

**十四日,丙午,九**　　晴

连日阅《等不等观》,大有所得。

**十五日,丁未,十**　　晴

得次饶函及诗。夜月色佳,得四十字。

**十六日,戊申,十一**　　晴

诣方苑香,未晤。

**十七日,己酉,十二　　　晴**

杭州清政运动会九号发贴"请看祸浙害民六畜"传单,并"打倒马叙伦、蒋梦麟、邵元冲、沈定一、姜绍谟、沈尔乔"等语。汪精卫由浔到宁、到沪,江苏省党部、市党部电其下野以践前言。烟捐于运、售、吸值百抽七十。孙军退往蚌浦。潘君来,谈沙市事。

得美官信,十三由上海小西门尚文路淞沪卫戍司令部宪兵营第四连发。严琴①来,云李孟楚已挈眷回。

**十八日,庚戌,十三　　　晴**

取回书一册。

**十九日,辛亥,十四　　　晴**

方苑香来。诣图书馆,以书目一册交孔云荪。发陈胜帷函,寄绍兴城内直街大弄堂第四号。严琴隐来早谷两箩,据云二百斤,实只百七十馀斤。

**二十日,壬子,十五　　　晴**

《蜕盦续稿》甲寅至癸亥十卷难于刻行,拟将甲子至丁卯四年选出七八百首先付排印,曰《昉倪画集》,署名水月主人。虽选定者约千篇,尚须汰除,以省印贵,故不能不割弃也。

得美官十六日信,云以谷价九元还琴隐。夫马费分文不发,仅发小洋六角。

浙省田租以佃户得二成五为少,现定佃六成、主四成,庄崧甫②议也。

---

① "琴"下疑脱"隐"字。
② 庄崧甫(1860—1940),名菼存,浙江奉化人。同盟会员,创办杭北林牧公司,辛亥年协助陈其美筹饷光复上海,民国任浙江军政府财政司长,后辞职。历任浙江省政府委员、国民政府首届立法委员,奉化孤儿院终身院长,著有《农政新书》、《求我山人杂著》等。

考官于十一号举行,应试者九百馀人。武汉政府陆续迁宁。

**廿一日,癸丑,十六** 阴,午刻雨,大有秋意

发美官信。琴隐收谷价八元,还一元。

冯煦殁于七月,年八十六。赵尔巽殁于本月,年八十四。赵临终荐柯劭忞接清史馆长兼总纂。

**廿二日,甲寅,十七** 晴阴不定

马公禺以《新居》五古长篇见示,即作四十字柬之。阅唐沙门宗密《原人论》,于小乘、大乘及了义豁然此胸。

**廿三日,乙卯,十八** 微雨

得美官阳历九月十四号信。

汪精卫于十三号通电下野。河南之靳云鹗、田惟勤、方振岳与冯玉祥脱离,自称"联合军",靳、冯军队已开战。夜雨达旦。

**廿四日,丙辰,十九** 雨

双挂号发美官信,内有致该营营附陶让生一函。得章一山函。

**廿五日,丁巳,二十** 阴晴不定

发一山函,附《蜕盦近年文稿》两册去。马公禺来,以诗嘱改,并赠湖笔两枝,装潢颇佳,未知入用否。潭前。

**廿六日,戊午,廿一** 晴

次饶廿五来函,索还《元诗选》廿册,即答函,交协兴局寄去。

**廿七日,己未,廿二** 晴

答诣马公禺,顺道诣樊苏卿。得章一山廿三函。

得达官本月廿日自武昌鼓架坡十六号十三师野战病院来信,云旧恙又发,入院医治。其所任者为卅七师一百十团指导员,月薪百八十元,除伙食五十元外,馀只抵十五六元用,大抵二成也。即发回信,双挂号去。

得一山廿三函。传抄来俞曲园临殁七绝九首。

**廿八日，庚申，廿三　　晴**

程文焕来。

**廿九日，辛酉，廿四　　晴，阴**

发一山长函。

报登，十四军军长赖世璜被何应钦捕去。三十一军郑绍虏在沪杭改编。豫天门会匪称帝，自署"天祐二年"，发勋章，任官吏。靳军退出河南。德天文家测本年底大西洋、中欧、日本、新疆将发极大地震。

佛家因果之说，犹儒家之言天命。凡事归于天命，则治乱兴亡，气数使然，孝子忠臣皆为逆天而不知命；凡事归于因果，则乱臣贼子皆宿业感召而来索债偿冤，无关于伦纪：其流弊正等。

**三十日，壬戌，廿五　　晴**

# 九　月

**初一日，癸亥，廿六　　晴**

比日读《弥陀经疏钞》，广大精微，益坚信向。然不遍读各氏，未知此书之佳也。既得导师，无迷路矣。

**初二日，甲子，廿七　　阴**

得七律二、五律一，皆惬心。

**初三日，乙丑，廿八　　晴**

**初四日，丙寅，廿九　　阴晴不定**

得陈胜帷绍兴函，并《毋固斋诗稿》一册，嘱为删改、乞序。

**初五日，丁卯，三十　　雨**

**初六日，戊辰，十月一号**　　阴晴不定

撰陈君诗序一篇，颇惬意。

报登，前年罗振玉照废纸价买去清内阁档案八千袋，罗已售与日人松崎，即日出运，其馀利应以数成归昆明湖自尽之王某名下。见八月三十日《申报》。

广东广金舰串匪劫银三十万，舰长及各舰员均逃逸。湖匪洗劫金墅镇。上海特别市土地局局长朱炎在法界亚尔培路被匪绑去。蒋介石谋娶宋庆龄妹宋美龄，将已生两子之发妻休弃。冯玉祥子冯国洪在俄发电，与乃父脱离父子关系。

程文焕来。得一山函。

**初七日，己巳，二**　　晴，燥热

午刻诣朱晓崖，未遇。诣章吉士略坐。

**初八日，庚午，三**　　阴

诣刘赞文，闻杨雨农包办温处盐税已成，岁认七十万，即日回温开局。闻前日几几兵变，由团长借来二万元敷演。

寄刘冠山函，由上海法界北京路浙江兴业银行总理徐戟卿转交。

**初九日，辛未，四**　　重阳。晴，暖

以一函致朱晓崖，晓崖旋来。以《台州志议》一册、朱子八言大对一匣交刘赞文。房东杨老头及伊第三子由杭回瓯。

**初十日，壬申，五**　　晴，暖极

杨老三谈十九师近状，盖兄弟三人皆去职矣，其溃逃各情闻之他人者较详。与沈仲纬谈杨氏包捐事，据云股东中有裕源行主许某资本最为雄厚。夜以一函致赞文。

**十一日，癸酉，六**　　晴，暖

**十二日，甲戌，七**　　晴，燥烈异常

**十三日,乙亥,八**　　晴

程文焕来。章吉士处喜事请客,未往。

**十四日,丙子,九**　　晴

得达官阳历九月廿六即九月初一武昌来函,仍在病院,信系徐冰生代笔。得美官初四来函,云某君一函未投,一、二、三连已开,第四连随营本部开,开往何地、何日发未之知。夫马费未发,云得达官两信。得九铭阳历十月一号自上海梅格路交通部交通第一大学来函,云代理南洋大学校长,九月三号到申,次日跌伤腿部,至今甫愈,眷住法界萨波赛路仁华里十号。得一山函,寄还《文稿》两册。发九铭、一山函。

二十六军长周凤岐、副军长斯烈均去职,以陈焯任副长兼代军长。其第一、二师亦均更委,实皆缴械,浙人无一司兵柄者。奉、晋交兵,各下讨伐令。

新委警察第二区第五分所巡长王汝良字贞臣者来见,家住本城四顾桥,年甚轻。

**十五日,丁丑,十**　　晴,热极,可穿夏衣

**十六日,戊寅,十一**　　雨,旋止

浙江省防军第四团第一营副营长符英字鸣春、第一营第一连连长符志远,二人均广东文昌人,以同姓故,浼陈文照女士介绍来见,谈良久。皆从何应钦自粤而浙者,符志远为黄埔学校第三期步科毕业。杨房东来略谈。

**十七日,己卯,十二**　　雨,午后雨止

答诣司令部二符君,并晤第一营营长吉某。诣沈宅,闻杨绅已旋,鸦、烟包定四万元,盐捐八十四万尚未定。晤黄劫宸,索观《志议》。董亮自闽归,云曾至新加坡一转。

**十八日,庚辰,十三**　　　阴。两日骤冷,御棉衣

徐云龙来,云自南京某军队解散,八月节后回南溪。发张仲照、章一山函,各附诗一纸。以《志议》一册赠黄劫宸。得夏曜禅初十严州中校来函。

**十九日,辛巳,十四**　　　晴

发夏曜禅函。

**二十日,壬午,十五以上甲子均差一日**　　　晴

走答二区五所所长王某,未面。

阅俞曲园所辑《荟蕞录》廿卷,《自序》云采各家文集所纪匹夫、匹妇一节之奇以补钱衎石《国朝献征录》、李次青《先正事略》、李黼堂《耆献类征》之所未备,自谦为"不贤识小",实亦不可不具之编。纪叙之小文,足资取法,十五卷以后皆节烈妇女传。光绪七年申报馆有排印本,未之见。

张作霖礼服全套,全身赤金丝线制,帽上宝石四块,价值百万,与袁世凯之龙椅六十万可相匹。省党部再电各县党部,从前非法党部所发之命令及决议概作无效。王普之廿七军改编。宋庆龄再嫁陈友仁[1],宋妹二人,曰美龄、蕙龄。晋阎之母藏现金六百馀万于石家庄,奉张宣言攻破即以犒赏。

**廿一日,癸未,十六**　　　晴

诣图书馆。朱小崖来。

**廿二日,甲申,十七**　　　晴

同居青田人徐姓移住对门。诣杨园一走,菊未开。

湖南宁远县土匪入城,县官被杀,家属被掳。绅民团队死千馀

---

[1]　这是国民党右派因宋庆龄访苏制造的谣言,企图把宋庆龄与孙中山分开。

人。宁波大嵩洋面盗劫福裕商轮,损失十万左右。林鹍翔充浙民政厅第二科长。

郑毓秀长临时法院,上海人。中国女子得巴黎大学法学博士学位者惟郑氏一人,以女子执行律师职务亦为中国第一人。

**廿三日,乙酉,十八　　晴**

诣朱晓崖、周孟由一谈,周以绍兴人冯宝瑛《佛学要论》一册见示,颇佳。钱伯吹来。借来图书馆《清稗类抄》四十七册,缺首册。

**廿四日,丙戌,十九　　晴**

发陈胜帷函,缴还诗一册,附序一篇,双挂号寄绍兴。

**廿五日,丁亥,二十　　晴**

司令部二符君来。得夏瞿禅自严州寄来钱名山《文集》四册,信一件,其第一次信未到,夏有文数纸附来。

**廿六日,戊子,廿一　　晴,连日天暖甚**

程文焕来。二符来,偕石儿外出。

**廿七日,己丑,廿二　　晴,热**

发钱名山函,附诗文共七纸,寄武进城内白家桥钱氏寄园。得九铭廿二信。

**廿八日,庚寅,廿三　　晴**

发九铭函,四长纸,双挂号去。傍晚又发一函。

杨馨山房东将押与我之楼上房屋出典于现在租户张润玉,于本日定议,所有原押洋伍百元杨存于东门外行前街鸿胜钱庄,每月息钱五元,立折为凭,待至民国十八年阴历七月份止,将洋取回。如该庄于二十三个①内发生事故,由张润玉完全负责,并由张另出保字存

————

① "个"下疑脱"月"字。

据,又由杨处交洋六十九元补足二十三个月房租原数。此事即于当日解决,将上年杨处所具押契及收洋凭条交还之。鸿胜庄在行在街。

**廿九日,辛卯,廿四**　晴

海晏进口,得美官廿八日上海小西门尚文路第二师范学校驻沪卫戍司令部宪兵营第四连信。得一山回信,云绑票事无日不有,张菊生亦被绑。

南京褫唐生智本兼各职治罪,以通敌也,上海市党部以六大罪状加之,谓与张、孙新协定。瓯关监督徐乐尧免职,由南京委庄智焕。招商局爱仁轮在港厦途中被劫,全船焚毁。浙省党部《党务视察员条例》新定月薪八十元,公费二十元,川赀实报实销。

# 十　月

**初一日,壬辰,廿五**　晴

发九铭函,寄交通校。房东杨馨山、杨怀周父子眷口赴杭,夜五鼓登海晏船。其孙杨益敏与仙官结婚既定,同行。

**初二日,癸巳,廿六**　晴

海晏晨八钟开,宝春、文铮及彭儿均送上轮船。

**初三日,甲午,廿七**　晴

得一山初一函,云张仲照赴津。

**初四日,乙未,廿八**　晴

范纯伯大令来,云在卷烟局充交际员,不面已十年矣。

**初五日,不是,廿九**　晴

发一山函,附七古一篇。得夏曜禅廿二函,补来钱名山初次答械。昨夜三钟,双门大街失火,焚百馀家。

**初六日，丁酉，三十　　晴**

答诣范纯伯，未遇。发夏朣禅函。得达官阳历十月廿一即九月廿七来信，云移师沙市，病尚未愈，仍在病院。病院在湖北沙市老巡司巷堤街国民革命军第二军十三师，名曰"野战病院"。

**初七日，戊戌，卅一　　晴**

黎明大街晏公殿巷失火，自飞霞洞烧后，旬日两次火矣。

**初八日，己亥，十一月一号　　晴，比日燥热不可耐**

刘贞晦自杭旋，来谈。

**初九日，庚子，二号　　晴**

清晨走答贞晦，遇诸途，云往乡间。赠以一律，略谈数语。与张润玉略谈，托其代售古画。

**初十日，辛丑，三　　阴，似有雨意**

午刻大呕气，为平生第一次。以《华严经》、《法苑珠林》、《云栖法汇》、《等不等观》、《佛学要论》各书还周孟由，渠以《佛学要论》一册，又《观音颂》五部共十册见贻。得美官信，衣已收到，并晤仙官，仙官初四已抵杭矣。阅《阿弥陀经白话解释》两卷两册，黄庆澜[①]撰。

**十一日，壬寅，四　　晴**

周孟由来，并以《憨山梦游集》见假，缺两册，只十八册。新到瓯关监督庄智焕，宁波人，已接事，旧科长二人均不见不留。发上海辽阳路聂云台函，附洋两角一分，买本年《旬刊》。得陈胜帏复函，诗稿已收到矣，此函由文照交来。

---

①　黄庆澜（1875—1961），字涵之，上海人。副贡生，南洋公学师范院毕业，曾任知县、知府，留学日本，返国办南华书局、上海法政学校；民国任瓯海道尹兼海关监督，皈依谛闲、印光，抗战时在上海设难民收容所，1949年任上海佛教净业社社长。著有《东游日记》、《瓯海观政录》等。

**十二日,癸卯,五**　　晴

得初五日钱名山函,并诗五纸。以《观音颂》二本赠伯吹。

**十三日,甲辰,六**　　晴

**十四日,乙巳,七**　　晴

午后蛟翔巷口失火,北风大作,势迫状危,合宅张皇,迁移混乱。幸不久即止,然亦万分惊惶矣。琴隐来,云至杭一行,往返三礼拜。谈及林铁尊所说及此间认捐盐税各事。冠山来。文焕来。

宜兴共产党于一号攻围县署、警局,各有损伤,次日即逃。十月三十一日民政厅职员包明芳在省政府纪念周报告句容、溧水、溧阳三县匪扰情形,谓句容乡间在五方里以内绑票案每日有五六次之多,每夜没有五分钟不闻匪众枪声。赎款稍不遂意,就实行烧腋、灌顶、打杀种种行为,妇女被绑无一不轮奸及奸死者。为人世所不能想像之现象,受害之家不敢报官。崇明土匪猖獗亦甚。均见十月初十日《申报》。

**十五日,丙午,八**　　晴

黎明时,屋后东北角财神小庙开光,盖张润玉所主也。连日赌,赢千七百馀元,殆神佑乎。范纯伯来谈,以《观音颂》二册赠之。林浮沚来,未遇。

**十六日,丁未,九**　　晴

以《永嘉县志》廿八册借范纯伯。方苑香来,以《无稽谰语》五册、《多妻鉴》两册借之。答诣林浮沚,并假来残本《佛学丛刊》六册。

**十七日,戊申,十**　　晴

发钱名山函。至大街定绵鞋。得达官初二自沙市来一明信片,云他去,行止无定。午刻,珠冠巷口失火,焚去三家。

十一月五号即十月十二日下午一时,上海闸北开封路更新舞台前面之品芳茶楼全部倒坍。适丝茧女工会开成立大会于彼,致被压死百二十馀人,伤二百馀人,楼下正兴菜馆亦死伤多人,为上海空前之惨剧。

南京财政部报告十月分军费支出七百五十馀万元,党政费费四十馀万元,今后政策每月支出不得过八百万元,财政实行公开。

上海老靶子路天福里三号神州灵学总会出有章程,函索可得。

**十八日,己酉,十一**　　　晴

发九铭函,寄上海法界萨波赛路仁华里十号。

闻昨日县党部会同公安局在东门外捕获共产党青田周某、宁波黄某,两人身上搜出证据甚多。又于城门内捕获王①、董、林三人。董系上河乡殷户,家有田八百亩,与木杓巷曾家至戚,年甚少,均系奉省密电。琴隐来,言第一桥刘巨川之孙某即林浮沚之戚,被县党部指为共党,亦拿去。

《新闻报》、《时事新报》均登张作霖欲称帝。

**十九日,庚戌,十二**　　　晴

清晨答诣范纯伯,谈英美烟公司事。午后至火烧场一看。得九铭八号沪信,云去信均到,说浙政府秘书长麦清字澄之交条子某事。麦,临川人,生长贵州,与九铭交好。并云现赴宁,阳历本月底赴杭。

闻共党周、黄供拟下月一号起事②,纠合土匪尽杀本城人口。

仙官来信,云于十二成礼。

----

① 王嘉谟(1906—1927),化名王家伦、王亦政,浙江象山人。1925年参加共青团,翌年转为中共党员,任宁波地委书记、浙江省委常务,1927年11月12日赴温部署暴动被捕,18日牺牲。

② 周,指周定(1897~1927),又名静之,青田敖里(今属文成)人。温州省立十中毕业,北京法政专校、俄文专校毕业后回乡任教,1926年参加共产党,后到江西工作,大革命失败后浙江省委任为特派员赴温州组织暴动,事泄被捕就义。黄,当为王(嘉谟)。

**二十日,辛亥,十三**　　晴

诣瓯海关署一走,监督已赴宁。发九铭函,寄沪寓。得上海龙华南洋中学谢玉岑寄来冷金笺一幅,为王府赵太夫人征八十寿诗。聂氏《旬刊》寄到数纸及《佛学浅说》一册。得李叔诚讣文。

**廿一日,壬子,十四**　　晴

撰书寿诗一律,函钱名山转交。

杭、嘉各地大捕共党。蒋中正已回沪,将与宋美龄结婚。

得一山函。省电各县,春秋丁戊二祭经费二百四十元移充总理诞辰纪念之用,准在准备金县税项下扣除。

**廿二日,癸丑,十五**　　晴

**廿三日,甲寅,十六**　　晴

严琴隐来。闻鸦片公卖局所开办。

**廿四日,乙卯,十七**　　晴

撰李叔诚挽联,寄瑞安。

**廿五日,丙辰,十八**　　阴

报登宜兴、无锡共产扰乱及苏城、厦门发现标语、戒严情形,为首者称为农民革命军总司令杭果人,其军律极惨酷。

山东灾区共五十六县,面积二十四万馀方里,占全省面积十之六,灾民两千〇八十六万〇一百二十一人,占全省人口二分之一强。据华洋义赈会山东分会调查所得,为空前未有之灾况。

唐生智十一日下野离汉,武汉秩序由省防军维持。财政部将颁《征收机关考成条例》、《财交两部改组章程》。苏州市党部长、嘉兴总工会长均以共产嫌疑被捕。张宗昌迫令民人种烟。

**廿六日,丁巳,十九**　　晴

连日头部左边痛痒作肿,由风火交迫致然。

**廿七日，戊午，二十** 阴有雨意

司令部枪毙共党王家伦即王亦政，象山人；周定，青田人；郑一里即郑敬衡①，瑞安人；共三名。郑获于海晏船，王、周捕于东门外蔡万兴客栈。夜雨。

**廿八日，己未，廿一** 雨，不大

**廿九日，庚申，廿二** 晴

诣鞋店一转。闻叶泰源店屋、住屋均被封。

**三十日，辛酉，廿三** 晴

向东门外行前街鸿胜钱庄取来十月分洋五元。午后诣方苑香，闻禁烟局、公卖局悉封闭，去开局不数日也。

由帝国而民国、而军国、而党国、而盗国，不至于兽国，其势不止。

# 十一月

**初一日，壬戌，廿四** 晴

诣刘冠山一谈。得美官信，云九月分夫马费甫发。随复一函。

**初二日，癸亥，廿五** 晴

诣监督，未见，见总务科科长张令芳菱舫，鄞人，面交顾问聘函一件。发九铭函，寄沪公馆。

**初三日，甲子，廿六** 晴

房捐委员詹柏青来，数语即去，云明日来。

---

① 郑敬衡（1900—1927），又名一里，瑞安谷山村（今属文成）人。瑞安中学、北京工业大学毕业，1925年在浙江工专工作，1926年参加中国共产党，1927年在温州组织暴动，被捕就义。

**初四日,乙丑,廿七**　　　晴,连日暖甚

方苑香来。发刘次饶函,重索《于园诗跋》。

张作霖筹备称帝,国号"大龙",一说"武宪",年号"武岳"。

十月三十、十一月初一、初二《申报》三日极要,浙江共党谋变及捕获情形,广东张发奎、黄琪翔、薛岳等兵事变化,缴黄绍雄械各节,所登均详尽,足资稽考。此间司令部又加紧戒严,派兵守各城门。

闻新县长王访渔已到,初六接印。

**初五日,丙寅,廿八**　　　晴

严琴隐来,云谣传有飞机欲来。又云路透社洋报登端王子大阿哥有称帝之说,建号"洪祐",下月一号起事,有六外国人拥之,张作霖、吴佩孚与焉。说甚离奇,与《申报》不同,不知有是语否,此报阅者极少也。詹柏青来。

阳历十一月十七晨,广州第四军派队赴黄埔接收黄埔中央政治军事学校,该校武装学生略有抗拒,致死伤十馀人,卒不支。现已停课,校长李扬敬有被捕说。学生三千馀被黄琪翔遣散,人发二十元回籍。见阳历十一月廿日《申报》。

**初六日,丁卯,廿九**　　　晴

谣传云上海已发动,某酋被刺。

**初七日,戊辰,三十**　　　晴

闻渔业分局奉电暂停。

**初八日,己巳,十二月一号**　　　阴

诣关署支夫马,始知系名誉顾问。得美官初五来信,云移居上海北站湖州会馆。得张仲照天津法界卅二号路六十一号张宅复函。方朝雄来,代人乞寿诗。夜微雨。

**初九日,庚午,二号**　　　阴

发美官信。发九铭函,寄沪寓所。为永川轮局经理鄞人张莼楚

五十寿诗二律,应方君之求也。张名学津,字梁甫,三公司驻瓯经理兼永川轮船事务。

上海西门外法界斜桥徐家汇菜市路口美术专门学校。

**初十日,辛未,三号** 阴

得达官阳历十一月廿二自湖北蔡甸来信,云不日又要开拔,仍在国民革命军第十三师政治部原差。发达官回信。高心朴来,乐清西乡与黄仲荃近。

**十一日,壬申,四号** 阴

得达官阳历十一月廿六自蔡甸河街来信,云郝国玺任十九军副军长,驻汉口。随发一函寄郝,另以同样一函给达官亲投,两函均双挂号去。

**十二日,癸酉,五号** 雨

两函写就付邮。是日彭儿纳一妾陈春眉,年十九岁,乐清人。父本县胥,现为僧,由其祖母陈黄氏主张。媒人为吴福来,在此开酒店。中人董明清即董亮。周孟由来,借去《天岳山馆文集》五册。

**十三日,甲戌,六号** 阴晴不定,天气骤冷

以一元送郑同。

**十四日,乙亥,七** 阴寒

**十五日,丙子,八** 晴

发九铭函,寄沪寓。发聂云台明信片,索《心经合解》。得刘次饶答函。

**十六日,丁丑,九** 晴

程文焕来。

**十七日,戊寅,十** 晴

**十八日,己卯,十一** 晴

得达官自蔡甸龚家岭十三师后方病院三号来信,云师部开往公

安、石首,伊未同去,以疟疾入医院。得美官上海十四日来信,亦有开往湖北之说。发达官函,又附致郝一函,快邮去。

广东海丰、陆丰两县为共党彭湃等所滋扰,焚杀无算,房屋一空。县署墙壁粉作红色,其布告以第三国际命令为言。凡拿获小赀本家及读书人与有衣食而未入会者,多不免一死。勒令民间将契据缴出焚烧,限一月焚清,查有存契者屠杀全乡。有一宿儒就捕后先割去其鼻,后用长绳穿其两耳,牵之出游毕斩首。共党间谍日给一元,若能杀一反共者赏十元。派农军占商店,驱东留伙,所得买卖银两双方均分。住户勒令捐饷,违即以火油焚烧。不论何人,如不加入共党相助进行,即枪毙。不动产契据既缴毁,由各乡农会征收谷石,每一丁口派谷三斗,附入会基金一元。锄去田园篱界,遥望一片平原,此种措施,除俄国外,世界所未有,而两县竟尝试之,可谓惨矣。见本月十三、十五《申报》。湖南共党阴谋泄露,报登极详。两县首恶刘琴西、张威、陈自强、萧河源、张子炎、朱作鸣等拥彭为大元帅。

**十九日,庚辰,十二**　　晴

以达官挂号信付邮。

南京中央监察委员会弹劾陈公博、顾孟馀、汪兆铭三人。理明事确,于汪尤写形尽相。

**二十日,辛巳,十三**　　阴,入夜雨,大小两三阵

选定甲、乙、丙、丁四年诗为《仿倪画集》,限以千首为度。甲一百五十,乙二百八十,丙二百四十,丁补足。

**廿一日,壬午,十四**　　晴,暖

**廿二日,癸未,十五**　　晴

广东共产党于十一号起事,占领省城各机关,大杀大烧,火发百馀处,不许救。中央银行洗劫一空并毁。自署苏维埃政府,以东山

俄领事署为大本营,苏兆征为总指挥。标语有打倒反革命国民党、劳农政府给工人衣食住、八小时工作、工人监督生产、没收土地、打倒资本家、农工兵联合起来、组织劳农政府云云。各官均逃往河南、港澳,轮船不通。劳工赤团五千人,又有赤卫队,盖响应之军人也。见二十日《申报》甚详。即十二月十三号。

**廿三日,甲申,十六　　阴**

闻上海各银号恐慌,预备结束。广州共产党出示令歼灭地主、销毁地契、没收田产房屋。穿长衫者即目为土豪劣绅,受身体检查,所有物悉遭没收。市内金银、粮食、绸缎、首饰等店抢掠一空。人民委员会设俄领事馆内,又设红军总司令部,又出红旗机关报。南关火头三日未息,财产生命损失无从统计。共党已决定在十七年一月一日在各处大暴动。见廿一日《申报》极详。

十二月初九瓯监督庄智焕免职,以何家猷接充。

**廿四日,乙酉,十七　　晴**

**廿五日,丙戌,十八　　晴**

琴隐交来青石端砚价洋十五元。

**廿六日,丁亥,十九　　晴**

发刘次饶函并朱子八言大对、仇十洲仕女立轴各一件,托其觅售。

**廿七日,戊子,二十　　晴**

发美官信。发聂云台函,附纸币乙元。

**廿八日,己丑,廿一　　晴**

**廿九日,庚寅,廿二　　晴暖**

午后诣许乙仙。出东门,至行前街鸿胜钱庄、新马道煤炭道头应雨卿两处一转,又至章进元笔店。

**三十日，辛卯，廿三** 晴暖。冬至

新监督明日接事。

十二月分归入下册。

# 十二月

**初一日，壬辰，廿四** 晴

得次饶长至日函及海髯《十二虫诗》，即发一函，并一诗。

**初二日，癸巳，廿五** 晴

美官自沪归，云卫戍司令将开鄂、粤。新江天船来，海晏亦到。林亮周来。

**初三日，甲午，廿六** 晴

琴隐来。

**初四日，乙未，廿七** 阴

发曹民父函，寄南京卫生委员会。以洋乙元二角函方冠英转寄乃郎上海购书。鄂省现洋乙元可得中央钞票三百元，交通钞票只值三折。山东房捐已办两次，每次三个月，现又办，以四个月为限，限一次纳清，约可得千万。陈老三在达兴轮局司账。

**初五日，丙申，廿八** 阴

范纯伯以《永嘉县志》见还，旋来谈。闻梅冷生说于文华堂得《卓峰草堂诗集》一部，缺首册，马耀夫得一部，六册全。

**初六日，丁酉，廿九** 阴寒，微雪

以《王渔洋十种》、《唐诗选》旧刊八册函送马耀夫互易《卓峰》一集，竟获如愿，真可喜之一事。

**初七日，戊戌，三十** 晴

诣梅冷生，未遇，赠以《疑雨集》一部。阅检各书。

**初八日,己亥,三十一**　　晴

梅冷生亦以《卓峰集》见还,止四册,缺一、六首尾。沈仲纬借去《卓峰集》六册,并索回前假之说部廿七册。陈仲陶来一函。

**初九日,庚子,十七年一月一号**　　晴

是日阳历新年。检阅寄售各书乙百六十八部,装四箱,定价二百十五元,开具《目录》一册。得夏曜禅函。

**初十日,辛丑,二号**　　阴

章吉士来,云充县署建设科长。以书四箱、目一册点交文华堂邹笛秋转售。夜,雪。

**十一日,壬寅,三**　　雪,冷甚

送吕宅洋二元。拟访求原刻《风水》一书。监督署送来顾问聘函。邮局退回十一月十二日所寄达官双挂号信。

**十二日,癸卯,四**　　晴

诣关署,仅与仲陶略谈。

**十三日,甲辰,五**　　晴

刘次饶来,交还字画两件,又洋四十元,系王、黄二君所分赠者。得初六日九铭信,甚简略。下午,偕沈仲纬等由府前街送吕文老神主入祠,人山人海。宴未及半先归。范纯伯来,未面及,云即回杭,该局局长已于三号交卸。十二月初五聂氏《旬刊》中有三事甚要,又一极简便极灵验戒烟良方。

杨氏住杭城广福路四十三号。范氏住杭城保安桥下十八号。大方伯广济医院。

**十四日,乙巳,六**　　晴

午后诣吕祠一看。发九铭函,寄交通校。夜得仲陶七古一篇,信笔和之。开宁吉祥布庄老东陈笃生事可入因果录。

**十五日,丙午,七** 阴,旋晴

何监督招宴布业公所,共四席。以诗函交彭儿送仲陶,未面及。

**十六日,丁未,八** 雨竟日

**十七日,戊申,九** 雨,午后晴

发林铁尊等函,寄省政府民政厅第二科长兼秘书长。琴隐借去《退庵随笔》八册。夏臞禅来,盖自严归。

**十八日,己酉,十** 晴

诣方苑香。午后至关署。梅冷生来。

**十九日,庚戌,十一** 阴,大雪一阵即止

符连长来。以《涧于集》六册函赠梅冷生,梅以《方朴山集》四册互换。晴时,冷生持洋十五元来,购刘氏所刻书。方苑香来。夜得次饶十七来函,即答之。又得仲陶答函。

**二十日,辛亥,十二** 阴

得次饶十八来函并洋五十元,卅为王子澂、廿为陈君潪县长所托寄。以刘刻各书廿四种送梅处,并另赠以《蒿庵类稿》一部。

**廿一日,壬子,十三** 雪

复次饶函,并璧回渠所送廿元,由邮局去。

蒋中正九号复任总司令职,已发通电。海陆丰难民诉共党惨害一书不堪卒读。胡宗铎通电亦要。

**廿二日,癸丑,十四** 晴

得蔡甸十三师回条,系初四所发,为阳历十二月廿七。

**廿三日,甲寅,十五** 晴

两日编订《传家宝》中佳者为《绅佩录》十册,甚惬。

**廿四日,乙卯,十六** 晴

诣夏臞禅一谈,座有中校教员泰顺人许笃仁,精于《尚书》。马

孟容来,新自沪归,以年糕六方见赠。方苑香来。

**廿五日,丙辰,十七　　晴**

方介安来,亦自沪归,以笔一枝见赠,并交来代买书七种八册。发次饶函。

**廿六日,丁巳,十八　　晴**

以笔一枝着彭儿送马孟容。得次饶函。以一函致仲陶。

**廿七日,戊午,十九　　晴**

得佛官十二月十八自南京浦口来信,云在一军二师六团充宪兵。六七个月无音信,此系第一次,亦可慰也。发次饶函。

**廿八日,己未,二十　　晴**

发佛官信,双挂号寄浦口。发范纯伯函,寄杭州。得仲陶答函。夜微雨。

**廿九日,庚申,廿一　　阴**

开发各店账目。在沈宅晤永嘉人胡凤石,在哈同园办文牍者。得勋铭廿三自上海来信,云九铭妇病重可危。随答一函,当夜付邮,来朝尚有船开也。

**三十日,辛酉,廿二　　阴,暖**

取来监督署顾问脩一月份十六元。得次饶廿八函。

# 民国十七年戊辰（1928）

## 正　月

**初一日，壬戌，一月廿三。元旦**　　阴

天暖地潮，气象混沌。入耳偶闻爆竹，然依稀矣。

市上分送《县党部诸人罪恶统计表》及《国民党与西山派共产党口号比较》各一纸，穷形尽相。犯者姓名为魏介夫隼、孔梦韬、李伯雄、郭鲁川、范良镇、叶鹏飞、李豪青、王超凡等，所诈赃款均有人名、店号、数目，又有市民划腐运动会贺年片，亦新年之一点缀也。

**初二日，癸亥，廿四**　　阴

来者程、陈、方、徐三四人。阅憨山《大学决疑》、《中庸直指》、《道德经解》三种。杨仁山《语孟发隐》加以圈点，若朱斯行之《四书小参》，一派禅和子话，不能终卷。两日来牙疼沉闷，姑以此消遣之。

**初三日，甲子，廿五**　　阴

方、杨二君来。午后，诣方介安一谈，又至沈宅。

**初四日，乙丑，廿六**　　晴，暖

至翰林购联。李庆三来，别三四年，而健全如昨。云从杭归，旧腊初间到寓。所谈近事有一骇闻者：谓得邮局某君说，蒋氏汇出外洋之金，其汇费多至三十八万馀元。又去年十月孙氏秘密到沪，住了四天。青田人陈益轩来，说乃郎改姓事，请代作启一篇。

午后写对两付，以一送刘赞文，以明日娶媳也。陈仲陶、沈、陈来，刘冠山来。夏朧禅偕一游姓视学员来。杨淡风、严琴隐来。

**初五日，丙寅，廿七**　　晴，暖

陈老四来。诣陈□□。午后答诣方、刘、马、杨，均未面。在沈宅略谈，闻宁波于年尾廿八、九两日共党扰乱焚杀，损失数百万。李思浩之封翁被绑，勒赎数十万。以《六祖坛经》、《永嘉禅师证道歌注》借与沈仲纬。

**初六日，丁卯，廿八**　　阴

诣钱伯吹，未晤。午后钱来。天寒欲雪。永川船到。

**初七日，戊辰，廿九**　　雪

发黄仲荃、范纯伯函，寄杭。为陈益轩撰《启事》一篇。牙疼神方：西洋参一钱、肉桂末一分，煎服、冲服均可。陈益轩住西郭外花园巷第一号。

**初八日，己巳，三十**　　晴，旋阴，冷甚

李庆三来，云走四十里看地，毫无倦容，以亡女葬事托之。函致陈益轩，附去代撰文一篇，并赠《志议》一册。

下午雪。傍晚偕沈、张、樊同诣刘赞文处道贺，饮归，已二更后矣。晏公殿巷口明星布庄人造机布闻甚佳，佳者每尺三四角。

**初九日，庚午，卅一**　　阴

陈益轩来，殊惬意于代撰一文，剧谈良久，并及某事。周孟由偕乃弟之习净土者来，云拟以《天岳山馆文》选本五册借与聂云台一阅，许之。以上海竟无觅处，假之于周也。胡凤石来。

**初十日，辛未，二月一号**　　晴

午刻偕沈仲纬诣刘饮，至二钟后始就席。答诣胡凤石，未遇。闻北兵有到浦口说。稽核分所已复，闻杨重来。以洋六元函交李庆

三,为亡女葬费。

**十一日,壬申,二号**　　阴

午刻饮梅冷生宅,同坐十一人。陈益轩来。

得达官十二月廿六日自湖北彭市河第二军十三师野战病院来信,谓脱离政部,即在病院工作,云郝氏系卅九军副军长,在南京,不在汉口。

**十二日,癸酉,三**　　阴

午前诣布业公所与符连长道贺,是日与程文焕女结婚也。夜饮程处。得钱名山常州函及诗一大篇。

**十三日,甲戌,四**　　阴晴不定

午刻饮陈翰香宅,同坐十三人,有两人不相识。答钱名山函。昨日,杨伯畴赠善书四种四册。

李庆三来,云定十三日上半日为亡女入土。遣美官、老汤于十点钟至西门外太平寺边台州路亭台州公所俟李,并与经理人黄新德小名老二接洽,黄,台州人,向以此等事为李效劳者也,所葬官山即在近处。

**十四日,乙亥,五**　　阴

牙疼。诣周孟由、朱晓崖略谈,孟由以《印光法师嘉言录》一册、《寿康宝鉴》三册见贻。符连长招饮乐园,遣彭儿代。以蒸豚馒头送李庆三。刘赞文来,云五马街普益店牙疼药水。

**十五日,丙子,六**　　阴。上元

符军需长及严琴隐午、晚招饮乐园,均彭儿代。夜雨。以诗一首函梅冷生。

**十六日,丁丑,七**　　晴

牙疼稍轻。在沈宅一谈。南京于三号开第四次执监会议。为陈益轩撰《龙门马道碑记》一篇，邮致之。

**十七日，戊寅，八　　晴**

胡凤石来，谈及《海上大观园》小说事，据云书凡四册，廿馀回，有有发女皇帝、无发男姨娘等目。其先出之一种同此名称而丑诋不堪，以重金收回版权，未得流布。

以元赵仲穆山水、明仇十洲仕女立轴、宋朱子八言大对凡三件函交马孟容带沪觅售，取有回条。取回鸿胜洋款。得勋铭十一日函，云九铭辞校长回交部，接办者为蔡元培。随答一函。

**十八日，己卯，九　　阴寒欲雪**

以文稿两分四篇函周孟由转寄佛学专家。午后诣杨伯畴慰其丧子，并贻以善书、佛书两种。

**十九日，庚辰，十　　阴寒**

刘贞晦来，云廿五动身，马氏昆仲则十七夜已行矣。阅《印光法师嘉言录》一册毕，苦口婆心，不厌不疲。

**二十日，辛巳，十一　　晴**

以七律一首送贞晦行，伊住宅为百里芳西美巷第一号。午后诣监督署，与黄科长略谈。诣杨园小憩。章、宣二人来。以洋一元二角、函一封托方介安带沪，交聂云台买书定报。沈宅交还《卓峰诗集》六册，借去《弥陀要解》一册。

**廿一日，壬午，十二　　阴**

发郝旭东函，寄杭州留下。得黄仲荃十七日答函，云林铁尊甚牢骚。午后出西郭答诣陈益轩。

南京四次执委会蒋中正、褚民谊、缪斌、何应钦各提案均见于报，言之未尝不娓娓动人也，第恐仍属纸上谈兵，欺人自欺，向来手段而已。

**廿二日,癸未,十三**　　阴

**廿三日,甲申,十四**　　晴

杨淡风来,赠诗一首,颇佳。向图书馆借来《感应汇编》四册、《感应篇注证》八册。答诣宣君,未面。杨伯畴来,谈及吕文老事,如尼阿花、赵道舒翘奉文拘捕、裕通号经理施鼎甫借洋数千报捐、李希程赠洋赴闽各节,乃近年代许云章买人祠堂,种种丑诋,不欲闻也。

**廿四日,乙酉,十五**　　晴

和淡风诗一首,并以《池北偶谈》十二册借之。以《憨山梦游集》十九册、《弥陀白话解》二册还孟由。函方苑香。

**廿五日,丙戌,十六**　　阴

发勋铭函。午后诣琴隐。方苑香来。梅冷生来,携去冒鹤亭诗一册。得佛官浦口及杭州来信各一。

**廿六日,丁亥,十七**　　阴

方介安来,以纸数张乞书,并代人乞,云明日登舟。得勋铭廿二来信,云九铭十三交替,即赴宁,渠暂在沪照料。永利、三江轮船均被劫。琴隐来。发佛官信,双挂号寄杭州西湖清泰旅馆。

**廿七日,戊子,十八**　　阴

发勋铭函,另以文稿两册同日邮寄。严琴隐来,取去大洋三百元,出具存据一纸,约期三个月归款。诣杨淡风一谈。

**廿八日,己丑,十九**　　阴

闻三江轮被劫在海门埠头,亦大奇矣。刘次饶来,云平阳会馆开会。午后走答之,谈片刻。

蒋在开封晤冯,改编第一路军,编制为第一集团军,所部廿馀军为三纵队,仍以刘峙、陈调元、贺耀祖为纵队总指挥兼军长,而自为第一集团军总司令,以何应钦为总司令部参谋长,取消第一路总指挥名称。

**廿九日,庚寅,二十　　晴**

方苑香来。文华堂店东来。函朱晓崖。

《太上感应篇注证合编》八卷,康熙乙酉山阴王鲁氏及其二子浣浍刻行,道光廿二年壬寅山阴赵庭椿重刊。《感应篇汇编》四卷,光绪丙申大莲居士张丙炎重刻、自序,广陵藏经禅院存版。《感应类编》两册,不分卷,康熙九年庚戌宜兴史洁珵辑刻,乾隆二十年乙亥、光绪二十四年戊戌两次重刊,戊戌刊版存杭州小井巷口有容斋刻字店。三种皆佳,而《合编》更详,拟以惠氏、俞氏两注附入引经门,纪文达《阅微草堂笔记》、梁氏恭辰《劝戒类录》各条择补证事门,则更完备矣。

李庆三来,以笔一枝赠之。闻瓯关监督又调一贝姓者。

《感应合编》证事乙千〇五十条,《类编》只二百九十六条,条条皆精。凡读《智囊补》一书,不可不与此二书合读。得马孟容上海函。

# 二　月

**初一日,辛卯,廿一　　阴**

函李庆三,并所征诗一首。

**初二日,壬辰,廿二　　晴**

**初三日,癸巳,廿三　　晴**

文华堂交一单来,售去书廿五种,码洋十六元〇,两次交来八元。淡风又来一诗,又和之,另成一首函致。以铜元六十四枚交西门外看坟人黄某,李庆三所嘱也。杨淡风又来一诗,复和之。

**初四日，甲午，廿四**　　晴

午后诣李庆三谈坟地事。路遇陈子范，至彼一坐。又至杨园。陈益轩来。

民国大学院训令废止春秋祀孔旧典。有云孔子生于周代，布衣讲学，其人格、学问自为后世所推崇，惟因尊王忠君一点，历代专制帝王资为师表，祀以太牢，用以牢笼士子，实与现代思想自由原则及本党主义大相悖谬，若不亟行废止，何足以昭示国民云云。该院院长即蔡元培也。

**初五日，乙未，廿五**　　晴

梅冷生、谢立生来。沪上寄来《聂氏家言旬刊》二、三、四辑及《辟耶篇》等。知史氏《感应类编》、梁氏《劝戒近录》八册本均有重刊印送，须向索之。又榀凤山太史所撰《感应篇经史摘典》，养正刊于光绪戊子，近由李君士陶集资重刻，书凡十册，在南京夫子庙官书坊发售，价一元一角，邮费一角五分。唐蔚芝《国文大义》二卷，四角，为本人论文之作，分十二类，每类选古文数首以示其例。《古人论文大义》二卷，四角，则选古人论文之文，凡三十家，都百又七首。《国文经纬贯通大义》，一元，为示作文之法，凡四卷，分二十二法，每法选古文数篇示其例，略如曾文正公之《古文四象》而分类更细密。三共一元八角，无锡国学专修馆发行。唐又撰《性理学大义》十七卷，一元；《人格》一卷，一角五分；《军箴》四卷，一角五分：亦该馆出售。其所编《十三经读本》则有施省之君费十万金为付剞劂。

**初六日，丙申，廿六**　　晴

李庆三来。平阳北港叶□□来。程文焕来。朱晓崖来，云收税官明日可到。函庆三。闻新任瓯关监督已到。得初四日勋铭信，云九铭初六赴宁。得郝旭东初一复函并诗。

**初七日,丁酉,廿七**　　阴雨

发勋铭函。程、叶二人来,叶以纸索书。符连长队伍本日开往平阳暂驻,大抵为闽兵过境之防护也。以佛经并善书共五册送杨淡风。浙省政府、党部互讦。

**初八日,戊戌,廿八**　　阴

发郝旭东函,另赠以书两种九册。

**初九日,己亥,廿九**　　雨

取来阳历二月份顾问脩。永嘉人单志刚猛,家西门外某乡,现在商业学校充教员,年廿二,来谒,谓欲从学古文及诗。能说普通官音,人似聪慧。

**初十日,庚子,三月一号**　　晴,暖甚

新监督接事。单生来,出所读《文选》见示,题识篆字颇佳,谓学于谢玉岑。其记性甚敏,云所读各文不过三四遍即成诵,但不甚解。为讲两篇。又欲学公牍。

**十一日,辛丑,二号**　　晴

单生来,以白乐天诗属选其可诵者,为选近体数十篇。

**十二日,壬寅,三**　　晴

得九铭函,云初六赴宁,眷暂住沪。单生携来《古文喈凤》八卷八册,系雍正间江乘汪基敬堂所选,评语颇详,板刻模糊,然尚可看,亦不劣也。

严琴隐来,示以唐蔚之古文各选本。得方介安函,索仿单及属书之件,即答一纸,将各件交乃翁寄申。

**十三日,癸卯,四**　　晴

徐、屈二人来。又一徐姓字伯寿者来,云伊与其妹皆好画兰,问有无《兰谱》。当以时手所画四轴借之。

朱培德电,赣境肃清,张、黄部尽数入浙。钱大钧由闽至沪,其部由陆入浙。

单生夜来。发勋铭信,附九铭信,嘱其转寄。借来《莲花经》七册。

上海梅白格路一二一号医学书局编印丛书书目汇编四厚册,价四元八角,所收在二千种以上,南京路文明书局亦有代售。番禺徐绍桢所撰《道德经述义》二卷,商务馆寄售,价甚廉。

陈仲陶函称新来科长庄蘧团,科目出身,酷好风雅,渠已联席。

**十四日,甲辰,五　　阴**

单生来。夜雨。

**十五日,乙巳,六　　阴**

单生来。午后答诣谢力生,未遇。下午雨。

**十六日,丙午,七　　雨**

关署送顾问聘书来。闽兵到城,闻有一团,团长魏姓,属于钱大钧之三十二军,由粤而闽而浙,钱已到沪。

**十七日,丁未,八　　阴晴不定**

钱明慈来,即伯吹长子,山来之兄。

**十八日,戊申,九　　晴,冷**

诣贝监督,未见。晤庄科长与仲陶。周孟由来一函并《印光法师文集》三部。

**十九日,己酉,十　　晴**

观音菩萨诞辰,全家吃素。徐可适伯铸送还画兰四轴。文华堂偕一金姓开东门外鸿元钱庄者来看旧画,并携《书目》一册。聂氏《旬刊》辑本内有《四书五经选读篇目》,又举《左传》果报六事。

**二十日,庚戌,十一　　晴**

得达官阳历二月廿三日自湖南澧县来信,云随军至彼,尚须前进,未言在何军队,充何职事。得勋铭十七日信,云将他去,踪迹不定。九铭初九赴宁,寓南京城北半边街二号,眷暂留申。程文焕来。

**廿一日,辛亥,十二　　晴**

午后答诣钱明慈,未面。

温属盐税已由甬人章某承包,收税官杨氏亦到,均已开办。闻烟捐亦包定,禁烟局请照者甚多。

十五日《申报》登湘省匪祸,云醴陵县栗山坝有巨室汪名近者,晚得一子,名剑雄,爱若掌珠,现年十八,毕业初中,忽指其父为土豪,亲持马刀将父杀死,并提头颅告众曰:"中国革命,如能学余,何患共产之不成功耶?"一时"共匪"交相赞许。"共匪"勒人充当红军,必于其左臂用针刺"共党"二字,涂以黑漆,终身不能洗脱。

直隶通令各县知事三月起一律缴保证金,已在任者补缴,卸职时由后任者偿还。

**廿二日,壬子,十三　　阴**

美官赴玉环,据云玉环人钟学文者任党部秘书,招往一行,恐托词也。

李烈钧挽总理逝世三周年纪念云:"德媲唐虞,才高汤武,九万里震威名,天授如斯,前无古人,后无来者;出秉节钺,入赞韬钤,二十年共患难,山颓安仰,上为国痛,下为民哀。"真可谓无奇不有矣。

诣李庆三,遇赖可恒。得朱小崖函。

蒋氏组织战地政委会办理民政、财政、交通、司法各事,是分中央权矣。

**廿三日,癸丑,十四　　阴**

常熟人李渭春涨来,即前来寻佛官者。云由黄埔学校毕业,在三十二军钱大钧部下供职,现充关署稽查,住双门外分关。

**廿四日,甲寅,十五** 阴晴不定

李庆三来。午后,诣后垟巷五号闽人王况生处一谈。致陈益轩函,陈旋来寓。

**廿五日,乙卯,十六** 晴

诣稽核总局,晤局长杨博夫。

**廿六日,丙辰,十七** 晴

沈仲纬借去《楞伽经》两册,即以赠之。诣石坛巷郭弼臣处,未面。

欧阳公称六一居士,即《楞严经》"六解一亡"之义,不欲明举佛说,故托为琴书等物以自掩。吾之称六四居士仿此。

**廿七日,丁巳,十八** 晴,冷

仲纬来,借《止观经》无有,以《净土四经》一册示之。美官昨自玉环归。

**廿八日,戊午,十九** 晴

得郝旭东函,云书已收到,现充第一集团军第二纵队总指挥部幕长,即日赴宁入鲁。

**廿九日,己未,二十** 晴

屈虞臣来。文华堂交来书价七元,售单一纸。

**三十日,庚申,廿一** 晴

李庆三来。严琴隐来。以书十六种五十三册捐赠图书馆,并借来《合璧事类》五十册,《四库提要》百十二册。得湖南醴州十三师病院李堰荣本日四钟一等电,云志决旧病复发。

嘉道间宁波举人叶凤林名珠渊撰《金刚经心得》及《弥陀经心经心得》,合四卷,独抒心得,度越诸家。其后人珍之,不轻刷印,坊间罕见。其族有在此开南货行者,钱伯吹已托之觅。

# 闰二月

**初一日,辛酉,廿二** 晴

杨淡风以《池北偶谈》见还,并赠莲藕分种,又示七律叠前韵二首。当以《印光法师文抄》四册贻之,旋和二诗。

**初二日,壬戌,廿三** 晴

淡风又来二诗,复和之。李庆三来。得陈胜帷杭州函。

**初三日,癸亥,廿四** 晴

闽人王贶生时夏来。午后家人出城上坟。得方介安①,欲为酌增润例,随答一函。夏克庵绍俅、郑梓怀曦自平邑来谈,云前此志局诸同人将于上巳集于永嘉。淡风又来一诗,和之。

**初四日,甲子,廿五** 阴

陈仲陶偕其科长庄蓬园来。下午雨。夏瞿禅寄来词三首。以《永嘉县志》借庄科长。

**初五日,乙丑,廿六** 雨

潘松岩邮诗一首索和。

**初六日,丙寅,廿七** 晴

和潘诗,函致了债。同居张润玉之侄某师长挈眷回里,住楼上一日去。

前国务总理张绍曾在天津妓院被刺。

**初七日,丁卯,廿八** 阴

发九铭信,寄南京城北半边街廿二号。

---

① "安"下疑有脱字。

**初八日，戊辰，廿九**　　晴

得九铭闰月初二南京函，云半边街系暂住友人家，通信须寄慈悲社交通部。欧阳境无所办之支那内学院在大中桥半边街。曹民甫在江苏省政府充科员，通信处为南京省政府秘书处。

得达官三月十四日即二月廿四由醴陵寄美官信，云十三军奉令在澧州休息，六星期后调往前方北伐，已数月不发饷。

阅初四《申报》，知九铭升任交通部参事，即新任招商局总办赵铁桥所遗之缺照准。总部高级参谋已发表，熊斌、张之江、吴藻华、葛敬恩、贺国光、郝国玺、殷祖绳、石铎、王右瑜、杨杰、姚琮等，以熊斌为长，其余参谋尚有十馀人。

**初九日，己巳，三十**　　晴

发九铭函，寄南京慈悲社交通部。午后符连长、符军需官二人来，军需官属为乃翁撰碑文。取来关署三月份夫马费。

**初十日，庚午，卅一**　　阴

以所撰墓志交去。

张绍曾被刺在阳三二十一日下午七时，当时情形，《申报》二十八号纪之甚详，大约非仇杀也。冯、吴两人皆姻戚，冯女为张媳，吴子为张婿。张在前清任北洋第三镇统制，辛亥革命，张在滦州与蓝天蔚、吴禄贞推翻清室，迫令宣布十九信条，还政权于国民。年四十九，有父在堂。

渔业局收税区域：苏九县，浙七县，馀悉裁撤。浙境为鄞、镇、定、临海、平阳、玉环。

**十一日，辛未，四月一号**　　阴，微雨

《清稗类抄》所纪近事足资文字之采摭、援引者不少，须置一部于手边，勿以其出自时人而轻之也。

**十二日，壬申，二**　　晴

六经四子、六度四摄、六五四三。沈处借去《起信论》。

**十三日，癸酉，三**　　晴

**十四日，甲戌，四**　　晴

检获五十年前旧抄件颇多。

**十五日，乙亥，五**　　晴

**十六日，丙子，六**　　晴，暖

**十七日，丁丑，七**　　晴，暖

**十八日，戊寅，八**　　晴，暖

午后诣关署，与庄科长略谈。

**十九日，己卯，九**　　晴，暖甚，午后天变欲雨

**二十日，庚辰，十**　　晴

读《莲华经》《金刚经》，各有所得。

**廿一日，辛巳，十一**　　晴

赖可恒来。李庆三来，赠以陈墨一笏。

检旧书，忽得钱唐冯巽占氏光绪末年所编《教学史》一册，极明通赅括，足与丹徒陈庆年氏所编《两湖书院史学讲义》并传。又四川资州饶炯氏所撰《说文解字部首六书例读》一册，亦为佳本，刊于民国七年戊午。又台州刊本《史鉴节要》二册，均为此时所不可多得之珍矣。

**廿二日，壬午，十二**　　晴

梅冷生函，知廿五瓯社春祭，招往聚会，因成一诗贻之。

**廿三日，癸未，十三**　　晴

报登，蒋氏以"不怕死，不爱钱，爱国家，爱百姓"十二字自誓，并令各军官一律佩此训条。

**廿四日，甲申，十四　　晴**

由方朝雄处交来郑曼青自书诗笺一幅。杨智敏忽来一函。偕沈、陈、樊诸人诣东门外刘恒泰行看牡丹、夜饮。

**廿五日，乙酉，十五　　晴**

诣东山社祭，到者十人，有四人不相识。诣周孟由略坐，见石印《感应篇图说》四册，颇佳，乃北京中央刻经处出售，价一元二角。陈益轩、符军需官、符连长、李庆三诸人来，均不相值。庆三偕卖山人黄新德将山契交来，计坐落广化五堡太平岭下田东首，地直三丈馀，横二丈馀，价八元。当由彭儿将洋交讫。作中者即庆三也，亦算了一事。

**廿六日，丙戌，十六　　晴**

钱伯吹和余《刘宅看牡丹》诗七律四首殊佳，篝灯作四首赠之。文华堂来书价洋六元，售出三部。

**廿七日，丁亥，十七　　晴**

写诗致钱。陈胜帏电促全眷赴绍，其夫人来，云当夜上船，行色匆匆，亦可异也。

**廿八日，戊子，十八　　晴**

伯吹又和余《东山小集》诗，亦不劣，复作两首柬之。

**廿九日，己丑，十九　　晴**

沈仲纬谈郑曼青①家世，云系钱伯吹弟仲吹之私生子。其母与张贮金女士姊妹，女士能画，即章位三之箟室也。

---

①　郑曼青(1902—1975)，名岳，号莲父，浙江温州人，汪如渊弟子。执教郁文大学、暨南大学、上海美专，任中国文艺学院副院长。后从钱名山攻经学。1949年赴台湾，任文化学院教授。1965年赴美国，创办太极拳学社。

# 三　月

**初一日，庚寅，二十**　　　阴

以《四礼翼》一册、《寿星图》一纸送陈益轩，因乃郎初三上学请客也。发九铭信，寄南京交通部。

**初二日，辛卯，廿一**　　　晴

得勋铭信，云已得南昌市市政府教育科科员。

**初三日，壬辰，廿二**　　　晴

李庆三来，约明日出西门。陈益轩招饮，未赴。

**初四日，癸巳，廿三**　　　晴

清晨着彭儿、美官出城。发勋铭信。琴隐来。夜饮沈宅，沈、钱所招。

**初五日，甲午，廿四**　　　晴

得上月廿九九铭信，附盐务署长钱隽逸致杭州稽核分所长钱士青文选函稿。以《读书作文法》四册借琴隐。

**初六日，乙未，廿五**　　　阴，微雨

致刘赞文函，为永邑渔业局事。致钱伯吹函，附一件。

**初七日，丙申，廿六**　　　晴

在沈宅晤赞文，云杨函已发。程文焕来，未面。得曹民父上巳日自江苏省政府来函，云在彼充司法秘书，欲谋他调，索一函介绍九铭转托某长。

**初八日，丁酉，廿七**　　　晴

发曹民父函，附致九铭一函，由伊转交。

**初九日，戊戌，廿八**　　　阴

夜饮醉和春酒楼，樊苏卿所招。

**初十日,己亥,廿九**　　晴

沈宅聚议公呈内政部长请恢复祀孔典礼,推余属稿。夜为草一稿。李庆三来。

**十一日,庚子,三十**　　晴

取来关署四月份夫马。以呈稿交沈处,钱、吴、陈、王在坐,研究良久,无甚更动。周孟由来,以《弥陀经白话解》一册见赠,并索彭儿履历寄乃弟。

**十二日,辛丑,五月一号**　　阴

得九铭初八快信,云彭儿已委南监场监秤员,附来杭稽核局长钱文选回信,其委令呈由钱署长转发。如此转折,计尚须旬日始到温也。

**十三日,壬寅,二号**　　晴

发刘次饶函。程文焕来谈渔业事,云戴立夫所荐。戴住上海法界霞飞路霞飞坊三十九号。诣某园茗话。

**十四日,癸卯,三号**　　晴

得陈胜帷绍兴来信,即答之。宣少桥来。

**十五日,甲辰,四**　　晴

济南于十一日失守,张、孙均逃德州。日侨往青岛,日兵分两路到省,无战事。苏州及上海均戒严。

**十六日,乙巳,五**　　晴,旋阴

答诣宣少桥。得宋墨庵函及所撰《太平刍议》一册,又为闽人洪吕甫钟律征诗。夜饮乐园,王鸣卿约也。

**十七日,丙午,六**　　晴。立夏节

为洪撰一诗,函宋转交。洪住郡城小洲桥边玉堂里,素无往来。得次饶答书,随又去一函。

**十八日，丁未，七**　　阴雨，雨亦旋止

**十九日，戊申，八**　　晴

阅十五、十六两日《申报》，云日军于江、支两日在济南大暴动，捕去山东交涉员蔡公时及职员十馀人，先割耳、鼻，再行枪毙。战委会、外交处被杀十六人，外长黄郛逃去，搜捕未获。焚烧交涉公署、外交部长办公处，毁无线电台，开大炮五次，我国军民死者不计其数。一面派大部军队至我国军驻地，勒令缴械。黄郛提出抗议照会，亦详言之。

孙传芳发《反奉通告》，愿从蒋捣奉。北军退却后之第一防御线京汉线为保定，津浦线为德州，置本防御线于长辛店、马厂，京绥路守大同，济南与绥远放弃。刘志陆部万馀人投降南军。南京通缉梁士诒、王克敏，云以巨款接济逆军。河南放足处长王开发。

《老子集训》一册，六角，陈柱著。商务馆售四开本《内政部苴除弊政司法人员任用条例》。得次饶函并诗二纸。

**二十日，己酉，九**　　雨

琴隐来，借去《南宋杂事诗》两册、《书目》一册、宋墨庵之《太平刍议》一册。

**廿一日，庚戌，十**　　晴

**廿二日，辛亥，十一**　　阴

诣钱伯吹，钱旋持一函来，即寄沪。

**廿三日，壬子，十二**　　晴，天气陡热

诣东门全闽会馆，是日天后诞也。入席片刻即归，以内穿棉衣，热逼不可耐。黄劼宸在座，以诗属和，渠新自金陵返里。得十九日九铭信及杭稽核所委令一件，彭儿随往见杨局长及姚科长。章吉士来，云已移居谢池巷对河小弄内潘姓屋。

报登,南京、上海各团体提议条件甚激昂。日军因国军不允要求自行开战,占据济南火车站、电报、电话及四周险要。日舰二十馀艘抵沪,七日下午开战,青岛日兵陆续到济,协定破裂。蒋氏由济南退泰安。要求条件:严惩南军高级干部,加危害日本人之军队须全部在日本军之面前解除武装,济南及胶济铁路沿线两傍二十华里以内禁止驻屯中国军队。《时事新报》云日舰来者四十只,所纪较详。

**廿四日,癸丑,十三**　　晴,暖甚

发九铭信。写就次饶、子澂两函,检出书三种赠之,王为《苏诗总案》廿四册,刘为《印光文集》及《弥陀白话解》五册。

**廿五日,甲寅,十四**　　雨竟日

取来两浙盐务稽核所温处总局函件。

**廿六日,乙卯,十五**　　午后雨止

**廿七日,丙辰,十六**　　晴

彭儿七钟赴平阳,带去刘、王两函。

《华曼丽女士征婚启事》:本女士兹欲征求佳婿,以作伴侣,年龄、容貌、学问等等概不具论,只要有真爱情者,誓愿追随以偕老。本女士业已将照相及履历付印,以便分送各界,俟印就后,再行登报公告。见三月廿乙日即五月十号《申报》。

**廿八日,丁巳,十七**　　阴

闻日本来兵船一,泊东门外,炮口对城。

章吉士来,谈税契事。夜饮酒楼,林、吴二人所招也。

**廿九日,戊午,十八**　　阴寒

发房东杨馨山函,寄杭州留下百家园农林场,为税契事,属其寄款。刘赞文来。

一咏一觞,适口为贵;三熏三沐,洗心曰斋。厨房联。

得彭儿信，云廿八到鳌江，所管系江南区，在肥艚，距鳌江约四十里。前员王某偕局长赵某赴郡，尚未接事。邮递不通，须由平阳古鳌头两浙南监盐务秤放局代收，转寄肥艚江南第六秤放分局。长顺字号毛边纸合同。

# 四　月

**初一日，己未，十九**　　阴

**初二日，庚申，二十**　　阴

得次饶廿八两函。得彭儿廿九信，云廿一号接事。

**初三日，辛酉，廿一**　　雨

保定已失，日本第四次出兵。上海棋盘街文瑞楼印郝氏《尔雅》十六册，预约本纸三元，四月廿日出书。在济日军命日民悬挂该国国旗，违即杀害，女子剪发者多被害。晋军占涿州。

奉军若于保定附近主力决战战败，在依高依店、琉璃河、长辛店之顺序阻止冯、阎两军北进。此三线倘再失守，则将一举而放弃北京，退往天津以东作最后之一战。现正进行一种防御计划，以滦州、山海关、连山湾附近为一、二、三道防御线，已在滦河东岸筑造坚固堑濠。

**初四日，壬戌，廿二**　　阴

发彭儿信，并布帐乙顶，由协兴信局寄鳌江总局转交。发次饶函，附诗一纸。

**初五日，癸亥，廿三**　　阴

**初六日，甲子，廿四**　　雨

**初七日，乙丑，廿五**　　雨，午后雨止，入夜又雨

**初八日，丙寅，廿六**　　雨

报登吴俊升宣布独立，与奉张脱离关系，李宗仁监视，程潜请办。《时事新报》登南允北和，奉张下野，退出关外，南政府促冯、阎入北京云云。《申报》无之。

**初九日，丁卯，廿七**　　晴

发彭儿信。

**初十日，戊辰，廿八**　　晴

得彭儿初八自鳌江来信，云局长已晤，去函、帐子已收。

**十一日，己巳，廿九**　　阴晴不定

阅六、七、八三日《申报》，见晋阎建议改组农工文甚详。其要点谓共产利用农工，弃私产制度，划分阶级，挑拨斗争。在彼别有用心，若吾效之，便为自杀。我同志不根本觉悟，虽一致清共，共徒或可屏诸党外，其方法仍可煽惑人心。并揭举理由四端：谓共产利用农协、工会团结农工，以袭击非农非工之人，是为马克斯之阶级斗争，而非先总理之全民革命。此种方法万不可行，故今日清党，清其人，尤须清其法，而后本党之方法乃可实行，乃能见信于社会。末述私产社会非袭击方法所能破，共产制度非今日中国所能行。农工利益不可掠夺而取得，革命事业不能以欺骗而成功。此中得失利害已了若指掌，似不应再蹈覆辙。

奉张与日本订卖国秘约十条，由杨宇霆与日使芳泽已于三月十九日在北京签字，见大中社《天津密讯》。所需用军费军火将来中日两国平均担任；由日政府令日本国内各银行筹五千万元十足日金借与中国政府，年息八厘；将满南顺德、高密徐州、吉林会宁三铁路建筑权让与日本为上项借款本利之担保；日本臣民在奉天、吉林、黑龙江、东蒙、山东、福建各地有各种自由；此六地及沿岸各岛屿不割让于第三国；将旅顺、大连及附近一带地域即关东州所辖区域割让日本；将胶州湾、青岛在内租借与日本，期限九十九年；前结"廿一条"条约重行声明有效并意履行之。见初六日《申报》。又谓可靠消息，日本允将山东交还奉方，要求三件：奉方须允许日本在山东省享受一部分之特殊利益；奉方须立即停止反抗运动，如不与南方政府合作、向国际联盟会等，并制止一切宣传；日本愿予奉方以军事上补助。

　　内部解释废孔意义，此条似因前去呈文而发，而立说尚有罅隙。内部令各省民政厅谓，孔祀之废乃废除迷信之祭祀与偶像之瞻拜，并非推倒其人格、学问及其在文化历史上之位置。则对于各孔庙仍须妥为保护，并宜利用位址办理图书馆、运动场或民众学校，不应再有毁坏、侵占情事。又公布《各地方救济院规则》五十三条。

　　**十二日，庚午，三十**　　雨
取来五月分夫马费。现因查造门牌，改本宅为七十二号。西郊玉环殿殿正中一巨扁无故忽动摇不已，观者如山，遂卸下之。见于本地报纸。又嘉会里巷某店磨刀石上现有字一行，曰"民国十七年没"，洗刷不去，该石已为龙泉人以六元买去矣。

　　**十三日，辛未，卅一**　　晴
发九铭信，附件二。得同居张润玉函及朔门外盐仓十八号普达利即票洋乙百元一纸，其托售之画并退回。致方介安一函，由其家转寄。

　　**十四日，壬申，六月一号**　　晴
杨淡风来一诗，随手和之，旋又来一函。琴隐来。伯吹赠《地藏经》一册，作五古一长篇答之。

　　**十五日，癸酉，二**　　晴
钱山来、潮来云，戴已有函致某。

**十六日，甲戌，三**　　雨

得彭儿十四日信。

**十七日，乙亥，四**　　阴雨

得达官初四由湖南澧州蒋家坪来信，云已辞职，寓临澧二军四师第三团卫生队内。发达官快信。发彭儿信，附剪报。

**十八日，丙子，五**　　晴

**十九日，丁丑，六**　　晴

闻永瑞交界桐岭地方发生抢杀事，有数乡农民纠集欲动，富户均迁徙来城。

**二十日，戊寅，七**　　晴

答诣钱山来，未面。得十四日仙官自杭来信，云广福营屋改造，三月底迁居，同居为二房，地名为青年路见仁里处顺里十八号，其三、四房仍居留下。

奉张二次通电下野，二号出京，四号在皇姑屯被炸重伤，吴俊升死。孙传芳在津亦通电下野，国府任晋阎为京津卫戍总司令，京中治安由王士珍等维持。南军尚未入京，冯军进逼天津。黎元洪三号殁，遗电言十事。

**廿一日，己卯，八**　　晴

昨、今两日牙痛甚，殊烦闷。成《北京纪事》四律，又《无题》一律。琴隐昨日来换一券。

**廿二日，庚辰，九**　　阴

刘赞文以《关帝印寿字图》一轴属题。借来周孟由处《阅藏知津》十册。得彭儿廿一来信，十七去信已到。

**廿三日，辛巳，十**　　晴

发彭儿信。为刘题图送还。

书家"指运而腕不知"一语，久已悟得，所以未能全证者，由于运笔未合，运笔未合由于执笔未合。比日伏案操管，恍然彻悟，一切妙诀迎刃而解，从此不再游移。如此经年，则二王门户可以直诣，记此以自欣幸。

**廿四日，壬午，十一**　　雨

宣统帝于四号晨率后妃宫眷三十馀人欲赴奉天，以无车，又以醇王载澧劝，遂赴大连。张作霖或云已死，或云未死，或云切去一腿。张学良车覆，于滦州失踪，生死未明。张作霖家赀九千万，吴俊升五千万。张宗昌被刺未中，刺客捕获二人。孙传芳尚否认下野。齐燮元乘机活动，谓国府任为五集团军总司令。曹锟病危。阎氏通电，称不以晋为主体，一切服从中央命令，似解释嫌疑者，然其内容可知。报登阎不入京，即日回晋。法制局议立新《亲属法》，同姓五世之外可结婚，亲舅、亲姑、亲姨子女结婚则属禁。

湖南匪祸，自前宜章城陷之后，攻入郴县、耒阳、永兴、资兴、汝城、安仁、酃县、茶陵等县，皆全部付之一炬。常宁、衡阳、攸县、醴陵、平江等县县城未踞，乡间大部分多被屠杀，综计各县被杀者约三四十万人，耒阳一县达十万以上。见上海华洋义赈会广告。

治牙痛单方：用白毛藤捣盐敷，此藤草药店出售，价极廉，鲜者更佳，干者用盐水浸而捣烂用。伯吹所说。

**廿五日，癸未，十二**　　雨

**廿六日，甲申，十三**　　雨

得彭儿自鳌江来信。

**廿七日，乙酉，十四以下均讹**

宣统帝于八号抵大连。张学良已回奉。潘复未死。

**廿八日，丙戌，十五**　　晴

诣章进元，买墨三条。得彭儿廿五又一信并洋十元。得次饶廿五函及诗。

发彭儿回信及次老缄,附诗三纸。

大连电,东省大动乱勃发,清遗臣数十谋拥居连之恭亲王为满蒙独裁君主,现实行着手。见四月廿五《申报》。

在沈宅晤池君仲霖,渠新自山东归,谈济南事颇悉。谓张宗昌妾居署内者凡三十五人,在外者不计,其主计某氏赏至四千万云。

**廿九日,丁亥,十六**　　晴

发九铭函。

**三十日,戊子,十七**　　晴

得彭儿信。以《法华经》七册还沈。

# 五　月

**初一日,己丑,十八**　　晴

得达官六月七号即四月廿日自湖南湘潭来信,云随军开往彼处,已于六号到地。湖南湘潭县二军四师十二团卫生队。得李孟楚廿九来函及文二篇、魏默深《老子本义》二册。

**初二日,庚寅,十九**　　晴

发达官信,寄湘潭。发李孟楚函。

**初三日,辛卯,二十**　　午后大雷雨

**初四日,壬辰,廿一**　　雨

**初五日,癸巳,廿二**　　雨止

是日夏至。以《阅藏知津》十册还周孟由。在沈处借来《华严经》八册。

**初六日,甲午,廿三**　　阴

与张润玉一谈。得王子澄上月杪答函及诗。

**初七日，乙未，廿四**　　阴

发王子澄函，附七律一首。

北京中外报纸评判当政者只知委任征收官吏，绝鲜革命精神，而真实民党反受排挤，认无建设诚意。战委会声势烜赫，通省及北京好缺及征收官、法官均换人，每日接见官僚多至数百。使团探询该会职权，某某使馆已派专员译出《三民主义》，研究今后中国设施是否照行与应付外交方法。某使云：中国定都南京，使馆可仍在北京。

**初八日，丙申，廿五**　　阴

**初九日，丁酉，廿六**　　晴，旋阴

得次饶函并诗。得彭儿初八信。

**初十日，戊戌，廿七**　　晴

发次饶函，附丁卯稿一册去。发彭儿信。

直隶省改称河北省，北京改称北平。张作霖于廿二号即初四日死公布。张学良就奉督职，万福麟黑龙江督办，吴泰来则已就吉林督办多日矣。阎请裁兵，统一军政、财政、交通，以民政归民。

**十一日，己亥，廿八**　　晴

为严琴隐书扇。普安医局有董事二人来请作该局迁移碑文，素昧平生，可谓鹘突。

报登，阎再电裁兵，语极明切。白崇禧派人在粤招兵千馀。张作霖实于六月四号午十二时死，吴俊升十时死。杨宇霆于十七八号间被张作相枪毙。战委会声名极劣，经众告发。蒋即北行，车已升火。

内政部严禁贩卖《性史》，不知是否新出之《女性全书》。

**十二日，庚子，以上皆讹。廿九**　　阴，午后大雷雨

**十三日，辛丑，三十号**　　雨

自四月廿六以后甲子及阳历均错。发次饶及彭儿信。取来关

署六月份夫马费。得李孟楚函,云匪氛欲动,将出避之。

**十四日,壬寅,七月一号**　　　阴雨,时逗日光

平阳帮匪于初十日入城,与军警一战败退,毙一获一,又捕三人。瑞安则"共匪"欲暴动,已由司令部派兵一排去,恐未足震慑也。《瓯海公报》纪之详。肥艚无信来。以《合璧事类》五十册、《感应篇注证》八册、《汇编》四册送还图书馆。

**十五日,癸卯,二**　　　晴

全国经济委员会裁兵通电内云:现据查得全军共有八十四军、二百七十二师。十八独立旅、廿一独立团,照目前编制,全年经临各费共需六万六千馀万元。以全国国家收入四万五千万元,除应还内外债一万五千万元,仅剩三万万元。提议全国留五十师,每师一万人,全年军费乙万九千二百万元,已占全国收入三分之二。每师每月连服装定为二十万元,年计一万二千万元。军事机关暨海军、航空、兵工厂、军事教育、兵工原料制造厂等每月共六百万元,年计七千二百万元。先决问题首先以停止招募补充及严禁就地筹饷。

张作相为东三省保安总司令兼吉林司令,张学良、万福麟为奉、黑总司令。孙传芳已到奉,杨宇霆将率队出关,张宗昌尚在关内。

京兆区合并旧直隶省,总称河北省。北京改称北平,改为特别市。

得宋墨庵函,又《太平刍议》两册。

**十六日,甲辰,三**　　　晴

是日枪毙平阳"共匪"初九夜入城放火之犯林平海等三名①,又在本城捕获十名。处州有兵开到,分扎府城隍庙。

---

①　林平海(1903—1928),浙江永嘉人。1924年参加中国共产党,1925年以个人名义加入中国国民党,帮助组建国民党永嘉县党部,1926年到黄埔军校组织部工作,参加北伐,大革命失败后在上海、温州从事地下工作,1928年6月被捕牺牲。

夜诣乐园小饮,琴隐所招。县党部指导员,永嘉为陈卓生、梅祖荫、叶洪煦、戴福权、徐璧君。

**十七日,乙巳,四**　　晴

午刻彭儿自差次归。

**十八日,丙午,五**　　晴

得次饶函,叙及匪事,诗册已收到。下在**沈宅**晤赞文,渠亦得次函,互出相示。李孟楚自瑞来,谈及伊戚伍氏在乡被匪焚劫及获犯事。

**十九日,丁未,六**　　晴,傍晚急雨一阵,旋止

发次饶函。诗稿又删一过,自甲子至丁卯约存二千首,总以删存千四百首为限。王朝佑佐臣、张阶泰岳辰二人同来,均本地人。

**二十日,戊申,七**　　晴,午后微雨

陈仲陶来,交还《永嘉县志》,即庄科长所借者。

昨又枪毙瑞安“共匪”林姓两名,或云已毙之林平海非真身。

**廿一日,己酉,八**　　晴

钱①智道女士与其母同来,盖新自沪归,住蝉街十二号王宅,不久仍须赴沪。

**廿二日,庚戌,九**　　晴

彭儿清晨赴平。

**廿三日,辛亥,十**　　晴

**廿四日,壬子,十一**　　晴

得彭儿两信,云江南谣言渐平。写屏联共十纸。

**廿五日,癸丑,十二**　　晴,暑热颇炽

---

① “钱”,疑为“严”。

**廿六日，甲寅，十三**　　晴

**廿七日，乙卯，十四**　　晴

得彭儿廿六信。陈文照女士来。周孟由来。以书件交还关署。

**廿八日，丙辰，十五**　　晴

普安医局董事蔡冠夫、陶履臣、张岳晨三人来，出《事略》一纸，乞撰《新建永善福医局碑记》。孟由以重印《印光法师嘉言录》一册见贻，又以《傺游浪语》三册见假。得次饶函。

**廿九日，丁巳，十六**　　晴，热甚

诣英美烟公司李买办略谈，渠自金华调温，接唐氏手。即前同居者，其夫人昨日来，始知之。《医局碑记》脱稿。

# 六　月

**初一日，戊午，十七**　　晴

为普安医局撰文一篇、联三付交去。发彭儿信，次饶函。

**初二日，己未，十八**　　晴，连日热甚

阅《傺游浪语》三册三卷毕，撰者为监利傅向荣鹤岑，其人久任法官，新旧学兼通，博览强记，持论平正。全书皆纪案牍，归重因果，逐条皆引古事古言，为证既广闻见，并资劝惩，其宗旨才识与聂其杰相同，时人著作之可珍者。刊于丙寅年，未知现官何处。

**初三日，庚申，十九**　　晴，午后怪风一阵，自北而南，旋雨而雷，均不大

得佛官自徐州旅馆来一明信片，云赴泰安访周濂泽，其人现充泰安卷烟特捐局局长兼直鲁赈灾会委员。亦不知此说之信否。来件不具日子，恍惚之极。

**初四日，辛酉，二十**　　晴，午后阴，微雨

感冒，殊不适。

**初五日,壬戌,廿一** 晴

**初六日,癸亥,廿二** 晴

诣庄蘧园一谈,并至章进元定笔。

**初七日,甲子,廿三** 晴

得初五彭儿信,初一去信尚未收到。得廿九九铭信,云改官总务处,眷口已到,住南京门帘桥十八号。勋铭充南昌小学校长。夜琴隐来,以所书条幅一纸见贻。

**初八日,乙丑,廿四** 晴

发九铭函,寄新居。至蟾街访严智道住宅不得。陈文照来,云本夜赴沪。

**初九日,丙寅,廿五** 晴

又访智道,未得住处。旋智道来,云暂居古炉巷。是夜三更后,府城隍殿开光,极热闹。

**初十日,丁卯,廿六** 晴

清晨方冠英来,借去扇、砚、笔、筒四物,供城隍庙陈设。

得陈胜①六月初六函,仍由绍兴原住地方邮来。发达官信,寄湖南湘潭县二军四师十二团卫生队,双挂号去。

**十一日,戊辰,廿七** 晴

清晨诣城隍庙一看。

**十二日,己巳,廿八** 晴

方氏交回各件。发方介安函,寄上海法界斜桥安临里廿乙号,闻与马、郑等同居。普安医局蔡、张、王三人来。得次饶初十函并诗及寄回丁卯稿一册。

---

① "胜"下疑脱"帷"字。

**十三日,庚午,廿九　　晴**

发次饶函,并诗二纸。翟楚材、严琴隐来。得彭儿十一信,云前去各信均收,齐日来又有谣传。

胡震亨《唐音戊签》、《癸签》,杜诏《中晚叩弹集》,查克宏《晚唐诗钞》四种,为晚唐诗家所必备,《闰馀》亦好,合成五部;韦縠《才调集》亦是此派。

**十四日,辛未,三十　　晴**

**十五日,壬申,卅一　　晴,下午雷作,欲雨不雨,虹现**

报登,乾隆坟为鲁军所掘。张宗昌派兵一团将马兰镇东陵慈禧后等墓强掘五座,盗走葬宝约值百万元。议拍卖故宫宝物者经亨颐一人,故宫委员会电请保留。

党员于心澄等呈,曲阜之衍圣公系封建馀孽,应即取消;孔林、孔庙为公款所建筑,应收归国有。缕述理由十项,政会决议交国府查办。廿五日下午南京电。

杭州自来水公债购派办法规定:住户、商铺房租在五元以上者由产主出租金十个月,先缴三个月;又工厂、商号按照登记资本购派公债百分之三至百分之五;八月一日起分别征收,先给印据,候换债券。

浙委庄崧甫向中央提议澄清吏治办法三条,内有一云:官吏未到任前,将原有财产分类,详细注册,如服官后有分外财产,即以逆产论。律师出庭县政府办法议决取消。

**十六日,癸酉,八月一号　　晴**

王云龙来,乞书扇叶。张岳晨来,见赠药粉,略谈地理。下午大雷雨,至夜而止。

**十七日,甲戌,二　　晴**

上海新光书店新出《品花新鉴》,每部洋装四大厚册,一元八角,曹痴公作;《皇宫艳史》,洋装四大厚册,二元,武进许指岩编:皆淫书也。许书纪累朝艳迹,按目录,尚无清宫事。得杭州留下百家园农场杨房东答函。六月十一发。四马路世界书局新出之《清朝全史演义》一百廿四回,平装十二册,半价三元。李伯通著,极悖逆。

闻严薆阶昨日到家,即殁。

**十八日,乙亥,三**　　晴阴不定

得彭儿十六信,即复一函。

**十九日,丙子,四**　　阴

大士诞辰。下午大雨。

**二十日,丁丑,五**　　晴阴不定

沈宅索回《华严经》十二册。周邦雄字群铮者持纪事文稿一册来乞润色,即孟由之弟,住东门外潘宅三十号,即其妇第也。蔡、张二人来,请撰一扁。

**廿一日,戊寅,六**　　晴

得达官初八寄美官信。马耀夫来诗二首索和。

东陵掘坟案系褚玉璞部谭曙卿师所为,共掘半月之久,用人五千以上,计发掘裕陵之乾隆坟中十四棺,其后妃十三棺中有汉装女尸一。又掘普陀峪慈禧坟,所得珠玉宝物无数,在津出售,估值二百万以上。谭犯系山东潍县人,曾主取缔新文化、维持旧道德者,现已在逃。见六月十六七八日《申报》。

南京市府以总理灵榇行将迁葬,特筑迎榇大道,宽度百二十英尺,由下关直达陵墓。经过地点,凡公私房屋有碍建筑者均须乔让,经费定一百六十万元。八月一日起至十日,令房主先将房契、地契呈验,限两个月内成工。

冯玉祥、李济琛到宁,五中预备会尚未开,阎因病未到。

浙省"共匪"蠢动,杭城主犯为党务指导员廖应钟、潘咏珂,已逮讯;诸暨为县党部指导员边奎及其弟边世民,世民被捕未获,边奎就拘,供出多人,闭城四日;兰溪、寿昌、龙游均骚扰请兵,报登颇详。

**廿二日,己卯,七　　　晴**

发达官信,寄湘潭。取来七月份夫马费。

**廿三日,庚辰,八　　　晴**

发次饶函,附诗七首。是日立秋。乐清两人来。

**廿四日,辛巳,九　　　晴**

程文焕来,谈玉环渔业颇详。该局由坎门迁相距数里之校场头,以彼处近更热闹也。坎门、永嘉轮船往来半日程,每人花八角。

掘陵案犯谭松亭于三号经警备部派侯得山捕获送司令部,为何成浚、徐源泉二人保出,谓谭系新改编之师长,不宜拘押。又押尊古斋老板黄伯川解卫戍部,商会拟保黄未谐。青岛码头亦获三犯,起出赃物甚多。陵丁来报,坟虽掩塞,仍有空道可通,白骨狼籍。主犯直军师长谭文江五号为卫戍部捕获,闻损失在四千万以上,阎令严办。

招老董来说话。

**廿五日,壬午,十　　　晴,午后大雨**

得彭儿廿二、廿五两信,廿五信由中国银行寄洋十五元来,信到已傍晚。

**廿六日,癸未,十一　　　晴阴不定**

又得彭儿廿五来信。

**廿七日,甲申,十二　　　晴**

取来银行寄洋。发彭儿信。夜饮王鸣卿宅。得达官廿二自湘潭所来快信,云已充十二团卫生队上尉军医之职,暂不离营。初十所去挂号信并前月初二所去挂号信均收到。

**廿八日, 乙酉, 十三** 晴

报登, 掘盗东陵系直军孙殿英所为, 所捕之谭文江、谭松亭尚非正犯。吴佩孚逃绥, 在黄土坡被团防击毙。五中八号开会; 交部十号开会。

由文华堂取回《灵峰宗论》及《广白香词谱》两种。徐世昌包办天津食盐, 津商罢市抵制。夜雨。得次饶廿五函及诗词。闻曹民甫任武昌审判厅长。

**廿九日, 丙戌, 十四** 雨时作时止

发次饶函。以《灵峰宗论》借与沈仲纬。下午, 严琴隐来, 云府城隍庙响动屡作。

# 七　月

**初一日, 丁亥, 十五** 雨

发达官信, 寄湘潭。采佛经中之切用于世间法者录成一帙, 以备研究讲习。

报登, 国民政府委员周震麟、特派接收北平府院办事处主任杨熙绪为接收陵地电呈一通, 措词悖逆, 阅之发上指冠。故孙殿英、谭文江、谭松亭法犹可宽, 此二人则不能容于人世也。宣统呈请省政府查办, 自称平民。吴佩孚未死, 病危。

清亡于辛亥, 孔亡于戊辰, 拟号"从亡外史"。佛有入世法, 儒有出世法, 分辑其说之最显豁者为一编。

**初二日, 戊子, 十六** 雨

**初三日, 己丑, 十七** 雨

**初四日,庚寅,十八**　　晴

发彭儿信,附达官信去。《蜕盦续稿》拟改名《了义》,或曰《诗中了义》,再酌定之。

**初五日辛卯,十九**　　阴,旋雨

集名《了义》,不如改为《诗历》,称曰《杞天诗历》。

**初六日,壬辰,二十**　　阴,旋雨

发九铭信,寄门帘桥十八号,内附致欧阳境无一长函并文稿两篇。

**初七日,癸巳,廿一**　　晴

得彭儿初六信。

**初八日,甲午,廿二**　　晴

比日复阅《灵峰宗论》一过,启发良多。

**初九日,乙未,廿三**　　晴

**初十日,丙申,廿四**　　晴

**十一日,丁酉,廿五**　　晴,夜,雷雨一阵

普觉寺函招赴佛教分会筹备会,未往。

**十二日,戊戌,廿六**　　晴,黄昏时雷雨一阵

闻吴佩孚在绥州某寺为卫队所刺,未确。

**十三日,己亥,廿七**　　晴

**十四日,庚子,廿八**　　晴

清晨,彭儿因病自南监回寓。

**十五日,辛丑,廿九**　　晴

午刻饮普安医局,客五六席,相识者两三人而已。单生志刚忽来,云现在本城艺园美术学校充教员,取回所存各书。所言均闪烁,代刻"六四居士"印一方亦不佳。得方介安复函。发达官信。

**十六日,壬寅,三十**　　晴

延普安医院熊渭泉来诊。严琴隐来。

**十七日,癸卯,卅一**　　晴

至关署支夫马,未付。偶翻旧存《新民丛报》,其七十五六两号中有《开明专制》与《革命得失》两篇,于现在情势洞若观火,虽"共和不能实行"一言不验,而共和流弊则言之皆应,不能不佩其识之高、论之明也。孙氏之为共产之宗并得证实,此两文颇有价值。

章进元定制狼毫笔十枝交来。周孟由交还《天岳山馆文》五册,代购《倏游浪语》三册,四角,均由上海汇山路东辽阳路口一一二号聂宅寄来。周守良充上海北京路一二六号通易信托公司副经理,即孟由之弟。《倏游浪语》系苏州护龙街乐桥七七七号赵学南君经手承印,每部四角。

**十八日,甲辰,九月一号**　　晴

张岳晨来,请代撰联句。以书价还周孟由。

**十九日,乙巳,二**　　晴

有闽人周女士来谈片刻,据称充某校教员,在中校内。

**二十日,丙午,三**　　晴

徐云龙来。得仙官信,云六月初一日举一女。

**廿一日,丁未,四**　　晴,黄昏时雨

李师母来。

**廿二日,戊申,五**　　晴

午后严宅开追悼会,诣彼一走。冀阶二子二女:子德晖在山东泰安总司令银行,次子德朋在上海美术学堂,女智道在永嘉县党部,次女慧道。

**廿三日,己酉,六**　　风雨陡作,恐致成灾,入夜未停

**廿四日,庚戌,七**　　仍有风痴势

拟将集内《无题》诗五十首录出,石印示人。

工商部提议保护孔庙、孔陵，上海总商会响应，电政府毅力主持。苏县长二号考试大纷扰，全体罢考。芜湖反日运动血案。外人调查，近四年直鲁壮丁减少一百八十馀万，财产因军匪损失估计二万万强，牛马骡驴损失二十馀万头，现查将饿死之人在五十万以上。廿一日。关署送来八月份夫马费。

**廿五日，辛亥，八**　　　晴，郁闷已极，下午又雨

**廿六日，壬子，九**　　　阴

发仙官回信，寄杭州青年路见仁里处顺里十八号。为彭儿病假事，发函致南监秤放局长赵雨旸霭，河南人，乃翁前亦同官浙中。为关署贝科长书联。

**廿七日，癸丑，十**　　　晴

**廿八日，甲寅，十一**　　　晴

**廿九日，乙卯，十二**　　　晴

得达官七月十三日信，云该团改为三团，以后去信应写二军四师三团卫生队。月薪本为七十五元，止发四十五元。得陈胜帷七月十九函。发达官信。杨淡风来诗廿二首。

**三十日，丙辰，十三**　　　晴

发杨园函。文华堂交来书价小洋四十六角。昨日李庆三来，所谈两事毫无影响。廿五日《申报》登，周震麟歌电国府，请明令北平政分会对于前清子弟一体保护，昔年第宅不得视同逆产，任意侵犯。又云柯劭忞在沪募洋万二千元维持宣统生活。下午微雨。

# 八　月

**初一日，丁巳，十四**　　　晴

夜忽小发寒热，腹泻。

**初二日,戊午,十五**　　　晴

委顿殊甚,延医服药。

**初三日,己未,十六**　　　晴

小愈。

**初四日,庚申,十七**　　　晴

病去五六分。严琴隐来。遣老汤入法国医院,由陈叔咸说定。得陈胜帷绍兴来函。

**初五日,辛酉,十八**　　　晴

能起坐。答陈函。琴隐来。得次饶七月三十函并诗词二纸。沈仲纬、钱伯吹先后来。

**初六日,壬戌,十九**　　　晴

停药未服。送老汤入法国医院。

**初七日,癸亥,二十**　　　晴

发次饶函,附《无题诗存》一册。严、沈、刘、樊先后来。得郝旭东七月初四留下来函,云自山东军次解甲归田云云,未知在何军也。上海新出一种《黑光》杂志,外人谓比共产更毒,议请吾国禁止印行。

**初八日,甲子,廿一**　　　晴

病后精力大减,稍阅佛书,亦不能多。拟编《念佛须知》一册,内分八门:曰原始、曰派别、曰殊胜、曰利益、曰方法、曰征验、曰疑惑、曰琐谈,先采经论,次及各家语录、笔记之极精者。

**初九日,乙丑,廿二**　　　晴

发九铭信,寄南京门帘桥十八号。

**初十日,丙寅,廿三**　　　晴,天热而燥

发郝旭东旅长函,寄留下。傍晚雨。

**十一日,丁卯,廿四**　　　晴

送熊渭卿医金八元。至沈宅一坐。得次饶两函,随答一函。

**十二日,戊辰,廿五**　　晴

由图书馆借来《野获编》廿册。

**十三日,己巳,廿六**　　晴,天稍凉

以一函致琴隐,入夜琴隐交来息洋七月①二角,另换一券,十月廿七期。

**十四日,庚午,廿七**　　晴

得达官初三日来信。

**十五日,辛未,廿八**　　晴

中秋节。午后阴。李庆三来,久谈。闽人周女士偕其婿某及一林姓者同来观书,均泰顺乡间人,林在此间煤油局,其婿在上海大夏书院肄业,云该校学生千馀人,规模与复旦相似,校长即交通部长王伯群。夜无月。

**十六日,壬申,廿九**　　阴,夜雨

饮沈宅。

**十七日,癸酉,三十**　　晴

诣翰墨林买毛边纸乙刀,一元二角。素纸对乙付,三角。走答翟楚材,未面。

**十八日,甲戌,十月一号**　　晴

写宋氏挽联,寄瑞安。又写联赠熊医士。诣严琴隐略坐。钱伯吹原名振埙,后改熊埙,因果甚奇,人皆知之。

**十九日,乙亥,二号**　　阴

清晨诣王鸣卿略谈。得次饶十八来函及骈序一篇,殊佳。随答一函,渠欲为吾印行《无题诗存》。

---

① "月",疑为"元"。

**二十日，丙子，三号**　　　晴

发李孟楚函，附丁巳、戊午年诗一册，寄瑞安水心殿街。发勋铭信，邮寄南昌小学校。

**廿一日，丁丑，四**　　　阴

诣李庆三，路走错，未寻到。

**廿二日，戊寅，五**　　　晴

诣李庆三一谈。

**廿三日，己卯，六**　　　晴

清晨诣刘赞文。刘次饶来，交还诗册。李孟楚来，云就河南省垣开封中山大学教员，夜即附海晏去。前寄诗册，云带在行箧，并索《志议》二册去。关署送来九月份夫马洋，扣去节赏一元，另以宣纸对乞书。老汤出医院，回寓所。

**廿四日，庚辰，七**　　　阴

走答次饶，未面。琴隐来。

**廿五日，辛巳，八**　　　晴

清晨彭儿赴局。诣次饶一谈。为关署苏秘书写对。函陈仲陶为《无题诗存》作骈序，并附稿本去。

**廿六日，壬午，九**　　　晴

二刘来，并邀沈同至乐园午餐，又往图书馆、吕公祠一转。以蒸豚馒首送次饶。

**廿七日，癸未，十号**　　　晴

仲陶函，还诗册，并代人乞书。贝科长又以联乞书。得彭儿鳌江信，云在彼留一日。闻十八年起月加薪十五元。

**廿八日，甲申，十一**　　　晴

以《野获编》还图书馆，另借来七种共卅五册，内有《习是编》四册十二卷,乾隆间古虞屈成霖辑,咸丰间番禺许应镳重刻,内分居家要览、居官要览两门,采格言,证以遗事,颇切世用,但引书不著所出耳。居家分十四类,居官分十二类,许星台方伯刊以赠人,极称之。

笔记中应添入群书札记一门。

**廿九日,乙酉,十二**　　　晴

李庆三来。


# 九　月


**初一日,丙戌,十三**　　　晴

晨访次饶,业已去矣。发夏曜禅书,附诗稿,寄严州第九中校。

**初二日,丁亥,十四**　　　晴

午刻饮李庆三处。得次饶函。

**初三日,戊子,十五**　　　晴

答次饶函。发彭儿信。

**初四日,己丑,十六**　　　晴,旋阴

得彭儿到局后来信。聂云台寄来书三册三种。严琴隐来。拟以"稗贩编"三字署所辑笔记。

**初五日,庚寅,十七**　　　阴

连日复阅藕益文,大有所得,过于三家。闻宋美龄女士被绑,以四十万元赎回,过付之人亦得十万。

**初六日,辛卯,十八**　　　晴

梅冷生来,以新刻《梁节庵诗》两册见示。得九铭十月十一号信。

**初七日,壬辰,十九**　　　晴

发九铭信,寄南京门帘桥十八号。

**初八日,癸巳,二十**　　晴

《合璧事类》、《玉芝堂谈荟》、《陔馀丛考》三书手边必备。刘翰怡所刻朱、缪①合辑本《京师坊巷志》须索之。近人《两京坊巷考》、《宸垣识略》、《上元江宁乡土志》、《三辅黄图》皆不可缺。

**初九日,甲午,廿一**　　晴。重九节

周孟由来,云某处新印吕坤《闺范》,一元。夜康乐火作,良久始息。

**初十日,乙未,廿二**　　晴

诣县署章吉人,未晤,以函邮致,有所询问。发方介安函,以洋四角托买新出三民墨水一打,函、洋由乃翁转沪。得李孟楚由河南开封贡院街中山大学来函,云任文科教授。

**十一日,丙申,廿三**　　阴

发孟楚回函。得彭儿初十鳌江来信。程文焕来,云渔业局已更动。

**十二日,丁酉,廿四**　　晴

又得彭儿初十鳌江信及虾米一包、扇叶一张。即答一函,并将赵局长扇叶书就,交信局寄去。

**十三日,戊戌,廿五**　　晴

得次饶诗函。得陈胜帷南京特别市市政府公安局来函,云充总务科二等科员,黄仲荃充机要秘书,月薪二百馀。

明徐应秋所著《玉芝堂谈荟》与《骈字凭霄》二书均浩博,《凭霄》《提要》入存目,《谈荟》未收。沈景倩《野获编》亦未收,不解谓何。

---

① "缪",疑为"廖",《京师坊巷志》为朱一新、廖荃合纂。

**十四日，己亥，廿六**　　晴

发陈胜帏函，附致黄仲荃一椷。发次饶函及诗。发方介安明信片，托买书一部。三角。发屈友崇绍璟明信片，寄南京。严琴隐来借去《习是编》四册，又以《人海指针》一册付阅。

**十五日，庚子，廿七**　　晴

琴隐来，说房捐事。

**十六日，辛丑，廿八**　　晴，秋热颇甚

梅冷生来，携回《梁节庵集》，并借去《左文襄家训》两册。又得彭儿十三日来信。夜作九铭信，说话颇多。

**十七日，壬寅，以下皆舛。廿九**　　晴

发九铭信，挂号去。发彭儿信。

**十八日，癸卯，三十**　　晴

**十九日，甲辰，卅一**　　晴

取来十月分夫马费。发次饶函。

**二十日，乙巳，十一月一号**　　阴

李庆三来，云即将赴杭。得达官九月初六来信，云派第二营服务，该营驻易俗河，离湘潭县十五里。随答一函。又写就仙官信，并检什衣物卅四件，打一包裹，将托李庆三带杭。

得夏朣禅答函及词，并寄回《无题诗册》。《永嘉艺文志》自唐宋迄有清所撰书八百〇三部，本朝二百卅五部，为人二百零一，传者百无一二，宋明人遗书较多。

**廿一日，丙午，二号**　　晴

为人写屏对十幅，颇吃力。琴隐交还《习是编》、《读书作文谱》、《退庵随笔》三种，借去《福寿全书》一册。

**廿二日，丁未，三**　　阴

以杭信并包裹由美官送李庆三处，另送伊孙子满月手钏乙付，

洋两元。下午李来云，俟廿七八海晏船去，同行者有一本地人严公竞，年廿馀，在沪卖画。李之子名国钧，字衡甫，现在省某署充科员。得彭儿廿一信。发宋墨庵函，附诗稿一册。

**廿三日，戊申，四　　阴**

发章一山函，附七十寿诗一首、明拓《怀素草书千文》五大纸。发彭儿信，发赵局长宣纸对乙付。

**廿四日，己酉，五　　晴**

得九铭卅一号快信，内附致招商瓯局局长张心抚一函。得达官本月十二信，云该军将改编，裁员必多，恐不能留。

**廿五日，庚戌，六　　阴**

往拜招商局长，高卧未起，以函交之。下午渠复九铭函送寓，嘱转交。

发九铭挂号信，以张信封入。得彭儿廿三信。发彭儿信，告以九铭所云事。

**廿六日，辛亥，七　　晴**

海晏下午开。夜雨一阵。

**廿七日，壬子，八　　晴，午后雨一阵即止**

得黄仲荃答函。傍晚雷作而不雨。

**廿八日，癸丑，九　　阴，稍寒，可御绵**

刘次饶来。

**廿九日，甲寅，十　　阴，大有冬意**

饭后诣次饶谈，悉近有新书名《再造者》一册，此间某坊有数十部，为党部携去。盖反对之易动人者，故禁不许流通。又云国初人汪武曹批选八家古文，极警醒，最便初学，惜罕传本，记以待求。

**三十日，乙卯，十一　　阴**

严琴隐偕陈鼎儒名国琛者来。下午雨。

# 十　月

**初一日,丙辰,十二**　　阴,下午雨

琴隐来。

**初二日,丁巳,十三**　　晴

写八言对一付、立轴二纸。午刻诣琴隐未面。得彭儿廿九信,云去信均收齐。

**初三日,戊午,十四**　　晴

拟辑《各国国名考》,古籍以《山海经》、各史《志》《传》,今书以《海国图志》、《瀛寰志略》为底本,而参之《西域记》及释家书。

共和共产,戴不共天。

**初四日,己未,十五**　　阴

阅《竹叶亭杂记》、《萝藦亭札记》竟,乔胜于姚。

海晏到,得达官九月十九日湘潭来信,谓初定第二军第十四军合编一师,编馀人数太多,恐被裁汰;现请准中央,第二军编为一师,第十四军编为二旅,或不至被裁;然尚未大定,通信仍寄湘潭十二总后街主敬堂第二军第四师第三团卫生队。并寄回前此上尉医官委任状一件,系本年阳历八月廿五日发,署衔为国民革命军第二军第四师司令部,师长王捷俊,副师长谢毅伯。

得章一山廿九答函,云伊夫人病故津门。得李孟楚廿六开封来函并诗。南监第五分局司秤员甬人周炳章交来彭儿一信,为伊家点主事。由方冠英处取来沪上所买墨水一打十二瓶。

乐清党务指导委员会主张毁坏一切庙宇,如城隍、东岳、土地、财神、五通等皆是,并先将城隍塑像打碎。四川万县老人李庆云年

二百五十岁,已历十四代,生于康熙十七年,曾服德国生殖灵。吴佩孚谒之畅谈,见《申报》。《收租章程》经前日农会党部议决,佃户得六二五,田主得三七五,倘逾两个月不照收,即将田主应得者充公归党部。闻此上河乡办法,下河乡更不及此数,已有数处田主控省。

**初五日,庚申,十六　　　阴**

**初六日,辛酉,十七　　　阴**

琴隐来。得次饶函及周幼康诗,即答一椷。

**初七日,壬戌,十八　　　阴**

发章一山函。以上干支均错。

**初八日,癸亥,十九　　　阴**

得次饶函并柚子廿五枚,随以七绝两首答之。夜宴乐园,琴隐所约。与徐慕初略谈易学及地理,云于蒋大鸿书研究多年,颇有会心。所谈尚切理,但人多,未能畅论,于端木太鹤书尚未览。闻中央文到县,各举报遗老三人,只列名,不须赴京。未见明令,不知是何用意。

**初九日,甲子,二十　　　晴**

发九铭信,说话颇多。以柚子五枚送琴隐。

**初十日,乙丑,廿一　　　晴**

以《玉芝堂谈荟》、《竹叶亭杂记》、《萝藦亭札记》、《汉溪书沄通解》、《书法正传》、《习是编》六种送还图书馆,另借来《馀冬序录》、《水东日记》、《读书略释》、《地理答问》、《教乘法数》、《起信篇注》共六种卅五册。

**十一日,丙寅,廿二　　　晴**

至张大顺店买书皮纸。

洛阳今年仅雨两次,因旱成灾。每麦一石涨至四十二元及四十七元,当地银价折合每元四千五百文,每粮一石值钱一百八十串至二百馀串,视光绪三年之饥,斗米四千文又过四倍。机器面千钱一斤尚购不到,饥民鬻妻卖子而苦无售主,灾区既大,又无可逃荒。

《申报》举行二万张纪念,颇热闹,自同治十一年壬申三月二十三日出版,为中国有日报之始,至本年十月初八日阅五十六年,适足二万号。编辑部之张蕴和历廿七年,现年七十八岁,尚任事,全部共四百十六人。

宋墨庵寄回诗册,并来一序,不及次饶多矣。

**十二日,丁卯,廿三　　晴**

汇编旧存《新民丛报》抽出佳者,订成八册。办报固不能不推此君也。

**十三日,戊辰,廿四　　晴**

发达官信,寄湘潭。

**十四日,己巳,廿五　　晴,午后阴**

夜琴隐来谈。平阳所出柚有一种四季出者,大而佳。市上所售外来之梨以岳梨为最佳,秋白次之。岳梨之岳,不知的是何字。其皮黄,光而嫩,水多味甜,解热毒。秋白皮黯而不光,水少味涩而多滓。又云买到翻刻本《随园全集》六十馀册,亦难得也。

**十五日,庚午,廿六　　晴**

**十六日,辛未,廿七　　阴**

海晏到,得杭州见仁里内处顺里十八号仙官十一日信,云寄件初十收到。杨智附一纸,谓其子益敏充南京水陆公安队助教。

报登,豫、陕、甘三省灾区最重者二百馀县,占二百十五万二千方里,灾民二千八百万;晋省莫重于太原,所损失纪之亦详。赈款分摊:苏、粤各十五万,浙、赣、皖、鄂、湘、燕、蜀各十万,闽五万,东三省三十万。果以赈给,视辛酉年江苏水灾五十馀县给帑二万者不同矣。

张学良等通电裁兵,裁二十万,留十五万,办法殊有条理。废军废师,以旅为高级,月省二百万。三区党部呈请通缉章太炎,章于广坐痛诋党部及孙、蒋、冯等。盗陵案载涛等催审甚力,但被控者已分别自行辨白,此案将以不了了之。

得彭儿十三信。

**十七日,壬申,廿八**　　　阴

发彭儿信。

**十八日,癸酉,廿九**　　　晴

得陈胜帷函。

**十九日,甲戌,三十**　　　晴,旋阴

取来十一月分夫马费。得达官阳历十月十二日自株洲来信,云由湘潭于十一日随军开驻彼地。由上海丁氏医学书局邮来《佛学大小词典》样本、《道藏提要》样本、《一切经音义》样本、《丛书书目汇编》、《老子笺注》各一册,而无函,不知寄自何人。

**二十日,乙亥,十二月一号**　　　阴

发次饶函,附诗二纸。

**廿一日,丙子,二号**　　　阴晴不定

**廿二日,丁丑,三**　　　阴

得佛官阳历十一月廿三自厦门来一明信片,云由日本东京回厦,即日赴南京,取介绍书回浙谋事。琴隐来,不提上次所言一事。夜雪作。

**廿三日,戊寅,四**　　　阴寒欲雪

伤风,喉痛多痰。

**廿四日,己卯,五**　　晴阴不定

发彭儿信。

**廿五日,庚辰,六**　　阴

琴隐交来洋九元,并换写一券。夜雨。

**廿六日,辛巳,七**　　阴寒,小雨

得次饶廿三函并诗词各一首。彭儿自局回寓。得李孟楚阳历十一月廿九号函并序一篇。九铭任交通部总务司长,已见报。图书馆取回《太平野史》一册。

**廿七日,壬午,八**　　阴

**廿八日,癸未,九**　　晴,稍暖,下午又冷

为人写屏对数幅。

**廿九日,甲申,十**　　阴

周孟由来,以新印《闺范》四册见赠,又以《妙宗钞》两册、《倏游浪语》四册见假。谈昨夜捣庙事甚详。又云《新民丛报》第四年所出反对革命极透辟,种种与《民报》辨驳,《民报》即孙文所办也。欲借观,云已焚却。

得九铭四号来信,云欲重印《卓峰草堂诗集》,缺首册,嘱寄补,并嘱作一跋。

**三十日,乙酉,十一号**　　阴

拟就跋尾一篇,并检《诗集》首册,双挂号邮寄南京,函内说话颇多。

# 十一月

**初一日,丙戌,十二**　　阴

发勖铭信,寄南昌城内营坊街十四号南昌小学。另以《梁氏文

集汇编》石印本六册同日付邮。

**初二日，丁亥，十三** 晴，旋阴

周仲明来，代汤楚臣乞寿诗。

**初三日，戊子，十四** 阴

以七律一首函周仲明。闻彭儿调长林。

**初四日，己丑，十五** 阴

诣刘赞文，慰其丧耦。途遇宣少桥。吕惠周娶媳宴客，见招未赴。

**初五日，庚寅，十六** 晴

熊渭卿来。

**初六日，辛卯，十七** 晴

宣少桥来，云移居珠冠巷十二号。

**初七日，壬辰，十八** 晴

彭儿赴局。

**初八日，癸巳，十九** 晴

阅丁氏《道德经笺注》，纯以道家言立说，自属本旨，所解明了，便于阅者。老子之学，治身为主，语多譬喻，犹庄氏之寓言。由治身推而国家天下，则不失其本真，若专以施之国家天下，以寓言为实语，纵解释斡旋之巧，终致流弊滋多。魏默深书名为《本义》，本义盖不如是。谭复堂极口宋于庭说，谓之绝业，谓合归藏之旨，遗说十馀则在《过庭录》中，未获一观。

**初九日，甲午，二十** 晴

报登，奉方影印文汇阁《四库全书》，已设校印馆，主之者杨宇霆，推张学良为总裁，翟熙人副之，金息侯为坐办。延揽专家共事校勘，《全书》、《续修书目》同时并举。每部价值一万二千，合美金六千元,拟印两千部,三年竣工,费由张学良任之。

上海丁福保氏编纂《四部书目总录》,共数百卷,二万种,明年可以脱稿。采辑各家读书志、题跋记、藏书记、藏书目以及文集中之书后题跋等,以经史子集分部,丛书自为一类殿于后。补《四库提要》所未收,并订正其考证之谬误。又备列各书刊刻年月,别编《简明索引》,一检便得。如其所说,义例可谓精矣。不由公家而以私人,一力独任,洵不朽之业也。

**初十日,乙未,廿一**　　　晴

发次饶函,诗一纸。

**十一日,丙申,廿二**　　　晴。冬至

得勋铭南昌阳历十二月十六号信,并文稿两册。所任系南昌市立第十四初级小学校校长,校址在营坊街三十六号。此间十二号去信尚未到也。

**十二日,丁酉,廿三**　　　晴,暖甚

**十三日,戊戌,廿四**　　　晴,暖甚

各省县举人办法已见报纸。上海蒙古路东亚书局又新出《清宫繁华录》六册,肆口诋侮,亘古未闻。人类之中,竟有此辈,不解何以能容于世界也。

**十四日,己亥,廿五**　　　晴

午后诣图书馆阅报。

**十五日,庚子,廿六**　　　晴

彭儿回寓。得次饶十三日函。琴隐来

**十六日,辛丑,廿七**　　　晴

复阅《蓥纬篇》一过,触忌语颇多,刻时须删去自序及开卷五、六条,并易其名曰"立宪罪言"。

**十七日，壬寅，廿八** 晴

琴隐来。

**十八日，癸卯，廿九** 晴

发夏曈禅函。得次饶十六日函及《杨周氏寿文》稿一篇。诣宣少桥一谈。琴隐以所购《百子金丹》八函来，恳为选择。奉天于廿九号易帜。

**十九日，甲辰，三十** 晴

发次饶函，附回文稿。送赞文夫人挽联。

**二十日，乙巳，卅一** 晴

取关署夫马费，未得。发李孟楚函，附一函稿。得达官自湖南醴陵寄来一信，信内系亲笔，但漏填日子。信封另一人笔迹，未解何故。云通信处为湖南第四集团军第五师第十四旅步兵第四团医务处，据云一切人员皆未调动，师长鲁涤平，旅长王捷俊，团长谢毅伯。验邮局印，系阳历十一月廿八日，为阴历十月十七日，已月馀矣。

**廿一日，丙午，十八年一月一号** 晴，天冷

**廿二日，丁未，二号** 晴，冷

彭儿乘轮赴乐清。补作甲午年所辑《范子》序，颇惬意。琴隐来，以旧辑校《管子骊珠》精抄本一册饷之。

**廿三日，戊申，三号** 晴

《荀子·大略篇》曰："君子之学如蜕，蟺然迁之。故其行效，其立效，其坐效，其置颜色出辞气效。"此吾"蜕盦"取名所由来也。

**廿四日，己酉，四** 晴

缮就致上海丁仲祜函。得次饶函。

**廿五日，庚戌，五** 晴

发丁氏函，另《台志刍议》两册、文稿六篇。熊渭卿来，为蔡冠夫

乞书横幅二纸。昨夜琴隐来,云《管子》删本已付排印,连史纸百五十部,印工纸料八十元,装订十五元。亦可云急性子矣。

**廿六日,辛亥,六**　阴

得彭儿廿四日由华漱秤放分局来信,云已于是日即四号接手。其总局在翁垟,自温州搭轮,七钟开,一点钟到翁垟。宿总局一夜,次早行,须过乐清县城,下午五钟到华漱。此信由邮局直接来。琴隐来。

《吕览》、《淮南》中人名拟录出为表,其古字加以音训以便读。姚氏、曾氏、王氏《古文选本序例评语》,蒋氏《四六法海》,李氏《骈体文抄》,张氏《七十家赋选序例评语》,袁氏、恽氏、李氏《文集序例》,王氏、沈氏、管氏、姚氏《古今诗选序例》,万氏、张氏、周氏、杜氏《词选序例》,凡十七家汇印一书,曰《艺文正统》,亦巨制也。能合以史例、志例更妙。

**廿七日,壬子,七**　阴

自撰墓志铭一篇。琴隐赠貂皮小帽一顶。

**廿八日,癸丑,八**　晴

阅北齐《刘子》一过,典实丰,词藻缛,然皆陈言,无特见,不为奇也。发次饶函,附文稿一册去。

得彭儿廿七自乐清蒲歧长林华漱盐务秤放局来信,云共管三廒,有一廒少远。司秤员外住,本局共住司秤员二人,公役一人。地方平安,应酬亦简。信件由蒲歧转,蒲歧离华漱只二三里。钱款须由乐清县城寄,华漱离县城约五十馀里。回温由县城搭轮至馆头,再由馆头坐轮至温州,为时一日半。寄信须五六天,然较舥艚交通便也。发华漱信。

**廿九日,甲寅,九**　晴

取来十二月份夫马费。发达官信,寄醴陵。

**三十日，乙卯，十** 晴

昨夜琴隐来，又以《韩子骊珠》稿本一册与之。

# 十二月

**初一日，丙辰，十一** 晴

琴隐来编书费洋五十元。发方介安函，嘱其定制狼毫笔，函交乃翁转寄。

**初二日，丁巳，十二** 晴，暖甚，去皮衣

《关尹子》议论文字均极佳，然不似汉以前人语，必在佛书既出后所著，转识为智已见于此，非多读佛书后不能知也。在于道家，可并《老子》，全书精醇十之八九，须熟复之。得夏曒禅答书及词一阕。

**初三日，戊午，十三** 晴

得次饶答函并寄还文稿，云不日来郡。

**初四日，己未，十四** 晴，暖甚

得丁氏福保答函。知前件乃李孟楚所寄。李庆三来，云因病回家四五日，现就瓯盐公所委任梅屿稽查员，即日去。

明人《至游子》二卷廿五篇，道家书之可取者，其《百问篇》尤要，应抄出。《百子金丹》粗阅一过，竟字小，殊损目力。讹舛甚多，坊本之劣而不足存者。琴隐来。唐大圆居士新出《唯识三字经》一册，一角，闸北世界佛教居士林出版。

**初五日，庚申，十五** 阴

李孟楚自开封归，过谈片刻，赠墨拓四纸。

拟编《民国国民必读》一书，采古来主张民权诸说为今日适用者为宗旨，而近时政令之未脱专制恶习而诸子已议及者亦采入，以资

针砭。

杨宇霆、常荫槐二人九号为张学良枪毙。

**初六日,辛酉,十六**　　阴寒

发李孟楚函,附洋两元。发次饶函。

**初七日,壬戌,十七**　　阴

李庆三来,谈梅罍事。琴隐来。得彭儿初信,即发一函去。琴隐携去《地理元文》两册,乃徐慕初所借。

**初八日,癸亥,十八**　　阴

撰《百子摘要序》一篇,殊惬意。诣图书馆。

**初九日,甲子,十九**　　微雨

又代琴隐撰一篇,亦不劣。发九铭信,附自撰墓志铭稿去。

**初十日,乙丑,二十**　　阴雨

刘赞文属撰函稿,即草就交去。以序文两篇函致琴隐。

**十一日,丙寅,廿一**　　阴雨

琴隐来,以重定文字润格交其代为排印。

昨见中校学生罢课,攻讦校长周祐及诸教员传单,叙述该校种种劣迹及嫖赌酗酒、吞款玩公各事实,洵足骇人闻听。谓为女教员吕淑良房内陈设华丽,被褥并以香水熏之,其事可知。学校变成秽墟,亦此邦之耻也。

夜三更,月色极佳。仓河巷火起。

**十二日,丁卯,廿二**　　阴

招商局新华船十一号由沪开港,十六号触礁沉没,死四百馀人,生全只廿一人,损失三百馀万。闽省厘局二百三十馀处于十六号尽裁。

**十三日,戊辰,廿三**　　阴

方苑香来。图书馆借来《绎史》五十册,《玉函山房丛书》下半部五十四册，《唐才子传》三册，《困知录》一册，《何义门读书记》十二册。

### 十四日，己巳，廿四　　阴

《关尹子》一书，其文字、意旨似在佛书入中华后魏晋人之作，精纯奥妙与《老子》侔，于诸家无片语明援，亦无一言暗合，独出己见，卓然大家，又不敢断为汉后人。

自撰传者司马相如、陶靖节、白乐天、陆龟蒙，自撰墓铭者三威长史，自撰志铭者韩昶，自书志铭者杜牧，自作生圹者赵壹、司空图。

琴隐又来五十元，凑足原数。

### 十五日，庚午，廿五　　阴

为琴隐所编乐书序，殊不空泛。

### 十六日，辛未，廿六　　晴

夏曜禅为双亲六十寿以笺征诗，随手写就。周孟由来，赠新印《感应篇直讲》一册。以《序》文函琴隐。

### 十七日，壬申，廿七　　阴，微雨

午刻诣刘宅行吊，宴未毕归。发彭儿信，附屈文牍一函。夜琴隐来。

### 十八日，癸酉，廿八　　雨

发次饶函。以《百子全书》八函还琴隐。

江苏奉贤县属庄行镇于廿一号被"共匪"大焚杀，烧八百馀家，死一百多人，损失在五十万元以上。安福系仍密谋活动，张宗昌以存在某国银行之五百万元全数捐作活动费。

得彭儿十四日来信。

### 十九日，甲戌，廿九　　阴

琴隐偕范叔寒来。九铭汇洋百元来，只一条而无函。周孟由又来《感应篇直讲》十六册。

**二十日，乙亥，三十**　　阴雨

十钟德①诣中国银行取来纸币百元。得黄②生函及《无题诗存》序文一篇。

**廿一日，丙子，卅一**　　阴雨

赴海关取夫马费，未得。答黄枚生函，将来文改好寄还，并去《感应篇》三册。琴隐又以十洋属撰一文，峻却未获。得九铭廿六号信，知洋款尚系垫出，云《卓峰集》已付印，附来文稿两件。

**廿二日，丁丑，二月一号**　　阴

发九铭信。

**廿三日，戊寅，二**　　晴，旋阴

得次饶廿日函及诗两首。撰就琴隐所索序文。

**廿四日，己卯，三**　　晴阴不定，冷甚

发次饶函。得达官一月十五号即本月初五日由江西莲花县来信，云十一号到彼，随军剿匪，系用第四集团军第五师第十四旅司令部信笺，本在该旅步兵第四团医务处。李孟楚来，以戊午年诗册见还，云本日登轮，在沪或杭度岁。

**廿五日，庚辰，四**　　晴

是日立春。彭儿自华湫归。诣文华堂检书。琴隐来，云孟楚改新正出门。

**廿六日，辛巳，五**　　大雪

加税二月一号实行。裁金陵、苏、杭内地常关五处。

---

① "德"字疑误。
② "黄"下疑脱"枚"字。

**廿七日,壬午,六**　　雪

成七律八首,三易其稿,尚未甚惬心。

**廿八日,癸未,七**　　晴,雪已尽消

取来关署夫马费。

**廿九日,甲申,八**　　晴

报登,王景岐电外部,欧洲、日本所产麻醉毒品在中国销场数量之大,世界无比,各处查获私运毒品报告,仅只一年中输入我国之物,可以杀死一千万人。我政府与国民目前最急问题莫如一面禁烟,一面严厉拒绝外国毒品。"生命所关,若再因循,则祸至灭种"等语。开封重申烟禁,各县境内如有烟苗、烟馆发生,电由省核准,将县长、公安局长一并枪毙。

《革除星相堪舆师巫迷信通令》前两日已布告。

**三十日,乙酉,九**　　阴

除夕。写定《蜕盦续稿》选本十册讫,自甲寅至本年凡十五年,以后付刊,即用此本。自撰之《后江东生传》一篇如觅得原稿,即加入首册,此外不必索序。文稿除弃去外,约抄成六册。

# 民国十八年己巳（1929）

## 正　月

**初一日，丙戌，二月十号**　　晴

天色甚佳，合乎新年气象。刘冠山来，谈为人编印《敬乡楼丛书》十八册，许以叶水心《习学记言》一部见赠，云合各抄本、刻本校改黄刻本讹舛二百馀处云云。如其言，功亦勤矣。李、陈诸人来，今年拟戒诗而元旦仍得七律二首。抄《范子》辑略二纸，运笔全改旧法，由外拓为内抱。刘、张、吴、陈、沈来。

**初二日，丁亥，十一**　　阴寒，以夜雪也

得七绝三，七律一。偶阅明张宗道《地理全书》，有"南京、北京合尽南北方之水"一语。桐城章攀桂氏评云："京师内收直隶全省及山西诸水，外拱九河，沧海作明堂，极宇内之形势，所以朱子谓冀州为绝大之风水。若金陵内只收秦淮三二县之水，外亦不过长江环抱，其他诸水一无应合，何得云收尽南方之水？其形局尚不及关中洛阳，若较京师则不逮远甚矣。建康江气厚，山气薄，谓山小水大，主弱，不能守财，国运不长，良然。"按，章字淮树，官道员，通儒，与随园深交，其书四种，姚惜抱序盛称之。屡物色而未见，兹乃得于传抄未完坊本。

刘冠三以《习学记言》八册见赠，书式仿《四部丛刊》，尚可看。

其于有清御名皆不为讳,一一改从元文,然宋讳则依然未之改也。

燕冀之龙祖于太行,淮阳之龙祖于桐柏,江浙之龙祖于黄山,延长皆数千里,是为太祖。若江宁常镇祖三茅,苏松杭嘉祖天目,安庐凤颍祖四枝尖,江西祖庾岭,皆数百里,是为少祖。

**初三日,戊子,十二**　　　晴,天气甚佳

午后诣张、刘、刘、吴、陈、沈各处。严、陈来。下午风峭,入夜欲雪。仲陶来,以《感应篇》赠之。发次饶函。

**初四日,己丑,十三**　　　大雪

成七绝二,雪随落随销,至夜未止。

**初五日,庚寅,十四**　　　雪止,时逗日光

琴隐来,以所撰乐书序文畀之,并还其自作一稿。

**初六日,辛卯,十五**　　　阴

阅《名山语类》,得一条录于此,与上文章氏说参看:金粘罕欲赞太宗都燕,司天监郝世才,本辽臣也,精于天文地理,粘罕攻讨,每以自随,所言皆验。谓燕京土燥,山远泉水不润,可以威守,难以文定,若南征北伐未已,此地可居,如持盈守成,祸变必作。见《大金国志·宣宗本纪》。世才之说不可忽也。顾氏《天下郡国利病书》未载。按,此说似系郝不欲金之都燕而故发此言,观“本辽臣也”一句可悟。

报登山东长山县发现伪皇帝。长山周村地方皈依道教者,一名一心堂,一名净地会。其首领马士伟,或云马秀,年逾花甲,谋复帝制,势力渐及于桓台、淄川、博山、邹平、临淄等县,党羽数千人,红枪会及民团受其指挥者甚多,该会财产总额约千万元以上,宗旨则藉办慈善为名,谓苍天已死,黄天当立,民国将灭,帝制复兴。制黄天龙旗多面,改周村为中京,定旧历十二月廿三日即阳历二月二日即

皇帝位,封王幼平为内阁学士、外务大臣兼长山县知事,盲从者不下
数万人,闻日方对此将加干涉。

江西丰城人李焱字炳炎来谒,伊久在处州开碗店,现改石印局,
又在永嘉东门外涨桥头开李新华石印局,与范纯伯交好,云范现充
九江交涉局某职,并谈海员工业会事。下午与该会常务委员徐斐堂
锡声者同来,徐为青田人,略谈该会创办以来情形。

**初七日,壬辰,十六**　　阴

新委玉环县承审员陈庆铁字达夫者来,永嘉西溪人,曾游广西、
广东、东洋,与昨李、徐两人均素不相识。杨淡风来。琴隐偕李岳臣
来,出宋墨庵攻讦文稿见示。方苑香来。

**初八日,癸巳,十七**　　晴,暖甚

杨伯畴来,赠《感应篇汇编》二册。李庆三来。

**初九日,甲午,十八**　　晴,暖甚

诣琴隐,云李孟楚已登舟,李岳臣已起诉宋墨庵。李庆三来,云
批命事,赠以《感应篇》一册,以一册赠邱君,渠又索两册去。得次饶
初七答函,云十一来永。连日阅《名山五集》五册竟,洵一作手也。

**初十日,乙未,十九**　　阴

文铮偕周氏素琴赴乐清。方冠英来。

**十一日,丙申,二十**　　晴,天色殊佳

**十二日,丁酉,廿一**　　晴

诣刘冠三,因次饶在彼,约往会晤。午饭后归。琴隐来,以乐经
序乞书,用药水写,殊不惯。

**十三日,戊戌,廿二**　　阴,似夜间有雨

以电话问次饶,云已行矣。

报登宿迁极乐庵僧众会同土劣及小刀会匪七八千于十三日午

后捣毁党部及学校,搜杀党员,大呼恢复帝国主义,十六晚十一时攻破县署,县长童锡章失踪。蒋中正在杭演说有云:从前昏庸老朽,其思想已不合现时潮流,当然不能适用。兹有无政府主义者,与吾党并无若何关系,不明了者,往往误会与吾党有关系。又谓是项主义系吴稚晖等所主张,此主义发生在迁都南京的时候,有少数昏庸老朽分子为破坏吾党而发生云云。

琴隐交来石印润格四十张,云次老清晨已归。得黄枚生函及改本序文,又金钩虾米一包。

《新闻报》十八号登有听蚁斗人以凹凸数访友,据云即袁天罡、李淳风《推背图》,刘伯温《烧饼歌》术,杭辛斋曾得师授而未深究。逆行原有路,顺去却无舟。欲得十八消息,凹中凸里谋。无功德心者不谈,无坚决心者不谈,无虔诚心者不谈。

**十四日,己亥,廿三**　　雨,旋晴

以新印润格分致冠山、赞文、淡风、孟由等处。

**十五日,庚子,廿四**　　阴

得杨益敏初十自杭垣青年路见仁里十九号寄来相片一张,并信。又曹民甫丁外艰哀启一分,而无讣文。领帖期三月十四日,住江苏淮安东门大街五十九号。曹现供职湖北高等法院,亦不云何职。新出《醒狮》一册,以痛诋蒋、胡、戴、吴、冯,中央饬各校禁阅。发钱名山函,寄武进城内白家桥钱氏寄园,附抄件一册。

**十六日,辛丑,廿五**　　阴

彭儿清晨赴局。《新闻报》登上海国术研究院招生,有武当、太极、八卦科字样,甚奇。胶东乱事内幕由军阀徐孽作梗,日本借款一千万。宿迁小刀会匪连同山东大刀会匪众至数万,约官军战于落马湖,一师及九师部伍夹运河对峙,未敢进。

**十七日，壬寅，廿六**　　　雨，廉纤竟日

**十八日，癸卯，廿七**　　　雨

程处喜事招饮，未去。琴隐来。阅何义门《读书记》，可取者多，四书类尤善。拟采计倪语补《范子》，计然所未备，即附其后。浙省代表大会议决案第三条建议中央，请规定取缔关于共产党、无政府党、国家主义派及提倡迷信之宣传之具体方案。

**十九日，甲辰，廿八**　　　阴

向关署取夫马费，未发。函刘冠山，附洋两元，托购上海良晨字号大小新出信封，及新出《唯识三字经》。严智道女士来，以仿单五张交伊分布，又以四张托图书馆孔某张贴馆内，并分给。得次饶十七函及《戊社第七集》。奉天省改称辽宁。

**二十日，乙巳，三月一号**　　　阴，微雨

梅冷生处午饮，在座多未识面者。发南京门帘桥十八号信。发钱名山诗函。李德斋偕一青田人吴某来。

**廿一日，丙午，二**　　　阴，细雨

**廿二日，丁未，三**　　　晨微雪，寒甚，入夜又雪而雨

得彭儿十七华湫信，云过乐清县城留半日，当夜抵局。

**廿三日，戊申，四**　　　阴寒

诣瓯海报馆及翰墨林。李庆三来。

**廿四日，己酉，五**　　　晴寒

写曹封翁挽联，寄淮安东门大街五十九号。

**廿五日，庚戌，六**　　　晴，天色殊佳

诣周孟由，以病未晤。诣方冠英。午后诣黄子芬命馆。

**廿六日，辛亥，七**　　　晴

发彭儿回信。甫邮而廿元洋信亦到。诣杨园一谈，及拆城事甚

析。以《倏游浪语》三册借淡风。

**廿七日,壬子,八**　　晴

诣图书馆阅报,见瑞安李、宋以文字攻讦涉讼事。以选出《名山集》四册付书坊装钉。昨日陈仲陶以诗属和,勉为答之。琴隐来,亦谈及李、宋事。拟辑古近盗匪行事、发言之可取者百十条,为《亦有道录》。拟辑自来语及陶诗者,为《陶诗集评》。

**廿八日,癸丑,九**　　晴

以笔价洋十元函交方冠英,属其促乃郎速制寄来。发文铮信,寄乐清江桥头下双埠头好友花边局周素琴女士代交。

**廿九日,甲寅,十**　　晴

得文铮乐清来信。得平阳黄枚生函。随答一纸,并附诗与仿单。和淡风一诗送去。

# 二　月

**初一日,乙卯,十一**　　阴,午刻晴,黎明时大雨一阵

得九铭六号快信。内附此间招商局长张心抚一鸣函,当即交去。取来关署二月分夫马。昨日王云龙来,云已脱离瓯海报馆回瑞安籍,报馆改为民力报,并谈及李、宋讼事。得南监茅庆臣来函。

**初二日,丙辰,十二**　　晴

发次饶函。

**初三日,丁巳,十三**　　晴

有乐清西乡人施姓者来,似欲学地理玄空卦者,良久始云,不知其名字。杨莲舫、陈仲陶来,出甘团长太翁事略一纸,云监督欲为做七十寿,嘱代作征启,可谓突如其来。

**初四日,戊午,十四**　　晴

为贝监督撰就征启稿,函杨科长转交。得钱名山廿六复函,云两函皆到,所去文稿甫阅一篇,即为人携去。又欲寄赠股货,以印《范子辑本》。未谋面之友,如此亦极难得也。琴隐交来洋九元,并换写一券而去。

**初五日,己未,十五**　　晴

发钱名山函。山东寿光人民之浩劫,驻县城之黄凤岐军队与本县人民自卫团于阳历二月廿七日发生冲突。民团溃散,自县城往东北军队沿路屠村八十馀处,死人万馀,见阳历三月十三日《申报》甚详。

**初六日,庚申,十六**　　晴

屈友崇绍璟明日附海晏赴镇江、金陵,以洋枕两对,洋袜廿双、北宋李成画一轴、《志议》四册、信一封,属其带交九铭,因伊到镇江访其中表,现充省政府农矿厅总务科科长周觉生,有数日留,又另作一详细致九铭函,付邮告知。内附文一篇六纸,此函甚要也。周即少轩大令之孙。得文铮信,云花局事成就。

**初七日,辛酉,十七**　　晴

海晏未开,须明晨开。得刘贞晦初三自沪来函,并代购信封乙千个,《唯识三字经》一小册,云将往南京一行;又云郑曼青排除一切,从钱名山学。

**初八日,壬戌,十八**　　晴

诣民生报馆登广告,付洋两元。得次饶初六函,随答之,并寄去良晨信封二百个。

**初九日,癸亥,十九**　　晴

重校《范子辑本》已毕,得七律四首,后序一篇。晡时微雨。

**初十日，甲子，二十　　　晴**

得达官正月廿九日自江西临江府清江县来信，云不日要向新喻一带前进。得彭儿初五来信。

**十一日，乙丑，廿一　　　晴**

发达官信。许乙仙函征兰花诗，不知何因，走询淡风，得其意旨，成二绝句，并自成四绝。

**十二日，丙寅，廿二　　　晴**

以诗邮许。医药会力争国粹一事，团体甚众。理由甚足，计画甚周，乃有中央卫生会委员余岩为反对之反对表示一文，悖戾披猖，胆大至极，黄种中竟有此辈，必白人之遗种无疑。三全大会十八号已开。得钱名山初七函。

**十三日，丁卯，廿三　　　晴**

闻湖北已开火，沪上报纸号外登之。

**十四日，戊辰，廿四　　　阴，午后闻雷**

发彭儿信，径寄华湫。熊某来，云有瑞安人现充瓯海公学教员罗姓欲来从学。图书馆取去《四库提要》内医学类两册，又《清稗类抄》第四十八册。

**十五日，己巳，廿五　　　阴，夜三鼓后雷雨**

沈宅送还借去各佛书。

**十六日，庚午，廿六　　　晴阴不定，傍晚雷雨**

得次饶函及诗。

**十七日，辛未，廿七　　　阴雨**

次饶自平阳来。夜与二刘及沈饮乐园。饮后复至次饶寓，旋坐小车归，过桥时为后车冲翻倒地，伤及右额、臂、腿，虽不甚重，然亦危矣。得三绝句。

**十八日，壬申，廿八**　　阴

二刘均遣人来问。得九铭廿一号信，内附致招商局长一函，即加封交邮局送投。初八去信已到，屈友崇带去函物尚未到也。得李孟楚初十开封来函，云彼地已受湘事影响。刘赞文来。屈绍琨偕其同学四五人来，只一平阳人黄彬字质夫者，言语较明白。

**十九日，癸酉，廿九**　　阴，下午雨

又得瑞安项成赓来函，及扇叶属书，并介绍人写寿屏事。夜屈绍璟偕四人来上课，为讲《左传》两篇。

**二十日，甲戌，三十**　　阴

诣方冠英，值其他出。午后方来谈写寿屏事，所言甚谬。旋答项氏一函，拒绝之，并写就扇面寄去。

蒋与桂系大破裂。已将李宗仁、李济深、白崇禧三人开除党籍，宣布罪状，明令讨伐。其叶琪、夏威两师长免职，任李品仙、胡宗铎、陈济棠、何键、黄绍雄为两湖两广编遣区主任，即李、李、白部下叛本部而归蒋者，故重任之，以示操纵一切，见于《申报》廿八号者至详。

昨日琴隐以新购本《评注皕子精华》十册见示，略翻一过，陋谬至极，坊本之劣，无以复加。林亮周来，付以润格四张。

**廿一日，乙亥，卅一**　　阴

得黄仲荃诗函及屈绍璟函，云带件已于初十日交讫。发李孟楚、黄仲荃两答函。得方介安十八函，云笔尚未制，即函嘱其速制付邮去。夜屈绍琨经手交来四元。琴隐来。

**廿二日，丙子，四月一号**　　晴

得五言排律一首四十韵，颇工。

**廿三日，丁丑，二**　　晴

校定《范子辑本》毕，可以付印，寸心殊慰。闻城内钱庄昨被盗

匪持枪恐吓者两家:一为晏公殿巷之浮沚,经手人跳楼而下,未损失一两;纱帽河润源,吓去现洋一千元,说明不许声张,否则放火云云。

**廿四日,戊寅,三**　晴

梅冷生以书两种见还,并代人乞写联。

**廿五日,己卯,四**　晴

寒食节。碧桃花放,色极红艳。

**廿六日,庚辰,五**　晴

清明。两日无雨,殊难得。

**廿七日,辛巳,六**　晴

《玉函山房所辑佚书》各序可抄出为一册。其于周秦古籍合各家而校其字句甚详,恨坊本多讹耳。其《鲁连子》一卷中有六篇应录出熟读,在《国策》中为至要也。仲长统《昌言》、王氏《新书》基、《王子正论》肃,肃长于《礼》、《袁子正论》准,亦多言《礼》,而丧礼尤详、虞喜之《广林》《释滞》《通疑》亦然。虞卿、苏秦、蒯通、邹阳与鲁连合抄。

**廿八日,壬午,七**　晴

夜课来者五人。

**廿九日,癸未,八**　晴

得彭儿信及洋十五元。夜课来者八人。

**三十日,甲申,九**　晴

夜课只五人。

# 三　月

**初一日,乙酉,十**　晴

夜课只五人。

**初二日,丙戌,十一　　阴**

琴隐来。林亮周来。为普安医院撰联一付,跋一篇。得佛官四月一号自漳州来信,云在国民革命军暂编第一师师①令部工作,月有八九十元,未言何差,又云未曾发饷,又改名志豪,所说皆不可信。发去回信寄漳,又寄一明信片与文铮。

**初三日,丁亥,十二　　晴**

天气极佳,惜无雅集。取来阳历三月夫马。

**初四日,戊子,十三　　晴**

琴隐来,出示次饶为伊撰乐经序。

**初五日,己丑,十四　　晴**

有奉化人周覃公延、永嘉人郑澈子清同来,谈良久。郑工书画篆刻,现充江苏东台泰源盐垦公司管理,系汪如渊弟子;周在盐务行政局,与翟楚材同事,嗜《海藏楼诗》。黄仲荃自南京回瓯,偕高心朴同来,云即回里,十五六当来。夜饮乐园,刘赞文宴黄、高二人,同座为钱、沈。

**初六日,庚寅,十五　　晴**

以七律两首邮黄。得达官二月廿七自江西分宜快信,云去信已收到。此地收税官杨志溥辞职,另汤兆铭接充。皖匪自称"天下第一军",大扰休宁、祁门各县,休宁县署、公安局被焚,浙边戒严。

**初七日,辛卯,十六　　晴**

发刘贞晦函,附诗四纸。招商局来一函。

**初八日,壬辰,十七　　阴,午后雨**

连日牙痛。

---

① "师",疑为"司"。

**初九日，癸巳，十八**　　　阴晴不定

皖之休宁、祁门两县于阳历四月五六等日，被匪朱义方即朱老五攻陷，焚毁屯溪一镇，烧尽无馀。被烧被杀者千馀千[1]人，损失在二千万以上。渔亭次之，匪不过数十百人，红绸制旗，自称"天下第一军"，在屯溪掠得茶商现洋甚多，不便携带，愿以百元买金一两，各市镇无应者，以人已逃空也。

拟仿元人《嗳呓集》体作咏史七绝百篇以寓时事。

**初十日，甲午，十九**　　　晴

牙痛未除。

**十一日，乙未，二十**　　　晴

本地人吴炳照君交来次饶手札及诗钟十九卷，为之评定甲乙，并仿作数联。琴隐交回《地理元文》。

**十二日，丙申，廿一**　　　晴

取回相片三张。夜由屈绍琨交来两元。季周。

**十三日，丁酉，廿二**　　　晴

答招商局一函，附去相片三张。得九铭四月十七号来信，附张局长函，即文书课事。九铭长子储儒与吴可丞孙女于本日在宁结婚。发九铭回信，寄门帘桥十八号。以诗钟卷交还吴。

**十四日，戊戌，廿三**　　　晴

得方苑香函，林亮周来。

**十五日，己亥，廿四**　　　晴

为普安医院写扁两方及跋，并所赠润金纸币五元，送还渭卿熊君。文铮偕周女士自乐清回寓。午后忽起东风一阵，势极凶恶，须

---

① "千"字疑衍。

臾即止。

**十六日,庚子,廿五**　　晴

次饶来,以《击钵吟》十二册借之,午刻饮乐园,琴隐约也,同坐六人。治牙痛,用生石斛三钱,并浓汤饮。

**十七日,辛丑,廿六**　雨

东山瓯社春祀未赴。琴隐来。

**十八日,壬寅,廿七**　雨

得钱名山函,附来伊友居巢人刘笠僧函,谓吾纪事诸诗可作史读,不仅诗人录副珍藏,并示同志等语。琴隐来。写九铭信。闻仲荃来。

**十九日,癸卯,廿八**　　晴

晨诣同华、顺发两旅馆,访黄、刘未面。以先子手写诗稿十六册并他人抄稿四册,共二十册,包裹坚固,并九铭信乙封,托黄仲荃带至金陵。渠明日八钟上船。午刻饮乐园,次饶所招,同座黄、刘、梅、严、吴、方六七人。发钱名山函,附诗四纸,寄常州东门外白家桥。宝春午后出去,未归。

**二十日,甲辰,廿九**　　晴

次饶偕其邑金乡人方谦字毅君者来,云明日回去,仲荃已行。午后为方君书屏四幅。宝春归。

**廿一日,乙巳,三十**　雨

夜招商局出纳课送来四月下半月薪洋十元,照填领条带回。杭州青年路见仁里十九号。

**廿二日,丙午,五月一号**　　晴,晡时雨,旋止

拟编《蜕盦读书丛录》,凡有得于古今各书者,按经史子集四门,及释道家言、外夷译本,取其精刻而有关系者分部甄录,加之评判,

以代著述,宗旨在针对时局,借古形今,庶几阅者了然,动魄惊心,而言者无罪,自己文字亦羼入焉。诗事告停,非必须作者概不续作,专力注此,俾成巨编。

**廿三日,丁未,二号** 晴

十钟时诣招商局局长张心抚,他①与文书课张景思晤谈,出局长日记一册见示,诗文均有可观,惜匆匆未及遍翻。诣八闽会馆午宴,天后诞也。得达官十六日武昌信,云由分宜、南昌、九江乘轮至武昌龙左旗营内。傍晚雨,夜雷雨。

**廿四日,戊申,三号** 阴

发武昌信,以诗函邮致招商局。夜课后来三人。

**廿五日,己酉,四** 晴

玉环县署承审员陈庆镶字达夫者来函殷勤,并索刻稿,即答一函,以《志议》一册,旧印无题诗一纸给之。接收济南防地主任二军所派之孙良诚,突于接收迫期最要关头,忽然辞职,立刻回汴,冯系要人之在南京者一概召回,时局紧张。此次武汉不战,闻蒋以金百五十万运动之,军事中又开一新局面。

**廿六日,庚戌,五** 阴晴不定

**廿七日,辛亥,六** 阴

许乙仙来,以《运甓斋诗集》嘱为勘定并索跋文。得彭儿廿三信。

湖北"共匪"首领周逸群于本月廿一日攻陷石首县城,焚烧县署,县长率队捕匪下乡,城中无备,遂将家属完全杀害,挨户洗劫之后复烧,烧数千家,杀数百人,旋为陆军第五十师谭道源部下战败,

---

① "他"字疑误。

弃城遁去。

**廿八日,壬子,七**　　雨

方冠英处交来笔七枝:狼毫六、羊毫联笔一,价贵极矣。

**廿九日,癸丑。八**　　雨

取四月分顾问夫马未得。发达官信。

# 四 月

**初一日,甲寅,九**　　雨

以《运甓斋诗》还许,并附跋、诗各一。得刘贞晦函及和覆车四绝,附来李佩秋六绝,又云伊友黄溯初索拙集,因旧印无存,只检乙卯年无题十六首印稿一张,函交刘赞文转致。两粤已开火。

**初二日,乙卯,十**　　晴

周仲明来,以瓯盐公所副经理奉化人周采臣宣纸联乞书,略谈该公所情形及章吉士改名各事。南监第六分局秤放员茅庆臣持彭儿信来,当以洋十九元付之,写有收条。茅,绍兴人。

**初三日,丙辰,十一**　　晴

随园诗卅七卷附二卷,四十①三百馀首。吾诗已印六卷,千二百七十馀首,未印者十五卷,约四千首。

**初四日,丁巳,十二**　　阴雨

**初五日,戊午,十三**　　阴

取来四月分顾问脩。写就联对,函交周仲明,附一函致孟由。孟由似未大愈,仲由回一函,云及所事。得玉环承审员陈函。

---

① "十"疑为"千"。

**初六日,己未,十四**　　阴

周仲明来,代人以扇面二叶乞书,并谈及玉事。旋即书就交去。发彭儿信,报登上海查封大陆、华南、建华三大学,以搜出共党文件颇多也。山东东昌杨氏海源阁藏书被劫运去八十牛车,价值约七千馀万。经教育部急电截缉。废止所颁勋章;废止斩刑。人员须服国货丝织品。琴隐以新印《乐律金鉴》首册样本来。

**初七日,庚申;十五**　　阴

制半截栅门一扇。午刻赴普安医局宴,略坐即归,以无熟人可谈也。得彭儿初三、初六信,云经翁垟总局调乐西盐盘分局,局址在田垟,离县城十五里,离翁垟十里。初三已交卸华漵分局。

**初八日,辛酉,十六**　　雨

琴隐以所印《乐律金鉴》首册来。

**初九日,壬戌,十七**　　晴

普安医局来函,又以对属书,见赠皮夹袋一个。

**初十日,癸亥,十八**　　晴

彭儿自田垟归。李庆三来。琴隐属代乞冒、钱二公序。

**十一日,甲子,十九**　　晴

发冒鹤亭函,附《志议》一册,发钱名山函,两函均由琴隐付邮。

**十二日,乙丑,二十**　　阴雨

清晨诣李庆三。下午雨。

**十三日,丙寅,廿一**　　阴

清晨李来。刘赞文送来黄溯初所送《敬乡楼丛书》十八册。午后雨。诣县学与高检察官处一晤。上海通易信托公司在北京路一二六号。李佩秋涞住上海哈同路民厚里八百九十号,现充江苏海门县财政局副局长。雨竟日夜。

**十四日，丁卯，廿二**　　雨

彭儿挈其妾清晨赴局。午后晴，发李佩秋函，附诗两纸。平阳人陈箴字子琳交来次饶初七函，并四月分诗钟及上年全年社稿一厚册，属评阅。周素琴女士自乐清来。

**十五日，戊辰，廿三**　　晴

得达官阳历五月十五汉口来信，云伊十八师缩编完竣，伊调充十八师五十三旅一百〇五团医务所中尉军医，移驻汉口，前去两信均收到。即发一回信去。奉化人周公延偕一馀姚人孙姓者来，亦能诗。

**十六日，己巳，廿四**　　阴

以诗钟卷廿三纸交还陈子琳。凡喉症，用灯心炭沙盐少许吹，候涎出即愈，重者须三五次，吹时用纸卷成管，极便。

**十七日，庚午，廿五**　　阴，时有微雨

点阅戊社唱和集，题七古二十韵，颇惬意。得次饶十六函，即答之。琴隐以代制笔帽乙个来。

**十八日，辛未，廿六**　　雨

以戊社倡和集交还陈子琳，寄次饶。

**十九日，壬申，廿七**　　晴

又发次饶函，并诗三首。

**二十日，癸酉，廿八**　　阴

疆圻大吏政事之外，以文章著述传者，世不几人，如李文贞光地、朱文端轼、陈文恭宏谋、毕宫保沅、阮文达元、梁中丞章钜，屈指可数。毕、梁所撰最富，大半出自他手，而出本人者亦不少。琴隐赠酒娘一瓶。

**廿一日，甲戌，廿九**　　阴

**廿二日,乙亥,三十　　晴**

得次饶回函,并寄来金甸丞①诗刻本两册。琴隐借来石印《随园诗集》一册。县学巷新华旅馆。

**廿三日,丙子,卅一　　晴**

报登开除冯玉祥党籍官职,通令拿办。阎电劝冯下野出洋,冯有允意,阎愿同行。甘肃饥民日死二千人,烹食小孩。陕西日死八百人,山西包头、绥远一带因饥卖妇人只廿元,得钱又无买米处。迎榇之举烦费不可胜言,报纸登不胜登。山东寿光县被匪刘黑七焚杀,近城十里以内尽成邱墟,火光十馀日不灭。本月二十二日匪又会合城内驻防官军进攻潍县,难民到省乞救,情词极哀。市社会局拟具废除阴历办法,刊印者以反动文件论。昨午得彭儿十五日信,已一星期矣。即答一信,由翁垟转。招商局来五月分薪洋廿元。发次饶函论诗。

**廿四日,丁丑,六月一号　　晴**

取来邱处命批一纸,又向瑞安人陈仲均占河洛数问事。

**廿五日,戊寅,二　　晴**

李衡甫持高检察官函来,即庆三子也。梅冷生来,取去冒诗一册。

**廿六日,己卯,三　　晴**

午后诣招商局与张心抚局长一谈,旋来一函,以所集救火会联语相商,随答一纸,附去《志议》一册。次饶来廿五日函及《泟庐吟草》一册,嘱为之序。

---

① 金甸丞(1855—1929),名蓉镜,字学范,号殿臣,晚号香严居士,嘉兴人。光绪十五年(1889)进士,历官工部主事、湖南郴州知州、靖州直隶州知州、永顺府知府等。诗文渊雅,喜画山水,藏书甚富。著有《彪湖遗老集》等。

**廿七日,庚辰,四**　　晴

作序一篇。又作七律两首,答谢黄溯初初①赠书之雅,由赞文刘君寄沪。

**廿八日,辛巳,五**　　晴

以《滮湖集》、《沚庐草》共三册,序一篇,润格一纸寄次饶。取来五月份夫马费。

**廿九日,壬午,六**　　晴

琴隐来,换一券,订期十月廿七日。冯玉祥廿七日发下野通电三百馀字。阎锡山赴运城迎冯,决然下野。冯之失败由韩复榘之反戈。上海社会局废除阴历办法,刊印者以反动文件论,沿用者罚办,党部扩大宣传。

# 五　月

**初一日,癸未,七**　　雨,天凉

琴隐来《乐律金鉴》六册。

**初二日,甲申,八**　　雨

发九铭信,另书四册。

**初三日,乙酉,九**　　雨,阴

琴隐交还《绎史》一册。得彭儿初二日两信及洋十元,所云皆早料到。付《申报》洋三元,全年报费十元,自本年阳历三月起算。

**初四日,丙戌,十**　　阴

**初五日,丁亥,十一**　　阴。端午节

蒸闷不可耐。午后大雨一阵,雷作,夜又雷雨。

---

① "初"字疑衍。

初六日，戊子，十二　　　阴雨

初七日，己丑，十三　　　雨阵频作

初八日，庚寅，十四　　　阴

《玉函山房丛书》所附马氏《目耕帖》卅一卷廿四册，为《易》、《书》、《诗》、《礼》四经说，所采极博而精，《诗》、《礼》尤佳，必应研究。

初九日，辛卯，十五　　　阴

初十日，壬辰，十六　　　晴

连日龙舟、台阁极闹，所费不赀。

十一日，癸巳，十七　　　晴

得九铭五月三日信，云寄件收到，因九娘子病，赴沪医院。得郝旭东五月初六函及五古二篇，随答一函，附七律两首去。

十二日，甲午，十八　　　晴，午后风起，旋雷雨大作，夜亦然

十三日，乙未，十九　　　阴

又发郝旭东函，以昨函少贴邮票三分。

十四日，丙申，二十　　　晴

得达官初六日汉口来信。五十三旅旅长为王捷俊，伊之团长乙百○五团为谢毅伯，医务所所长为王涂源。

十五日，丁酉，廿一　　　晴

得十二日彭儿信，即去一函。得次饶十三日函，即答之，附诘一纸去。

十六日，戊戌，廿二　　　晴，下午雨

发黄仲荃函，双挂号去。梅冷生来。琴隐来。

十七日，己亥，廿三　　　晴

以书五种函托梅冷生出售，各以首册去。午刻偕刘、沈、陈饮王

鸣卿宅。雨作。

**十八日,庚子,廿四**　　晴

梅冷生交还书册,又以扇面两张乞书,即写应之。得钱名山十三来函,序文谦而未作。赠诗两册,属以其一赠琴隐,即交去。闻章炳麟现仍居沪,自称中华民国遗老,是民国已亡矣,亦出人意表。

**十九日,辛丑,廿五**　　晴

琴隐来,夜沈宅几火,危极。

**二十日,壬寅,廿六**　　晴

选定《删后诗捃》一册两卷,皆未入正集而不容弃者,作序一篇。

**廿一日,癸卯,廿七**　　晴

周孟由来,赠新印江慎修先生《戒杀现报录》一册。由刘处交来黄溯初一函。

**廿二日,甲辰,廿八**　　晴

陶铸民交来次饶函,并陈氏润笔廿元。晡时急雨,雷电交作。

**廿三日,乙巳,廿九**　　晴

《扬州画舫录》中有一卷言营造甚精,当与宋人之《营造法式》卅卷并重。拟编《人鉴》一书,以果报为宗旨,精加选择,俾人坚信心,体例分理、事两门,理采名言,事征实证,必具殃庆祸福之公案,又细分人类,凡三百六十行,行行皆备,而文字总以雅驯切近,能激发观者之寸心为归。发次饶函。

**廿四日,丙午,三十**　　晴

刘赞文偕一瑞安人吴云啸来,旋偕钱、沈、陈诣乐园夜饮,吴曾官湖北、直隶,闻能诗。招商局来六月分廿元。

**廿五日,丁未,七月一号**　　晴

永嘉人叶冀字尧卿者,年约四十,询来谈堪舆,阅书颇多,能举其词。得李佩秋十九一回片,并赠赵次陇氏关于孟子学说之谈话一册。李云现迁居祁斋路建业里卅号,距章一山甚近。发九铭函。夜大雨。纷传宋子文被绑为李济深交换条件,又云梅兰芳在沪,出必汽车,三乘相衔,前后为护卫,中间自坐,车内左右列二打手为护卫,亦可怜矣哉!

**廿六日,戊申,二号** 　晴,下午微雨而雷

近阅各书,于性善性恶、无善无恶及性情才之分别,性与习之分别,均已了然,无或疑义。

**廿七日,己酉,三** 　晴

**廿八日,庚戌,四** 　晴

李孟楚来,并赠银耳二两许,盖自开封大学暑假归也。下午雷而不雨。

**廿九日,辛亥,五** 　晴

沈处谈及叶尧卿欲学地理事,其人充中国银行营业主任,故与王、刘诸人熟洽。

**三十日,壬子,六** 　晴

发次饶函,附《删后诗捃》、《诗外脞录稿本》各一册去。周孟由来,以新印《阴骘文图说》一册见赠,乞代撰李翁寿诗,又云弘一和尚与张宣抚曾同学。夜雨。

# 六　月

**初一日,癸丑,七** 　阴

以寿诗函孟由。得次饶卅日来函,即答之。得郝旅长廿五函及和诗一首,又《留青草亭诗稿》一册。得廿七日彭儿信,据云薪洋尚

未领到,加薪已定,月加十元,由七月份起,须至九月以后始能照加数发。所言不甚明了。

马国翰《目耕帖》中《周礼》八册,所采精博,全书可通,不必看牛毛细字之孙诒让之《正义》。

**初二日,甲寅,八**　　晴,阴雨不定

美官昨夜出去未归,访之已为教导团招人者招往,今晨十钟乘益利轮行矣。闻同行者有三四十人,其招募处在东门外大殿边太阴宫内,尚未招毕,广告系七月二号张贴,上衔为国民政府陆军教导队筹备处,下衔为处长冯轶裴,永嘉县长邱远雄,委员唐鋆,中叙奉总司令之招云云。去者尚须考试以定弃取,如此而行,殊为冒昧荒唐。船已放洋,只得听之,留信一纸,并不明说去处。夜二更周素琴女士来,今晨回乐。

**初三日,乙卯,九**　　阴雨而风大,有风痴意

前充保安队第四团第二营营长,现充该团团附张宗海字镜澄者夫妇二人先后来,同往沈宅看屋。张,剡县人,其室甬人,即与周素琴女士狎熟者,因识文铮,故而来寓,均不甚懂礼节。下午东北风厉,雨作,入夜风雨大作数阵,恐将成灾。周女士又从乐清来。

**初四日,丙辰,十**　　雨风未止

取来关署六月份顾问夫马。仰视子《千七百鹤丛书》内有王聘珍《九经说》三卷,极要。

**初五日,丁巳,十一**　　阴

为《留青草亭集》作序一篇,颇惬意。由张伯安交来初二日彭儿信乙封,洋十元,鸭蛋六十枚。

南京马标中央陆军军官学校军官团教导队冯轶裴,广东人。

**初六日,戊午,十二**　　晴

发郝旅长函,并寄还诗册。得黄仲荃阳历七月初五复函及致某

函稿。晤刘赞文,谈及郭啸霞。

**初七日,己未,十三**　　晴

得黄仲荃八号来函及乃弟惧华函。上海聂氏云台寄来《观音咒灵验记》一册。诣琴隐略谈。

**初八日,庚申,十四**　　晴

发聂云台函并《志议》一册去。诣赞文一谈。

**初九日,辛酉,十五**　　晴

发九铭信,为人介绍。

**初十日,壬戌,十六**　　晴

发黄仲荃函,双挂号去,内附答惧华乃弟函。并致九铭信。禁止反动刊物计八十三种。报登逊帝由张彪花园迁居陆宗舆花园,以财政艰难,减去左右一半。次饶来小谈,云本日即归。

**十一日,癸亥,十七**　　晴,夜大雨

**十二日,甲子,十八**　　雨

发彭儿信。王志澂来,不见者六年而须髯全白,岁才五十四也。云王揖唐所译《新俄罗斯》一册乃日本人撰,记共产党制极详。国民政府所行多本于此,不可不一览也。随以新印本吕氏《闺范》四册、史氏《感应类编》一册、钱氏《名山集》一册赠之。夜风雨交作。

**十三日,乙丑,十九**　　大风而雨,势颇汹汹

蒋氏《地理辨正》专讲三元,痛辟三合,凡杨氏书中三合之说悉删汰之,不观原文,无觉之者,然坤壬乙巨门从头出一段,则三合之最显豁精妙者竟不能不遵。然则删汰诋讥何以自解? 偶尔悟及,附识于此。欲走答王子澂未能,柬以一律。

**十四日,丙寅,二十**　　晴

陈子琳函来,乞写扇页两张,送茶叶二瓶及印就诗钟一册,即为

书扇交去,并附七绝两首。晡时雨又作,有风痴意。

**十五日,丁卯,廿一**　　晴

接九铭初八日快信。云九娘子初七病殁寓所。

**十六日,戊辰,廿二**　　晴

清晨答诣王志澂,遇周仲明,云在南京晤黄仲荃,谈及蒋函事。发九铭双挂号信,并洋十六元去。发黄仲荃函。琴隐来。午后以一函致王子澂。次饶寄来第四集诗钟卷。

**十七日,己巳,廿三**　　晴

为子澂写扇一页,交去。闻次饶昨到,随即赴沪,不知何事。发达官信,寄汉口。

**十八日,庚午,廿四**　　晴

钱名山邮来文集五册,无函。

**十九日,辛未,廿五**　　晴

聂云台邮来《劝戒类编》两册。偶阅坊本《周官精义》所采皆极要,注亦简明,佳书也。

**二十日,壬申,廿六**　　晴

监督署庶务处来一函,说西湖博览券事。

**廿一日,癸酉,廿七**　　晴

县署有人来收房捐,许以问明再付。

**廿二日,甲戌,廿八**　　晴

晨诣印花税局,王子澂尚卧,与陈子琳略谈。并诣琴隐一转。阅《劝戒类编》竟。

**廿三日,乙亥,廿九**　　晴而有风雨

得郝旭东答函,又得黄仲荃答函。李庆三来,出法院书记绍兴人田瀛所画山水扇面,代人索书,画格殊高,闻其人品亦甚静穆。函

致子澂,并交去第四集诗钟册。

**廿四日,丙子,三十** 微雨而阴

以扇面交还李庆三。发美官信,双挂号,寄南京马标中央陆军军官学校军官团教导队。

**廿五日,丁丑,卅一** 阴雨

午后诣周仲明,并晤吴云啸、周孟由。孟由赠纪文达笔记摘要一册,杭州莼菜一瓶。招商局来洋廿元。闻局长更动,来者为前瓯关监督粤人何君,随以一函致张局长。琴隐来。

**廿六日,戊寅,八月一号** 雨

广济入口。感冒,小不适。仲荃族人黄式超字俊奇者突如其来,云前在瓯盐公所充队员,现无事,并云王子澄尚在此。付房捐半年洋一元二角,自上年七月起至十二月止,每月二角。收捐者为永嘉人李忠,给收据三纸,每纸两月。

**廿七日,己卯,二** 雨

发九铭信。永嘉人周民新者来,云达官嘱其来寓问候,渠服务一百〇七团,同在汉口。据称每日工作只两三点钟,若不开差,亦不辛苦。饷项以前每年只发八个月,每月六折,现归中央发,或不至扣,渠来时仅发四月分,闻现已发五、六两月份。由汉口至上海船价十二元,军人半价六元,而茶房赏金非三元不可,由汉至温,每人须费三十元,上海无耽延,船期凑巧廿元便够,渠住仓桥廿六号。得彭儿廿一信。发达官信,托周民新带交。

丰顺共党在黄金市大田设红军总部,各乡设赤卫军,编查户口兵役,商民出入须领放行票、通过证,限日来回,山隘由赤军把守,早季收成按人口均分,人平均领三斗,各业户契券悉令焚毁,田地松竹不得私有,禁讨旧债,妇女解放自由,公庭不得管束,违例者枪毙。

见阳历七月廿八号《申报》,七月廿七汕头专电。

八月一号起,盐税归稽核分所征收。已有布告。

**廿八日,庚辰,三**　　阴

诣招商局,未有所晤。周孟由来,夜又交来张真侠枬初八日函及诗,即其姑丈也,七十征诗。

**廿九日,辛巳,四**　　晴阴不定

得美官自南京国民革命军陆军教导队野战炮兵连,托人带回一函,云六月初二到海门招考百馀人,收廿馀人,十八日到南京,又考二百馀人,收五十馀人。伊在炮兵连,其班长乃黄埔第七期毕业生。大致如此,其他不甚明白。又内外均未填付邮日子。

# 七　月

**初一日,壬午,五**　　阴

发彭儿、美官两信。钱名山邮来汪憬吾新印《雨屋深灯词》一册,无函。吴云啸招饮,却之。

**初二日,癸未,六**　　晴

黄某又来。

**初三日,甲申,七**　　晴

王子澄来,略谈云事,云今夜回平,月半后复来,并赠戊社阅卷费洋廿元,再三拒却,未许。

**初四日,乙酉,八**　　晴

彭儿午刻回家。将《玉函山房丛书》、《绎史》、《唐才子传》、何氏《读书记》、《困知录》、《地理答问》六种送还图书馆,别借来《咸丰东华录》五十册,《太平天国野史》、《庚子西行记》、《味和堂集》各一册,凡五十三册。夜大雨。

**初五日,丙戌,九**　　雨,天气太凉,时疫必不免

钱、沈二人来。

**初六日,丁亥,十**　　雨

取来关署夫马,扣去一元六角采券费。

**初七日,戊子,十一**　　风雨竟日,入夜尤甚

次饶寄来《血蛤倡和集》,属评定。

**初八日,己丑,十二**　　风雨彻日,夜不止

**初九日,庚寅,十三**　　风雨稍定,尚尔间作

阅定《血蛤诗》并题八绝句,寄还次饶。

**初十日,辛卯,十四**　　风雨仍不时作

**十一日,壬辰,十五**　　稍有晴意

彭儿附轮赴局,约伯吹来诊。

**十二日,癸巳,十六**　　晴

延熊渭卿来诊,得黄惧华金陵函及诗一首,得李佩秋上海函及
文一篇。夜五更又大雨。

**十三日,甲午,十七**　　晴阴不定

高文良《味和堂诗》六卷,纯乎唐音,不参宋派,情韵兼胜,如见
其人。随园所谓字字珍珠夜有光,相去亦不远。惟嵌字尚多凑砌,
未尽恰当处,完璧无多也。又约熊医。

**十四日,乙未,十八**　　晴

得郝旭东函及长歌一篇。

**十五日,丙申,十九**　　晴

**十六日,丁酉,二十**　　晴

发美官快信,招商局张局长来一函,并《留别诗》二律,又以老友

鄞人袁履登《白首娱亲图》代为征诗。沈、陈、刘、钱先后来。

**十七日，戊戌，廿一**　　晴

又延熊医。方苑香来。

**十八日，己亥，廿二**　　晴

和张心抚《留别诗》二首，先行送去。午后右耳门抽掣大痛不可当，复延熊医。得达官六月廿五汉皋信。琴隐来。

**十九日，庚子，廿三**　　晴

仍服昨方。俄人于十六号攻陷东宁县城，十八退出。阎锡三已辞本兼各职。

**二十日，辛丑，廿四**　　晴

发郝旭东、李佩秋两处答函。得彭儿十七日信，随答一函。延熊医。

**廿一日，壬寅，廿五**　　晴

马耀夫来，旋以酱油两瓶见饷。延熊医。

**廿二日，癸卯，廿六**　　晴

勉强出门诣招商局一走，未之晤。午后以《敬乡楼丛书》十八册、《名山集》二册函送张心抚。得钱名山来函，并书两册。

**廿三日，甲辰，廿七**　　晴

发钱名山函。

**廿四日，乙巳，廿八**　　晴

**廿五日，丙午，廿九**　　晴

得次饶函。下午诣沈宅一转，闻钱、刘二人皆抱病。夜得九铭廿一来信，云伊妇廿六满七，八月廿日开吊。

**廿六日，丁未，三十**　　晴

仍延熊医。

**廿七日，戊申，卅一**　　晴

发彭儿信，内附两函。琴隐来。

**廿八日，己酉，九月一号**　　晴

发次饶函。复阅《息影偶录》八册，各门所采多佳，若扩而充之，大可以资赏玩。

**廿九日，庚戌，二**　　晴，下午微雨

昨夜电话局被焚。

# 八　月

**初一日，辛亥，三**　　晴

得达官阳历八月廿六即七月廿二。南昌来信，云调离江西，廿四动身，廿五到省，驻城内救养院，并附来相片两纸，即答一信。夜双门火报。

**初二日，壬子，四**　　晴

得彭儿廿八来信，即答一函。

**初三日，癸丑，五**　　晴

午后诣招商局拜何局长，闻在谢池巷寓所，往问均未晤。琴隐来。

**初四日，甲寅，六**　　晴

人稍清爽，发刘贞晦函，附诗二纸，寄上海三马路汉口路四十九号华商证券交易所刘郐钦转交。招商局长命其局员金玉樨位西来答拜。金，永嘉人，意欲师余学公牍。发九铭信。

**初五日，乙卯，七**　　晴

以洋四元送熊渭卿。本朝书家，余所不喜者三人，为何子贞、翁

覃溪、梁山舟。李孟楚来,以《老子古注》印本二册见赠,云改就广东中山大学教员,其河南一席举李仲骞代之,明日登舟。

**初六日,丙辰,八**　　　阴

在沈宅一谈。

**初七日,丁巳,九**　　　晴

比日得诗数首,皆惬意称心。

**初八日,戊午,十**　　　晴

取来八月份关署夫马费。

**初九日,己未,十一**　　　晴

章吉士来,云节后赴宣平,以瑞安县长调任彼地也。

**初十日,庚申,十二**　　　晴

李庆三来,谈乡民欲捣瓯盐公所事。

**十一日,辛酉,十三**　　　晴

闻茶山诸氏与难民互殴,请兵弹压事。

**十二日,壬戌,十四**　　　阴

付申报馆两元。夜微雨。

**十三日,癸亥,十五**　　　阴

平阳人范介生在此充律师,忽邮来石印《石头吟诗》五小册。池仲霖来,谈及瑞安志事,赠以《台志刍议》一册。

**十四日,甲子,十六**　　　晴

美官夜间回家。胡佐鼎喜歌诗。

**十五日,乙丑,十七**　　　阴

诣张团附处一走。林立夫、林亮周同来。立夫自闽归里,云不久又赴沪。闻团部枪毙四人。

**十六日,丙寅,十八**　　　晴

为林立夫书扇,函致之。杨伯畴来,谈为庄蘧园治瘰痹疾事,并以唱和诗纸见示。

**十七日,丁卯,十九**　　晴

以诗一律致杨伯畴。李庆三来。

**十八日,戊辰,二十**　　晴

得达官八月初六信,云移驻百花洲贡院,为南昌卫戍,暂不至动。初一去信尚未收到。闻南溪土匪聚有数千,烧去徐定超祠堂,甘团长亲往查办,传言台州土匪与防军通,定计由台而温,自南溪起事,有九月一日入郡之说。而本月廿五捣毁瓯盐公所则喧传多日。方苑香来,适他出,未面。严琴隐来。闻共产党酋彭湃以三万金运动蒋氏亲兵五人击介石,临时举枪瑟缩,未能成事。彭湃在蒋宅被捕,随即枪毙。见《时事新报》。林家寡妇被儿子媳妇控其奸案,以财产倒贴与人,即日传审,亦自来未有之奇谈矣。

**十九日,己巳,廿一**　　晴

发达官信,寄南昌百花洲贡院,附致勋铭函,交营坊街三十六号,南昌市立第十四初级小学校校长。

**二十日,庚午,廿二**　　晴

为人书对三付,交招商局。瑞安上望地方瓯盐公所分所被人捣劫,前数日南溪徐氏祠堂被捣,亦因公所在内之故。团长、县长同出,尚未旋。报登盛氏财产在租界外者约六千万,租界内者尚未查明,西湖康氏别墅亦经没收。

**廿一日,辛未,廿三**　　晴

**廿二日,壬申,廿四**　　晴

周仲明来,复理前说,姑妄听之,谈及南溪匪案及杨雨农三案颇详析。

"五指齐力"四字为运笔秘诀,不到此境不能深知,解此则挥毫如意,而变化生于北魏,法尤宜而不受束缚,且仍在范围之内,赵㧑叔外无言及者,验之其书亦可明也。钱鲁斯之自艮趋乾,包慎伯之画必中满、裹毫铺毫,刘融斋之内抱外拓,曾文正之如剔脚刀,赵㧑叔之五指齐力,康南海之断而后起,诸说皆书家用笔不传之秘,解此则结体随意可矣。结体之秘诀,不外"左大右小,上大下小"八字,始而心手相习,终至心手相忘,能事毕矣。大字用腕力,小字用指力,指力亦必由臂腕运达指尖,初非易言,自唐以来书家无出米海岳右者,本朝虽名大家巨手亦只到八九分,无十分者,尚不能抗衡董、赵,况米乎。米之妙处,亦惟董能知之、言之;董之妙处,高宗发之。

**廿三日,癸酉,廿五**　　晴

得林立夫函,及附来一函。夜雷而微雨。

**廿四日,甲戌,廿六**　　阴

杨伯畴来,出庄蓬园和诗,颇工。

**廿五日,乙亥,廿七**　　晴

晨起,知文铮、宝春两人于昨夜潜逃。伊等衣饰尽卷,并将吾之皮衣当去多件,不知何往。文铮留一信,看不明白。下午彭儿来廿四夜信,并洋十五元、虾米一包,由该局公役阿东交来。

**廿六日,丙子,廿八**　　晴

发彭儿回信。仍交来役带去。

**廿七日,丁丑,廿九**　　晴

**廿八日,戊寅,三十**　　晴

得次饶函,并寄还诗稿两册。下午彭儿率友梅归。发次饶函。闻龙泉县长及署中科长、公安局长均被匪掳去,匪约五百许人,并洗劫县城,又迫庆元,庆元请兵,派此间第四团会同第一团查办。琴隐来,言匪至庆元放火。

**廿九日，己卯，十月一号**　　晴

以函致金位西。

**三十日，庚辰，二**　　晴

诣瓯江旅馆晤长林秤放局长陈小铁，名昌汉，闽人也。又以一函致金氏。

# 九　月

**初一日，辛巳，三**　　晴

得金位西答函。

**初二日，壬午，四**　　晴

彭儿赴局。闻瑞安县长已逃。

**初三日，癸未，五**　　晴

清晨诣金、池、林三处，只晤立夫略谈。下午金位西着人送来九月份脩羊廿元，即填收单交去，并给来人秋节费乙元。

**初四日，甲申，六**　　晴

金位西来，又以对子四付属书。发章一山函，另附戊辰年诗稿一册去。琴隐来。

**初五日，乙酉，七**　　阴

诣陈老三处一谈，在仁生巷第三号。发九铭信，附诗三纸。得阳历九月三十号达官由南昌所来明信片，云当日开赴吉安，此间阳历廿一号去信未知到否。诣翰墨林取毛六乙刀，一元，墨一椎，八角，皆码洋。取来关署九月份夫马洋。

**初六日，丙戌，八**　　晴

金位西偕一徐姓青年来，商就学事。

# 附　　录

## 后江东生传

　　后江东生符氏子名璋，字聘之，一字笑拈，号蜕盦，江西宜黄人。咸丰三年癸丑二月十四日生于闽之福清县署，时先府君雪樵公宰是邑也，先后宰屏南、光泽、建阳。同治甲子，府君捐馆省寓。生年十二，奉母居闽，不得归。府君宦闽久，以诗文造就多士，有劝入闽籍者。时冒考之禁极严，姓僻易触耳目，又性好泛览，不专举业，以故从未一试童子军。比冠，家益艰。亲旧劝纳赀为小官以养，业师林岱宇先生复举毛义、周磐事以相勖责，心虽不乐，无以易之，偏亲在堂，姊妹、幼弟茕茕，势不容已。而胞叔先官于省，例应回避，遂于同治九年庚午全家移浙，以府税课大使分发焉。既无凭借，又拙趋承，旅困异常，所入几不给衣食。

　　壬申五月二十八日，丁前母洪太恭人忧，就长乐梁敬叔观察恭辰西席。观察为芷林中丞三子，以官书局总办兼杭嘉湖道，名家显学，藏字画、书籍甚富，因获纵览，并及闻乾嘉以来老辈言行。光绪壬午、癸未间，台盗黄金满肆扰，就抚后风益炽。巡抚刘秉璋创设温台统领，任防剿事，奏调北洋记名提督杨岐珍来浙，督淮军及他军数营驻于台，浙自同治三年克复后驻有淮军自此始。先是，奏派之局未定，时统台防者为已革福建陆路提督罗大春，生为巡抚陈士杰檄充台防文案。比杨提督到,延留在军,以委员而为幕宾,有薪有脩,如古之掾同,事甚盛,分任不劳。甲申,法人攻闽,随杨调防镇海。时各军大集,浙江提督欧阳利见统楚军驻金鸡山,杨提督及钱某、万某两提督分统淮军驻县城四面及后路。乙酉正月,法舰德利用芳犯我镇口,为招宝山台炮击退,因是停战议和。事解,文武得奖,生亦保归军功班先补,旋随大队回台州原防。杨以功实授江苏狼山总兵,调镇浙江定海,再调黄岩,驻海门,仍综两府防务。生居其幕阅十载,治事之暇,发箧陈书,于学得以程功,率由于此,并藉以悉发、捻寇祸,湘、楚、淮、肥将士风气。以赞画剿捕积劳,保以府经历用。癸巳,杨擢福建水师提督,以母老,未与偕。自是统将累易,掾职如旧。中间有李凤来者,楚人,由嘉乍协副将骤膺此席,骄悍异常。楚、淮本积嫌,以生久在淮军见外,遂为海门镇赵永铭延入幕,暂不预台防事。不两月,有水陆会剿一役。约期既定,乃李部所派潘某、李某两将不到,赵部黄某孤军陷入,冒险陆战,被杀甚多,尚擒获数凶;李军始终不至,复捏报胜仗,诿咎水师败退。台州知府兼台防营务处徐承礼明知其非,而慑于李焰,附和随声。维时藩司恽祖翼坐升巡抚,初政严厉,上海报纸纷传。赵以势孤,忧懑无措。生入幕未久,情亦未洽,知其事之急且危也,漏夜为草禀稿,据事直书,自承战败之由,为舍舟登陆,代陆师战而失陷绝援,无一字虚。时无电局,驿递稽迟,乃募快足飞投。文到而所派委员周道某方启行,恽抚知先人之言非实,立将此禀发交澈查。旬日具覆,而李、潘、李、徐同日撤去差缺候参,而事大明。恽抚恶李荒谬、徐扶徇,具折严劾。适丁内艰,折为幕客所沮。李去,生复归台防,一日未离,虽补处州府经历,仍留办防务,并保以知县原省补用。

　　光绪二十九年癸卯,学使按临。试竣,太平学官何姓、童姓二人送行,为盗掳去无踪,文武仓皇。时徐承礼已夤缘回任,与台州协副将杨某、海门镇总兵贺某各派队援救。时统台防者为记名总兵王立堂,事作,派队四出,而亲趋桐树山。桐树山者,台地著名匪渊也。镇、协兵分布远近村庄,防勇独逼寇垒。专任前锋者,哨弁花占魁也。相持旬日,匪受困粮缺,四月十四日先释童某为解围之请,由防营某弁护之回署。其何姓者,于十五日上午函告花弁,如兵退,下午可以出巢。果如其言,王统领留处匪党,迟三日回防。比回防,而镇、协、府纷纷具报,攘为己功,乃以二人同日救出为词,不知其分先后也。王以诸公冒功结党,愤欲辞职。生谓莫妙以不争争之,为叙防、绿各营分路围搜部署甚晰,匪畏罪纵回,自陈办理无功,请惩,粘呈何之手械。时巡抚任道镕于先到各禀置而不理,独详批此禀,褒奖有加,行府录批知照镇、协,并六百里排递饬王查取镇、协疏防职名,此为从来所无。不久,任王为海门镇。生于两役见忌于各文武,徐恚之尤深。处州知府赵公亮熙颇虑中伤,促令赴任,并云既得知县,原可舍去至苦之经历,然到实任三月满,则资格较深。于是辞差赴官,计在军二十二年矣。

赵前守台,尝为治公牍,倍蒙器许。先后守台者如郭公式昌、陈公璐,皆以文字见知,屡为捉刀。陈藏书画甚夥,尽出以供玩赏。楚南张伯琴太守琳,初到颇中于谗,嗣见生为临海令毕贻策题菊屏诗八幅,深加赏叹,礼遇有加。壬寅冬到处,癸卯夏摄松阳县篆。县有会曰"双龙",屡与天主教民龃龉,教民憾之,诬指为匪,列控多名,而以邑绅黄炎、何云龙为魁。二人固富豪,尚无不轨迹,向任邑董,与官署多交涉,不能禁其往来。彼时主教法人赵保禄势张甚,所至文武迎送如伺大吏,肩以绿呢四人舆,卫以弁兵。处州独否,所指索又无一应者,遂以府、县仇教庇匪大题耸领事恐吓巡抚聂缉椝。聂官上海道时，与领事昵，素以媚外名；官浙臬时，与赵守积嫌，方事吹求。适赵公又以生名通荐督、抚、藩、臬，益中其忌，遂同案去官矣。接县篆者叶昭敦，与接府篆之刘瀚，即以匪渠捕黄、何及各人，致二人窜外洋，倾家财之半而使已。使生当日稍承风旨，何尝不名利兼收，而无如不识时务何！

自是移家温州。乙巳岁，客广东，入水师提督李准幕。是年，以救护外洋难民案开复原官，总办讲武学堂，并由李荐入督幕。督两广者为周馥、胡湘林、张人骏，三公容容厚福，不喜功名。在幕三年，无以自见。周欲任为总稽核，以权重辞之。先慈林太恭人于光绪三十二年丙午弃养，至是服阕。宣统纪元己酉，引见回浙，充温处道郭则澐文案及统计科科长。辛亥之春，瑞安县金汉章以禁烟酿成戕杀，省委汪经历锡祺重案，地方汹汹，道、府会请以生定其变。是年九月，革命军起，国体因之变更矣。瑞安首领为黄曾枚、薛同、载鸿渠及驻署哨弁虞光友，虞为统领防营梅占魁部下，与三人皆籍本邑，黄为湖北候补通判，即湖北前署粮道绍第子、已故通政使体芳孙，时为九月十九日，绍第正在籍办团也。县印既归黄，县署设军政、财政、民政三部，黄主军政，余由邑绅李炳光、孙诒泽主之。而民心尚向生，乃议以生任司法。事未定，省电改县令为民事长，留生任之，别给印信。旋改称知事，取消各名色。生见地方粗定，不至有他患，再四求退，不允。壬子二月，怀印入郡，面交军政分府徐定超，始获脱身。别委太平知事，以不赴，省改委。徐籍永嘉，以甲科御史丁艰在里者也。

嗣江西父老见招，是冬暂至南昌，充九江交涉署秘书。癸丑，委署宜春，改虔南，又改广昌。值二次革命未成，溃兵四扰，各属糜烂。广昌无城无兵，无可守御，请兵不应，请示不批。酋帅黄九言队伍到,时自治各区士绅为免祸计,敛兵费三四千金赆之,以地瘠民贫,却不受,馆谷七日,未动一草一木,为所过府县所未有。保全地方,不无微劳。上书为士绅声叙,因事前所请无一答,语涉愤激,大触巡按使戚扬之怒。又都督李纯,委员裴某,过境骚扰,踞坐见县官不为礼,方欲收之而狼狈逃,直揭其状,李亦不快。旋为戚所劾,惩戒委员会以无事实,仅停职二年。有劝以上其始末于政府者,生谓欲伸公道于礼法沦亡之日,无乃大愚,况本来傀儡一官者乎。自是遂决然舍去,不复入政界矣。

国体革新,与易姓改步不同,隐固高,仕亦不为非义。甲科巨族、乔木世臣弹冠于于,布满中外,未闻有议之者,原不必过于矫情。第质之寸衷,仕既不足有为,隐又非其所愿,不仕不隐,浪迹江湖,一瞬星周,皤然头白。以视省台衮衮,固非其伦,即视林下诸公,隐胜于仕之乐,大异于前朝遗逸者,相去奚啻渊霄。生趣索然,惟有饰巾以待盖棺而已。

少小孤露,稍壮即奔走衣食,虽甚耽书,苦无读书之暇。军中累年,略事涉猎,施之于用,未必适时,况又未获一施乎!所治橄牍,累箧充箱,不成为文,亦不留稿。戊申为议立宪事撰《謷纬篇》、庚申为感国民大会事撰《商榷书》,各有文数十篇,策士妄谈,尤不自慊。古文及骈文数十首,亦多应酬之作。惟古、近体诗多至四五千首,甲寅印成《蜕盦剩稿》六卷,今岁甲子,又以《续稿》十卷印行。立身本末,所学深浅,略见于中;论诗大旨,亦见两篇《自序》。读书札记、抄本丛残,理而董之,可十许册,未暇及也。所辑《范子》两卷,稍补完之,可备子家之一种。辑此书时,自称"蠧佣",室曰"铸蠧盦",微旨所存,或有喻者,不自觉其心之憯也。三十年前,曾号岪盦,其时方治《老子》、《易经》,故合二字以见意。拟以《参同》注《老》,有序一篇言之详,庚子而后不复事此。旋改"蜕盦",其"蠹佣"则最后之称,或又署"傎叟"云。倪迂、归奇,别号至多,亦有可援之例。"后江东生"者,辛亥以后偶一称之。罗隐不得志于唐,身虽仕越,以不忘唐,劝钱镠勿受朱温伪命,且请伐之,为钱所重,在五代为矫矫。其诗好骂而愤激,在唐末别成一派,凤所喜好,故窃比焉。

性澹寡嗜,无他技能,鸦片、雀牌戒之最厉,纸烟更勿论矣。中年尝溺于壬遁、堪舆及修养丹术,集书不少;继知其无益无用,悉屏勿道。间窥内典,亦未深究。独持因果之说,谓足补王法之穷。又谓因果感应,理本儒书,《大易》《尚书》已明言之,特儒不及佛之详。且儒但陈其义,佛则证以事,广之以三世,非儒之所及矣。古云与下等人言因果,生则谓亟应与上等人言也。经、史之外,如《国策》、《老》、《庄》、《列》、《韩》、《淮南》、《法言》、《世说新语》、《颜氏家训》、《文心雕龙》、《史通》、《五行大义》各书,所至必以自随。诗于唐则杜、韩、白、温、李及宋之苏,无己,简斋二陈,刘氏后村,皆所深嗜;于本朝尤嗜梅村、莘田、两当、瓶水,涉猎虽广,而偏好不外此数家焉。文则国初取侯、魏,乾嘉取袁、恽、包、汪,咸同取曾,世所尚之桐城派,不敢置议,亦不随声。盖宁愿为适己之小说家,不愿为徇人之古文家,三十年前,此见已定,非定于晚岁也。至于说部中之金批《水浒》、《纪氏五种》,尤为寝馈所不离。

妻魏氏,直隶赵州人,寄籍福建,殁于光绪三年丁丑。继室陆氏,江苏泰兴人。子二:长寿彭,今名庆钧,北京法政专门校毕业生,荐任职用,内务部秘书兼礼俗司办事,媳秦氏,江苏无锡人;次寿奭,幼殇。女四:长幼殇,次适潘,次适秦,三未字殇,皆陆出。妾陈氏,直隶人。孙三:志高、志成、志坚;孙女德琴。自甲辰秋流寓温州,迄于今。

论曰:仲翔有云,"得一知己,可以不恨",抑何言之痛哉!迹其生没海隅,死吊青蝇,虽贤如吴大帝,既遭复摈,终于远窜,其抱恨也固宜。若见诋归田之敬通,孺人稚子慰其左顾右对,公卿文史供其笑傲跌宕,亦云乐矣,何江淹乃列之《恨赋》中? 岂冯本不恨,而为之恨者江耶? 观赍志长怀两语,则信乎尚有可恨者在,非江莫能知也。然吾则谓,冯虽未伸其志,已足乐而无恨,非比仲翔也。今求为冯而不遽能,拟于虞而不尽类,窃以罗江东生为比,愧矣。乃愿效江东而并不得,其可痛为何如乎! 后有醴陵,其谓我何?

《传》内各人附记:

林岱宇先生东藩,福建侯官举人。

梁敬叔观察恭辰,福建长乐举人。实任浙江宁绍台道,历署金衢严、杭嘉湖、温处道,卒于杭。

罗大春,贵州人。开复后官福建建宁镇总兵,卒于任。

杨歧珍,安徽寿州人。光绪甲午台湾之役加尚书衔,卒于闽省。

赵永铭,甘肃人。世袭一等伯爵,历官温州、处州各镇,壬子年殁于沪。

徐承礼,江苏六合人。后以控案褫职,殁于署。

王立堂,安徽合肥人。后解兵柄,殁于里。

赵亮熙,字寅臣,四川宜宾人。由甲科郎中外任处州、台州,治狱有青天名。聂缉椝官浙臬时,有吏索大计费,被赵掌责;及擢巡抚,摭案劾罢,旋卒于处寓。

聂缉椝,湖南人,曾文正公婿。由监生同知累官至浙江巡抚,以铜元局大赃案褫职,旋殁。全家居沪,奉天主教。

郭式昌,字谷斋,福建侯官举人。官至金严衢道,卒于浙江臬司署任。

陈璃,字鹿笙,广西郁平人。由拔贡官至四川布政使、护理总督,去任,殁于杭。

张琳,字伯琴,湖南人。去官回里。

李准,字直绳,四川人。现寓天津。

周馥,字玉山,安徽人。两广总督,开缺后未仕,辛酉卒于天津,谥悫慎。

胡湘林,字葵甫,江西新建人。由翰林官广东布政使,再护总督,现寓沪。

张人骏,字安甫,直隶丰润人。由翰林官两江总督,辛亥之役弃城去,现家天津。

郭则沄,字小麓,福建侯官人。湖北巡抚柏荫曾孙,浙江金衢严道式昌孙,礼部侍郎曾炘子。由翰林官浙江温处道,辛亥后充铨叙局局长,国务院总统府秘书长,侨务局总裁,现充国务院顾问。

李炳光,瑞安举人。

孙诒泽,瑞安人。翰林院侍读学士锵鸣子,太仆寺卿衣言犹子。

戚扬,浙江山阴人。由甲科先官江苏松江府知府,后官江西省长,被逐回藉。

符璋自传,甲子年三月稿

录自温州博物馆藏件《后江东生传》

# 送符荛盦大令移居序

章梫

宜黄符子,以治事之才,当艰难之会,吏隐吾浙,居台廿年。比月书来,言将自郡城奉母迁于乡之海门。盖以客岁入赵镇军之幕,相处甚欢,惜其暂别,主贤宾嫩,爰成斯行。章生不能已已,赠以文曰:

符子由戎幕起家,选授处州某官,以其母夫人习于居台,留不受任。毛生之檄,奉之而色喜;王阳之车,乘之而即回。金萱春长,白华志洁。懿徽纯行,渊乎美矣。而予与交十载,臭味无差。鱼雁往来,不遗乎遐险;琴书接晤,深悉其行藏。窃尝综览生平,商量学术,异同之故,可得而言。符子上考三古,下及九流。壁经十三,籀其大义;封禅七四,订其源流。求是靳合乎献王,覃精不让乎扬子。贱子浅拙,窃循斯途。同者一也。符子博习国闻,从观政典。贵与通考,溯其治源;渔仲诸略,师其别识。志地极四部州之赜,裁史会两司马之通。阴阳之微,验之于动植;田野之细,证之以诗书。出显入幽,尝竭绵力。同者二也。符子托兴诗歌,则今世二李;长吉、义山。综核文艺,则我家实斋。述事纪实之文,王欧乃其乡献;章草隶分之法,南北置其通邮。每述所闻,沈孔膝谈而莫逆;各道心得,庄惠相视而忘言。同者三也。至若杜甫、郑虔,悉丁离乱;阮瑀、王粲,咸溺掾曹。君为戎府,参军十年而如故;我逐辋人,车后终岁而不归。奎宿光寒,长入将军之坐;少微星冷,每依文昌之宫。义山《无题》诸诗,足知身世;长卿家徒数语,尽此倦游。同者四也。若乃其力萃于子家,其业遂为绝特。斯诚孤诣,迥轶人趋。大道尚元,则先述老子;富国秘算,则续纂计倪。伊吕皆清虚遗言,璧琮同宝;管晏别儒法二派,《隋志》《管子》入法家,非是,《辩证》别见。真赝斯区。岁差里差,定十二宫之躔次;南正北正,探廿八宿之土分。权谋形势之微,兵家取其要用;太乙五行之术,律学参乎奇胲。凡此数端,大都削草;与闻略例,辄叹止观。正不特书吏十人,陈遵口占而分授;军书百道,苟济盾鼻而成文。自愧驽骀,难希骥足;深惭鹦雀,妄度鹏抟。如魏无忌之仅能名篇,刘更生之但撮意恉。瞻前忽后,斯所异也。

嗟呼,同者如此,异者如彼,两人结契,其可言耶! 今者板舆前导,知顾雍之迎亲;缥缃压船,识渊明之徙宅。自成都以抵夔府,无此长程;有许璪以客茂宏,便堪大噱。结庐近亲仁之里,驻门多长者之车。子云亭高,固已载酒而来,闻奇而去;台州海阔,犹幸君饮东流,我饮北流。

《一山文存》卷十二骈文,庚子年,民国八年刊本

# 后江东生传

刘绍宽

永嘉有寓公焉,曰后江东生,世所称符笑拈先生者也。先生名璋,字聘之,一字笑拈,号蜕盦。先世江西宜黄人,考讳兆纶,清咸丰间宰闽之福清,先生以生。同治甲子,福清公捐馆,先生年十二,偕姊妹、幼弟奉母居闽,不得归。福清公宦闽久,尝以诗文造就多士,士有劝入闽籍者。时冒考之禁极严,先生以姓僻,易触耳目,且性好博览,不专举业,遂绝意不应童试。以贫故,亲旧劝纳赀谋升斗以养,始勉从之。胞叔某,先宦闽中,例应回避,遂于同治庚午全家徙浙,以府税课大使分发焉。

壬申,丁前母洪太恭人忧,时长乐梁敬叔观察以官书局总办升任杭嘉湖道,延馆于家。观察为芷林中丞三子,家富书籍、字画,因得纵观,并及闻乾嘉以来诸老言行。光绪壬午、癸未间,台盗黄金满肆扰,就抚后,风益炽。巡抚刘公秉璋创设温台统领,任防剿事,奏

调北洋记名提督杨岐珍来浙,督淮军及他军数营驻于台。先是,统台防者为已革福建陆路提督罗大春,先生被巡抚陈公士杰檄充台防文案。比杨提督到,延留在军,以委员充幕宾,盖如古之掾焉。甲申,法人攻闽,随营调防镇海。乙酉正月,法舰犯镇口,为招宝山台炮击退,由是停战议和。事解,文武得奖,先生亦保归军功班先补,旋随大队回原防。杨以功实授江苏狼山总兵,调镇浙江定海,再调黄岩,驻海门,仍综两府防务。先生居幕阅十载,治事之暇,发箧陈书,益肆博览,渟泓无涯涘,且得尽识发、捻终始及湘、楚、淮、沘将士风气。以赞画剿捕积劳,得保以府经历用。癸巳,杨擢福建水师提督,以母老留防,未与偕行。自是统将累易,掾职如旧,有李凤来者,楚人,颇骄倨。淮、楚积嫌,以先生在淮军久见外,先生遂就海门镇赵永铭幕。逾月而有水陆会剿一役,李部所派潘、李两将违期竟不至,赵部黄某孤军陷险,陆战被创,尚擒获枭渠数名。李遂捏报胜仗,诿咎水师败退。台州知府兼台防营务处徐承礼慑于李焰,莫敢异同。时藩司恽公祖翼新升巡抚,有严厉名,赵以势孤,忧懑无措。先生漏夜为具禀牍,自承战败之由为舍舟登陆,代陆师以战,中叙失陷绝援,情事历历,无一字虚设。因募急足投抚署,文到,而抚委周道某方启行,恽抚立将此禀发交澈查。旬日具覆,而李、潘、李、徐同日撤差。于是先生复归台防,虽补处州经历,仍留办防务,并保以知县原省补用。光绪癸卯,学宪侯官张公试竣台州,太平何、童二学官以送考行为盗所掳。时徐承礼已夤缘回任,与台州协、海门镇各派队分路援救。时统台防者为记名总兵王立堂,亲帅队趋桐树山。桐树山者,台地著名匪渊也。相持旬日,匪受困粮缺,先释童姓为解围之请。其何姓者于次日函告前锋哨弁花占魁,谓兵退即可出巢。王如约先后受之,并遣弁护送回署,自留区处匪党,三日始回防。而镇、协、府已纷纷具报,攘为己功,且以二人同日救出为词,不知其分先后也。王愤甚,欲辞职。先生乃为具禀,中叙防、绿各营分路围搜部署甚晰;且言匪自畏罪,先后纵回二学官,即呈何手书为证;因自陈办理无功,请予惩治。巡抚任公道镕于先到各禀悉置不理,独详批此禀,褒奖有加,行府录批知照镇、协,并六百里排递饬王查取镇、协疏防职名。不久,即授王为海门镇矣。先生以是两役见忌于诸文武,徐守衔之尤深。处州知府赵公亮熙颇虑中伤,促令赴任,于是辞差赴官,计在军二十二年矣。

先生在台久,先后守台者郭公式昌、陈公璲皆以文字见知,时时委代笔札。又从陈公得观书画碑帖,翰法益进。张公琳初入蓥语,相遇颇疏,继见先生题临海毕令诒策菊花画屏诗,大称赏,礼遇转加。赵公前守台时,先生尝为治牍,大蒙器许。壬寅冬到处,明年夏摄松阳县篆。县有会曰"双龙",屡与天主教民龃龉,教民憾之,罗织列控,以邑绅黄炎、何云龙为魁。二人固豪富,向任邑董,以公事故,不能禁其往来。主教法人赵保禄,在浙势张甚,所至文武迎送,绿舆呵殿,一如大吏,惟处州独否,所指索一不之应,因是衔府、县甚,遂以仇教庇匪告法领事以胁巡抚聂缉椝。聂与赵守夙有积嫌,而赵又适以先生名通荐督、抚、藩、臬,益中其忌,遂同案去官矣。自是接府县篆者①即名捕黄、何诸人,倾其财之半而事始已,盖已名实兼收矣。乙巳,客广东,入水师提督李准幕。以救护外洋难民案开复原官,即委总办讲武学堂,且荐入督幕。时督署规制初改,分股治事,总督周公馥欲任先生为总稽核,以权重谢之。继是督两广者胡湘林、张人骏,三公皆容容厚福,在幕三年,无以自见,惟时与两广方言学堂监

———————————

① 接县篆者叶昭敦,接府篆者刘瀚。

督瑞安陈黼宸、师范学堂监督黄岩王舟瑶及江宁邓嘉缉、贵州李伟相见讲学,感喟时事而已。既丁母林太夫人忧,服阕。宣统己酉,引见回浙,充温处道署文案及统计科科长。辛亥春,瑞安知县金汉章以禁烟激变,省委汪锡祺被戕,地方汹汹,道、府会请以先生往抚定之。九月而革命军起,国体变矣。先生再四求退不允,壬子二月始获卸职,别委太平知事,不赴。嗣以江西父老见招,是冬至南昌,充九江交涉署秘书。癸丑,委署宜昌,改广昌。值二次革命,溃兵四扰,各属糜烂,广昌无城无兵,无可守御,请兵、请示皆不见答。酉帅黄九言来,广士民敛兵费四千为赆,不受,馆谷七日,不动秋毫。先生徇士民意,为上书声叙其功,语触巡按使戚扬之怒。都督李纯有委员裘某过境肆扰,踞见长官,先生方欲收之,遽狼狈逃,遂上揭其状,李亦不快。会戚劾先生,付惩戒委员会,以无事实,仅议停职二年。有劝上状政府自辩者,先生笑谓:今世欲伸公道,毋乃太愚耶!遂拂衣归永嘉,不复出矣。

　　先生为学不名一家,其通经致用主《周官》《左氏》,谓辅以梅书《戴记》研贯而变通之,富强之道何能外是。而致功尤在于史,谓六经皆史也,读史所重在识古今中外治乱及兵农礼乐之大,考订、校勘,非所屑屑。又谓治史须参各家纪事,纪事之文务求文与事肖,若拘拘史裁,专趋简严,则事实必多刊落,转不如说部家言之能穷形尽相也。野史一门,万古不废,勿为自命古文家及桐城派文家所误。又谓史家传信之道,凡述其事之曲折利害、其人之巧拙贤愚,欲毫发之毕肖,不可有一字之粉饰,此非散行之文不可;若骈文,则专以粉饰为能,浮词既多,本真反掩,读者见其比附点缀之工,转疑为虚诞,不全疑,亦不全信。故欲为骈散之争者,以此质之可矣。其论诗,五古唐以前取陶、鲍、谢三家,唐取变不取复,杜之外取韩、孟,间及乐天;七古为唐之创,应取创中之创,杜之外必及昌谷、昌黎,前乎杜则参太白、王、高、岑,如王、杨四子及元、白、温、李,别为其类,亦属创格,七言、七律、七绝必兼及宋、元;五律专宗三唐。其自述学诗如此。又云诗必句句、字字研炼而出,篇无论大小长短,必有山环水绕、径绝云通之势,不可直泻无馀。一篇之成,固当如武夷青溪之九曲,即一句之中,亦有曲折回沓之致,令人探索不厌。又云声色韵味四者备而后一诗成,而“味”字尤贵,卷轴满纸,略无馀味,非诗也。生平持八字诀曰:择言尤雅,掇皮皆真。所著古近体诗多至四五千首,甲寅印成《蜕盦剩稿》六卷,甲子又删存《续稿》十卷,自述要删宗旨,谓不外乎昔贤“诗中有人,诗外有事”两句而已。又谓诗文无关系,即人品亦不能定。故读先生诗,立身本末,所学深浅,皆可具见。平生所治橄牍,累箧充箱,皆不留稿。戊申为议立宪事撰《鼙纬篇》,庚申为感国民大会事撰《商榷书》,各有文数十篇。又有古文及骈文数十首。书法主沉劲,谓学书数十年,老始得诀。尝与宁海章棅论书累千言,多中肯綮。少喜填词,后悔弃不复作。所辑有《范子》两卷。自称“蠡佣”,室曰“铸蠡盦”,旋改“蜕盦”,或又署“㥄叟”,辛亥以后自称“后江东生”,以身世颇似罗隐而诗多主讽刺,故以为比云。先生性澹寡嗜,晚世士夫喜博嗜烟酒,先生一不之染。中年溺于壬遁、堪舆及修养丹术,尝以《参同》解《老》,特契修身乃真之旨,继知其无益无用,悉屏勿道。间窥内典,亦未深究,独持因果之说,谓足补王法之穷。

妻魏氏,继娶陆氏,妾陈氏。子庆钧,荐任职用内务部秘书兼礼俗司办事。孙三:志高、志成、志坚。

刘绍宽曰:昔人有自为生徒者,亦有为人作生徒者。初非汲汲为后生者名也。迹晦而志隐,时易而情迁,寥寥孤寄,千载谁语,后遂无有喻之者矣。先生身世之不与科第与罗江东同,浮湛僚幕与江东同。然江东晚佐吴越,朱梁之篡,首请讨贼,悉事大白天下。而先生栖迟江海,赋诗著书,夫谁有识其志者乎? 此余《后江东生传》所以不得不作云。

《厚庄诗文续集》文五,甲子六月,民二十六年秋刊本。

# 夏承焘日记

### 一九二八年十月廿二日

**西江月　敬赋江西笑拈丈《无题诗存》,和玉田题《绝妙好词》**

留得闲情一赋,毅然彭泽风流。半山双井各千秋,笑倒门前五柳。　无限《楚骚》心事,公愁我始言愁。钓丝何日共扁舟,重醉桐江似酒。

时客富春,翁廿年前旧游地也。

### 一九二九年一月五日

接笑拈丈书,问玉岑所假书,谓前嘱作《无题诗序》,止得一小词,有"惜墨如金"云云。午后再成一词。

**水龙吟　得笑拈翁书,再奉题《无题诗存》**

江潭一树婆娑,眼中人似征西柳。珠暗玉泣,酒阑灯炮,一编初成。往事开元,白头能说,尊前此叟。奈灵均一掬,美人清泪,无人挹、清衫袖。　待录东瓯耆旧,知姓名我从黄口。何时再许,看山携屐,问奇载酒。灵鞠平生,早休仕宦,惊才自有。待殷勤唤取,容歌满舞,为先生寿。

### 十月一日

作致笑拈丈、冷生书,问借《声律通考》、《词源斠律》。

### 十月廿四日

接止水信,知符笑拈先生已作古。予书到温,止水携访其庐,已迟二日矣,为之惊悼。先生名璋,宜黄人,父为闻人雪樵先生。先生前清末年官瑞安知县,遂流寓永嘉。予儿时即闻其名,能诵其所作诗钟句。十四年(一九二五)夏间,归自陕西,初谋面于籀园曹民父席上,一见拱两手,谓见予为刘次饶先生作《温州图书馆征书启》,有数语不知出处。次日赠予两长句,予为一七古答之。自此过往甚密,诗函唱和共得数十首。时予居妆楼下一小楼上,先生居府城隍巷卅六号,民父寓石坛巷,次饶先生则方长籀园图书馆。一诗成,则互相传看。凡先生倡一诗,民父必先和,书札来往,先生常六七和不倦。佣一老奴,须鬓已白,每来辄自诉为先生递诗奔走苦。民父尝以先生好胜,盖速藻之才,余三人皆不及也。既而予赴甬,民父去官,次老亦辞馆职,往时豪兴遂风流云散。明夏,予归见先生,颇以落寞为言。自吕文起先生既逝,遂无人存问先生者。晚境益窘,年逾八十,须发皓然,犹日不离笔砚。去年寄予《无题诗》一本,谓次老将为付梓,嘱予为一骈体序。予以讲诵少暇,成二词寄之,自此遂断音问。前日寄一书,问为白石歌曲考证,已不及矣。盖相识往还者,首尾凡五载。予常向人言,温州读书之博无过先生者,先生亦谦光下逮,不以为不可教。文字知遇,平生一人耳。灯下检旧日记,犹忆去年阳历二月四日与先生同赴陈苑翁之招,语予:“常州钱名山先生有书来,许君《重到西湖》词‘湖山信美,莫告诉梅花,人间何世’三语。”席间行《红楼梦》酒令,雅谑间作。听先生谈王梦楼夫妇事,至今滑稽须眉,犹在心目。谁料竟与先生永诀哉,伤已。漫记始末交谊如此,为一联挽之,他日尚拟作一长诗述哀也。夜十二时,燃烛写竟。

**十一月八日**

寄《挽符笑老联》。

**十一月十日**

接符笑丈讣，讣中及予与李孟楚名字。十月九日有诗寄平阳刘次老云："便尔登高携酒去，问天无句向苍苍。"是日尚出外访友，谈诗文掌故。次日加重，遂不起，年七十七。哲嗣北京政法卒业。先生作诗四五千首，有《蜕庵剩稿》六卷甲寅印、《续稿》十卷甲子，《文稿》六卷，《簩纬篇》一卷戊申作，后改名《立宪胶言》，《范子辑略》二卷剌取古书范蠡事，《删后捃馀》二卷，《诗外丛录》三卷，笔记等稿皆未编成书。

**十一月十一日**

发一片，改符拈丈挽联：

十馀年海澨藏身，老此才流，谁续东瓯耆旧传；

数百里尺书问字，感公知遇，怕笺白石《昔游》篇。

十月初，承蚕抵书先生，问《白石集》一事。书到，先生逝二日矣。追念十四年夏（一九二五），自陕西归，始获识先生于曹民父席上，追随丈履逾四五年。去春苑翁席上，遂成最后一面。黄垆山河之恸，何以为怀耶！

**十二月二日**

作复龙榆生书：

贵省宜黄符笑拈丈璋，寓温十馀年，与弟为文字交六七年。前日方有书去问字，得友人书，符翁已于弟书到前二日作古，年七十七。身后萧条，著述六七种，皆未刻。符丈为雪樵先生嫡嗣，宦浙、粤有年，尊甫或识其人。奉告足下，使足下知弟于贵省人有缘也。

# 主要人名索引

## A

阿　才：光 **32.** 12. 7；光 **33.** 2. 1

阿　凤：民 **5.** 4. 11

阿　花：民 **17.** 1. 23

阿　九：民 **7.** 1. 20

阿　丽：光 **31.** 6. 3

阿　三：光 **19.** 1. 17，4. 5，4. 26，5. 18，6. 9，7. 21，8. 10，8. 29，9. 1，9. 20，9. 21，10. 11，10. 29，11. 2，11. 22，11. 23，12. 30；光 **20.** 2. 7，2. 26，3. 26，3. 27，5. 14，6. 7，6. 15，8. 12，8. 18，9. 12，12. 17；宣 **2.** 4. 5

阿　唐：光 **20.** 3. 17，3. 18，4. 18，5. 14，7. 3

阿　玉　见符阿玉

阿　招：民 **7.** 1. 20

阿　珠　见符阿珠

艾大令：光 **31.** 11. 7

艾金丹：光 **31.** 1. 14

安炳臣（大令）：光 **20.** 2. 5

安静生：光 **13.** 8. 15

## B

把咸中：光 **20.** 1. 18

白道文（能然）：民 **8.** 4. 4，5. 11，5. 25，6. 19，6. 27，6. 29，10. 10，10. 25，11. 8，11. 28，11. 29，12. 2，12. 24，12. 29；民 **9.** 1. 2，1. 4，1. 13，2. 3，4. 16，11. 5，12. 6，12. 8；民 **11.** 摘存中二次；民 **12.** 5. 12，5. 24；民 **13.** 12. 29

白振民（作霖、孝廉）：光 **31.** 2. 13，2. 15，2. 16，2. 20，2. 28，3. 13，4. 11

柏子珍（子贞）：光 **19.** 1. 9，1. 20，1. 27，2. 5，2. 12，3. 21，4. 13，4. 23，9. 21；光 **20.** 5. 14

班　老　见徐定超

包　澈（知事）：民 **16.** 1. 29

包国清：光 **20.** 9. 25

包临培：光 **19.** 3. 29，4. 11，4. 15，4. 18，4. 22，4. 23，9. 16，9. 29，10. 19；光 **20.** 1. 9

包守备：宣 **2.** 4. 25，11. 5

5. 19,6. 7,6. 9,6. 10,7. 1,7. 5,8. 17,
9. 21，9. 22，10. 3，10. 18，11. 2，
11. 10,12. 16；民 **16.** 3. 9,8. 19,9. 4,
9. 6,9. 24,10. 11；民 **17.** 2'. 2,2'. 27,
3. 14,7. 29,8. 4,9. 13,9. 14,10. 18

陈筹太太：民 **13.** 9. 4,9,17,10. 27；民
**14.** 9. 4；民 **15.** 9. 19

陈春眉（友梅）：民 **16.** 11. 12；民 **18.**
8. 28

陈纯白：民 **15.** 11. 29

陈次耕是（次耕、大令）：宣 **2.** 12. 4,
12. 7,12. 9,12. 13；民 **7.** 7. 29

陈达卿：光 **19.** 4. 26

陈迪光：光 **19.** 1. 3,1. 5,1. 12

陈鼎儒（国琛）：民 **17.** 9. 30

陈读三（浩、都戎）：宣 **1.** 3. 5, 3. 6,
11. 11

陈黻宸（介石、黼丞）：光 **31.** 1. 17；光
**34.** 11. 12，11. 24，12. 5；宣 **1.** 2. 2,
2. 10,2. 12,2. 15,2'. 20,3. 2,3. 4,
4. 5,5. 10,6. 9,6. 16,6. 22 － 6. 24,
7. 14,7. 16,8. 3,9. 1,9. 2,9. 6,9. 7,
9. 12,9. 19,9. 27,9. 28,10. 9,10. 11,
10. 13，10. 14，12. 17，12. 25；宣
**2.** 1. 10， 1. 14， 1. 21， 1. 23， 1. 27，
1. 28，2. 5，2. 9，2. 17，2. 19，2. 26，
3. 3， 3. 4， 3. 9， 3. 12， 3. 13， 3. 15，

3. 29, 4. 7, 7. 14, 10. 12, 12. 25；宣
**3.** 1. 25, 3. 1, 3. 26, 5. 23, 6'. 8；民
**6.** 6. 24,7. 14,7. 16；民 **16.** 1. 1

陈甘卿：宣 **1.** 6. 13,6. 16,6. 18,6. 19,
6. 21，6. 24，6. 25，6. 28，6. 30，7. 4，
7. 6，7. 19，7. 23，7. 27，8. 12，8. 17，
8. 18，9. 6，9. 7，9. 13，9. 29，9. 30，
11. 13，11. 14，11. 22，11. 23，12. 1，
12. 2,12. 29；宣 **2.** 1. 1,1. 3,1. 6,1. 8,
1. 12,1. 18,1. 29,2. 11,2. 14,3. 18,
3. 19，3. 28，4. 1，4. 7，4. 10，4. 16，
4. 19，4. 25，4. 26，4. 28，5. 4，5. 6，
5. 7,7. 17,9. 17,9. 20,12. 7,12. 12,
12. 16,12. 18

陈稿工：民 **6.** 3. 28

陈公坦：宣 **1.** 9. 14

陈功臣：光 **30.** 11. 3,11. 9；光 **31.** 2. 8

陈管带：光 **19.** 7. 13

陈光胜（焕然、都阃）：光 **30.** 8,19；光
**31.** 6. 22

陈光宪（道尹）：民 **5.** 5. 7

陈国俊（翰香）：民 **12.** 2. 5；民 **14.** 7. 5,
10. 19；民 **17.** 1. 13

陈　珩：民 **15.** 4. 5

陈鸿飞：宣 **2.** 7. 17

陈鸿胜：宣 **2.** 7. 19

陈厚卿：光 **19.** 1. 13, 1. 29,3. 1,5. 4；光

12. 15；宣 **2.** 7. 23，11. 7，11. 9；宣

**3.** 2. 11，2. 22

陈栗庵（葆善）：民 **6.** 10. 8，11. 4

陈丽生：光 **30.** 7. 3，8. 10，8. 22，8. 26，

11. 9

陈脼崖（璓、脼岩、经厅）：光 **20.** 2. 11，

2. 14，2. 21，2. 23，2. 28，3. 15；宣

**1.** 7. 23，7. 24，7. 26，7. 27

陈鹿笙（太守）：光 **19.** 2. 7；光 **20.** 8. 8；

民 **8.** 4. 4

陈鹿庄：光 **31.** 8. 1，8. 12，8. 16

陈　明：光 **30.** 10. 26，12. 21，12. 27

陈铭三（汤）：宣 **1.** 3. 5

陈　谟（嘉猷）：民 **12.** 2. 12

陈谱孙（常益、囲孙）：民 **4.** 12. 21；民

**5.** 1. 2，1. 18，3. 1；民 **6.** 1. 5，4. 7，

4. 18，6. 4；民 **7.** 1. 28，2. 21

陈启号：光 **20.** 7. 30

陈　潜（电飞）：民 **13.** 5. 24，6. 1，6. 5，

6. 8，6. 12，6. 15，6. 17，6. 19，10. 1，

10. 5，12. 8，12. 21；民 **14.** 1. 7，1. 26，

2. 3，8. 25；民 **16.** 7. 10

陈清叔：光 **31.** 12. 20

陈让顾：民 **15.** 3. 27，3. 28

陈荣贵：光 **19.** 7. 1

陈汝霖：光 **30.** 3. 25

陈润夫（作霖）：光 **30.** 12. 24；光 **31.**

11. 11；光 **32.** 2. 4

陈润之：光 **30.** 4. 12，4. 24

陈少南（鸾飞）：宣 **1.** 2'. 21，2'. 29

陈少石（方伯）：民 **12.** 12. 29

陈绍槎（平湖）：宣 **2.** 11. 24

陈　升：光 **19.** 7. 1，7. 2，7. 7，7. 8，7. 15，

8. 3，8. 18，8. 20，10. 12，11. 20；光

**20.** 11. 12，11. 24，12. 12，12. 28

陈胜珠：光 **19.** 4. 12

陈士彬（秀卿）：宣 **2.** 5. 14，5. 16

陈世钦：光 **20.** 11. 1

陈寿宸（子万、子范、子曼）：宣 **1.** 3. 5，

3. 6，6. 29；宣 **2.** 10. 22，10. 27；民

**3.** 10. 1，10. 8，10. 11，10. 12；民

**5.** 1. 12，3. 17，8. 12，8. 16，8. 17，

10. 13，10. 14；民 **6.** 1. 2，1. 12，1. 28，

2'. 24，3. 10，4. 7，5. 1，5. 24，6. 11，

6. 17，7. 5，8. 28，9. 6，9. 26，11. 2，

12. 1；民 **7.** 1. 1，1. 8，2. 10，4. 13，

4. 20，5. 4，5. 7，6. 8，6. 15，10. 16，

10. 23，11. 18，11. 26；民 **8.** 1. 11，

3. 13，3. 27，7. 15，7'. 7，8. 14，8. 15，

8. 25，10. 27；民 **9.** 12. 15，12. 20，民

**11.** 8. 1，8. 18，10. 22；民 **15.** 3. 5；民

**17.** 2. 4

陈寿生（大令）：宣 **1.** 2'. 15

陈寿璓（鹿庄）：光 **31.** 7. 28，8. 1，8. 12，

陈　祥:民 **13.** 9. 10

陈小宝:民 **13.** 4. 12

陈小垞(锡琛):民 **14.** 3. 21

陈小妹(细妹):宣 **1.** 2'. 10,6. 30

陈小亭:光 **20.** 10. 28

陈小轩:光 **30.** 12. 2

陈小竹:光 **20.** 11. 25

陈筱苹:光 **19.** 11. 22

陈啸秋:民 **15.** 8. 27;民 **18.** 3. 1

陈心培:宣 **2.** 1. 12

陈新祥:光 **20.** 12. 8

陈训经(章平):宣 **1.** 6. 28,6. 30,7. 4,
　　7. 12;宣 **2.** 5. 28,8. 28,11. 5,11. 6,
　　11. 8,11. 19,11. 23,11. 27;宣 **3.** 6. 7;
　　民 **3.** 6. 17,8. 3,8. 9,9. 11;民 **5.** 2. 21

陈伊志:民 **5.** 2. 21,2. 26,3. 5,3. 6,
　　3. 17,3. 22,4. 2,5. 26,8. 17,8. 29,
　　9. 2,9. 4,9. 5,9. 8,9. 13;民 **6.** 3. 22,
　　3. 24,3. 26,4. 1,4. 18,4. 23,4. 27,
　　5. 7

陈漪竹(鸿英):宣 **1.** 6. 26,6. 28 − 6. 30

陈益轩:民 **12.** 10. 22,10. 26,10. 27,11.
　　27;民 **13.** 1. 7,1. 23;民 **17.** 1. 4,1. 7
　　− 1. 9,1. 11,1. 16,1. 21,2. 4,2. 24,
　　2'. 25,3. 1,3. 3

陈逸臣:光 **30.** 11. 3;光 **31.** 2. 7;宣 **1.**
　　11. 27,12. 2

陈印波(协戎):光 **19.** 2. 10

陈应茂(恭臣):光 **30.** 9. 29,10. 2;光
　　**31.** 2. 7

陈咏琴:光 **31.** 9. 6,9. 12,11. 18,11. 22

陈游戎:光 **30.** 7. 19

陈友三:光 **20.** 5. 19,6. 3

陈余堂:光 **20.** 7. 25,9. 21,9. 23,10. 28,
　　11. 5

陈宇相:民 **8.** 5. 8

陈玉陶(毓陶):宣 **1.** 7. 4,7. 11,7. 20,
　　10. 3,10. 5,10. 8,10. 12;宣 **2.** 2. 7,
　　2. 11,2. 22,3. 11 − 3. 13,4. 26,5. 12,
　　6. 6,6. 28,7. 2,9. 15,9. 26,10. 2,
　　10. 17,10. 28,11. 15,11. 25;民 **3.** 5'.
　　12,5'. 13,5'. 21,5'. 23,9. 6,9. 11;
　　民 **5.** 1. 14

陈　喻:光 **30.** 2. 17,2,18,3. 22

陈钰卿(镇军):光 **19.** 1. 5,2. 10,2. 11,
　　2. 15,2. 26,2. 27,3. 9,3. 18

陈元伯:民 **9.** 7. 18

陈远江(大令):光 **30.** 4. 12

陈运启:光 **31.** 4. 20;光 **34.** 12. 27

陈赞唐:宣 **1.** 7. 3,7. 4,宣 **2.** 5. 28;民
　　**6.** 11. 29

陈　豸:光 **30.** 4. 9

陈章民:宣 **2.** 12. 24;民 **5.** 1. 25,1. 28,
　　2. 25,2. 26,3. 2,6. 17;民 **6.** 4. 18,5. 1

成湘济：光**20.**4. 10

程伯臧：民**7.** 10. 5

程道存：民**1.** 9. 13；民**7.** 7. 12 ,10. 5

程国良：光**19.** 11. 15；光**20.** 4. 16

程锦蕃（炳卿）：光**31.** 11. 14 ,11. 21 ,
11. 24；光**32.** 1. 7 , 1. 8 , 1. 11 , 1. 15 ,
11. 23

程莲舫（大令）：光**31.** 3. 14 ,4. 18 ,5.
22 , 5. 23；光**32.** 11. 23 , 11. 24；光
**33.** 1. 9 ,1. 28 ,民**1.** 7. 10 ,7. 12 ,7. 20 ,
7. 21；民**3.** 5'. 23 ,9. 12

程麓生：光**31.** 8. 15

程起雷：光**33.** 2. 5

程挈华（臻）：民**1.** 7. 12 ,7. 20

程文焕：光**30.** 9. 15 ,9. 18；宜**1.** 2'. 6 ,
2'. 24 ,2'. 29；宜**2.** 2. 22 ,3. 2 ,6. 10 ,
6. 23 , 7. 3 , 7. 16 , 10. 30 , 12. 24；宜
**3.** 3. 25 ,3. 26 ,4. 28 ,6. 26 ,6'. 5 ,6'. 9 ,
6'. 10；民**3.** 6. 3 , 7. 7 , 7. 23 , 8. 20 ,
9. 23；民**5.** 6. 14；民**6.** 1. 6 , 1. 10 ,
2. 19 , 2. 24 , 3. 18 , 5. 4 , 5. 6 , 5. 16 ,
5. 20 ,6. 15 , 7. 14 , 7. 18 , 7. 28 , 7. 29 ,
8. 9 ,9. 9 ,9. 26 , 10. 4 , 10. 15 , 10. 17 ,
10. 18 , 10. 21 , 10. 24 , 10. 27 , 11. 5 ,
12. 3 ,12. 11 ,12. 18；民**7.** 2. 24 ,3. 3 ,
10. 17 , 10. 25 , 12. 23 , 12. 26；民
**8.** 1. 16 , 2. 20 , 2. 23 , 7'. 5 , 7'. 24 ,

8. 3 , 8. 6 , 8. 8 , 8. 17 , 11. 28；民
**16.** 3. 28 ,4. 1 , 4. 3 , 4. 6 , 4. 18 ,4. 22 ,
4. 28 , 6. 1 , 6. 9 , 6. 16 , 6. 25 , 6. 29 ,
7. 8 , 8. 11 , 8. 28 , 9. 6 , 9. 13 , 9. 26 ,
10. 14 ,11. 16；民**17.** 1. 12 ,2. 6 ,2. 20 ,
3. 7 ,3. 13 ,6. 24 ,9. 11

程仙舫：光**33.** 2. 5

程游戏：光**31.** 4. 13

程庚香：光**33.** 3. 3

程宗沂：光**30.** 3. 25

程作人：光**33.** 2. 5 ,5. 20

池云山（志澄）：宜**1.** 3. 5

池仲霖：宜**3.** 6'. 1；民**12.** 2. 17 ,2. 19 ,
2. 24；民**17.** 4. 28；民**18.** 8. 13

褚九云：光**34.** 11. 24 ,12. 1；宜**1.** 2. 2 ,
2. 12 , 2. 19 ,2'. 20 , 7. 15 , 12. 21；民
**1.** 8. 8 ,9. 2 ,9. 4 ,10. 11 ,11. 12 ,12. 4 ,
12. 5 ,12. 18；民**3.** 2. 10 ,9. 16 , 10. 4 ,
10. 6；民**7.** 4. 13 , 5. 18 , 5. 20 , 8. 3 ,
8. 7 , 9. 26 , 10. 8 , 12. 2 , 12. 30；民
**8.** 1. 7 , 1. 27；民**15.** 10. 29 , 11. 8 ,
11. 9；民**16.** 1. 4

次  饶  见刘次饶

崇幼安：光**20.** 2. 30

褚怀卿：光**32.** 1. 6

褚鲁乡：光**19.** 3. 10

褚植卿：光**31.** 8. 30；光**32.** 1. 6

春 香:**宣2.5.24**

慈 闱 见符母

崔龙湛:**民13.9.2**

# D

达 官 见符达官

大 女 见符阿玉

戴丹坪(丹屏):**宣1.6.29；宣3.6.8，6.12，6.18**

戴国屏:**光19.4.11，4.13**

戴翰香(銮衡):**光19.1.20，1.22，1.27**

戴名山:**光30.8.1**

戴 任(立夫、学礼、统领):**民6.1.11，3.26，10.15；民7.1.1；民13.11.6；民15.6.22，9.12，9.21；民16.1.3，3.13，3.15，3.24；民17.3.13**

戴松波(瑞涛):**宣1.2'.8，3.3**

戴太守:**光20.2.17**

丹 凤:**光31.4.15**

但子山(但大令、子翁):**光19.9.13，11.15；光20.1.29，2.4，2.5，2.11，2.21**

淡 风 见杨淡峰

道 文 见白道文

道尹太太:**民14.6.16**

德麟阁(德大令):**光20.2.19，2.20，2.22，3.10，3.12，3.15，3.20，3.21，3.24，4.7**

邓廷桢(雅如、大令):**光31.4.14，4.22**

邓熙之(嘉缉):**光32.12.3，12.20；光33.2.4；宣2.5.14**

邓小峰:**宣1.8.18**

邓小佣(小蓉):**宣1.9.3，9.4；宣2.9.12，9.13**

邓云泉(大令、明府):**光19.1.6，1.15，3.21，4.9，5.2，5.10，5.25，5.27，8.1，8.27，9.26，10.16，11.28；光20.1.3，5.11，6.6，7.13，8.21，8.22，9.22，10.14，10.15，10.17，10.21，11.6，11.9，11.12，11.13，12.22，12.25；光30.3.23**

邓太太:**光20.11.8**

邓展盛:**民8.4.23**

狄德庵:**光30.8.28**

狄霖荪:**光30.8.28**

丁福保(仲祜):**民6.10.8；民8.6.11，9.28，10.26；民10. 摘存一；民17.11.9，11.24，12.4**

丁桂樵:**民9.1.7**

丁稽尧(钦安):**民14.2.10**

丁少山(浩):**宣1.4.16，5.17，5.20**

丁文灶:**民13.5.30**

丁锡之:**民3.1.15**

丁象明(大令):**光33.3.10，3.13**

方朝雄（冠英）：**民 12.** 1. 13, 3. 15；**民**

**16.** 5. 12, 11. 8, 12. 4；**民 17.** 2 ' . 24,

6. 10, 10. 4；**民 18.** 1. 10, 1. 25, 1. 28,

2. 20, 3. 28

方分府：**光 30.** 1. 7

方国桢（管带）：**光 34.** 12. 27, 12. 29

方汉章（管带）：**光 31.** 4. 20

方莐臣：**光 34.** 12. 7

方经厅：**光 30.** 3. 17, 6. 23

方立臣：**光 31.** 5. 2

方礽云（慎生）：**民 6.** 3. 15

方史臣：**光 34.** 12. 3；**宣 1.** 2. 25. 2. 27,

2 ' . 21

方文渠（溥如、介庵、介安）：**民 12.**

1. 6, 1. 13, 1. 23, 1. 25, 2. 4, 2. 6,

3. 14, 3. 21, 3. 29, 5. 13, 5. 19, 7. 4,

7. 30, 8. 6, 8. 14, 9. 1, 9. 24, 10. 13,

12. 5, 12. 7；**民 13.** 1. 26, 3. 29, 4. 8,

7. 18, 9. 27 － 9. 29, **民 14.** 1. 2, 2. 9,

4. 18, 10. 7, 11. 27, 12. 17；**民 15.**

2. 15, 2. 16, 4. 27, 12. 26, 12. 28；**民**

**16.** 1. 7, 1. 10, 1. 13, 12. 25；**民**

**17.** 1. 3, 1. 20, 1. 26, 2. 12, 2 ' . 3,

4. 13, 6. 12, 7. 15, 9. 10, 9. 14, 12. 1；

民 18. 2. 21

方一仁：**光 19.** 1. 11；**光 20.** 12. 21

方苑香：**民 14.** 7. 3, 7. 5；**民 15.** 1. 20, 3.

26, 3. 27, 9. 19, 9. 26, 12. 11, 12. 24,

12. 29；**民 16.** 1. 10 － 1. 12, 6. 17, 6.

25, 7. 6, 7. 7, 7. 19, 8. 16, 8. 19,

10. 16, 10. 30, 11. 4, 12. 18, 12. 19,

12. 24；**民 17.** 1. 24, 1. 25, 1. 29,

12. 13；**民 18.** 1. 7, 3. 14, 7. 17, 8. 18

方　政（观察）：**光 33.** 1. 11

方子怡：**光 33.** 1. 18

费老七：**宣 1.** 9. 25

费圮云（子赞、大令、贰尹）：**宣 1.** 7.

21, 7. 23, 7. 28, 8. 3, 9. 24；**宣 3.** 1. 19；

**民 3.** 4. 21

费恕皆（有容、孝廉）：**民 8.** 4. 4, 5. 19,

6. 19, 7 ' . 9, 7 ' . 25, 12. 20, 12. 29；**民**

**9.** 1. 12, 4. 3, 5. 30, 6. 5, 6. 23, 6. 25,

6. 29, 7. 10, 8. 18, 8. 20, 10. 3, 10. 8,

11. 6, 12. 6, **民 10.** 摘存四；**民 12.** 10.

26, 11. 13；**民 13.** 11. 11, 11. 21, 11. 29；

**民 14.** 5. 20

冯　多：**宣 2.** 4. 17

冯丽卿：**光 19.** 2. 6, 2. 10, 2. 11, 2. 13

冯普观：**民 5.** 3. 20

冯润田：**光 33.** 4. 2；**宣 1.** 2 ' . 15, 3. 7

冯颂梅（惟羹）：**光 20.** 3. 24, 3. 27, 4. 12

冯太尊（太守）：**宣 2.** 8. 13, 9. 1, 9. 5

冯铁君（骏）：**光 31.** 6. 21 － 6. 23

冯熙生（贰尹）：**宣 2.** 10. 4, 10. 6

12.7；**宣 2.** 2.23，6.24 - 6.26，9.8，
9.15，11.2；**宣 3.** 3.5，6.24，6'.5；**民**
**1.** 7.9，7.14，7.17，7.18，7.20，7.23，
7.27，8.4，8.7，8.15，8.22，8.23，
9.11，9.20，9.25，9.30，10.14，
10.17，10.24，11.5，11.13，11.16，
11.19，11.25，11.27，12.4，12.5，
12.25，12.29；**民 2.** 8.6，8.8，8.13，
8.14，8.16，8.25，8.26，8.28，9.7，
9.10，9.11，9.20，10.1，10.6，10.17，
10.20，10.27，10.28，11.13，12.9，
12.17，12.20，12.28；**民 3.** 1.9，1.10，
2.25，3.12，3.18，3.21，3.24，4.6，
4.27，5.18，7.10，7.20，9.8，9.16；**民**
**4.** 12.3；**民 5.** 1.12，5.18，6.9，7.23，
8.11，8.12，8.16，8.17，8.29，10.18，
11.4，11.8，12.14，12.20；**民 6.** 1.5，
1.21，1.22，2.1，2.22，2.27，2'.24，
3.28，5.5，5.6，5.10，7.18，7.23，
7.27，8.13，8.19，8.30，9.8，10.1，
10.6，10.13，10.14，10.22，10.23，
10.26，11.11，11.15，11.25，11.29，
12.12，12.23，12.25；**民 7.** 1.7，1.10，
1.25，1.26，2.16，2.20，3.10，3.11，
3.13，3.19，3.26，4.4，4.5，4.10，
4.17，4.18，4.27，5.25，6.14，6.15，
6.17，7.22，8.13，8.22，8.27，10.5，

10.7，10.11，10.25，10.26，11.11，
12.2，12.22，12.27；**民 8.** 1.13，1.22
- 1.24，2.1，2.8，2.12，2.23，3.7，
3.10，3.17，3.21，4.6，4.29，5.18，
7.18，7'.9，7'.18，7'.25，7'.29，
8.24，9.20，9.21，10.5，10.6，11.4，
11.18；**民 9.** 5.6，5.7，5.13，7.9，
7.11，7.12，11.12，11.20，11.26；**民**
**11.** 8.8，10.1，10.15，10.25，12.16；
**民 12.** 2.21，3.15，3.17，6.27，9.11；
**民 13.** 5.7，5.8，5.15，11.10，11.11，
12.7，12.22，12.29；**民 14.** 1.10，
1.17，2.11，4.11，6.14，7.27，8.24，
9.4，9.5；**民 15.** 2.16，3.19，6.22，
6.29，8.24；**民 16.** 2.1，3.8，3.9，
4.10，5.7，5.8，5.21，5.23，6.5，6.8，
6.15，6.27，7.20，9.14，9.27，9.28，
10.1，10.18 - 10.20，11.2，11.9，
11.15，12.13，12.14，12.29；**民**
**17.** 1.17，1.26，2.6，2.12，2.13，
2.20，2'.7 - 2'.9，3.1，3.5，3.7，
3.8，3.12，3.23，3.24，4.13，4.29，
6.7，6.8，7.6，8.9，9.6，9.7，9.16，
9.17，9.24，9.25，10.9，10.26，
10.29，12.9，12.19，12.21，12.22；**民**
**18.** 2.1，2.6，2.18，3.13，3.18，3.19，
5.2，5.11，5.25，6.9，6.10，6.15，

6. 16,6. 27,7. 25,8. 4,9. 5

符佛官（志高）：光 **30**. 11. 3；民 **8**. 2.
25；民 **11**. 10. 4，11. 3；民 **12**. 4. 9 一
4. 11，6. 22，6. 24；民 **13**. 11. 18；民
**14**. 2. 9；民 **15**. 3. 4，3. 13，11. 26；民
**16**. 1. 7，1. 10，1. 14，1. 20，2. 4，2. 12，
2. 25，2. 29，5. 8，5. 9，5. 17，5. 25，
5. 27，6. 4，6. 11，12. 27，12. 28；民
**17**. 1. 25，1. 26，2. 23，6. 3，10. 22；民
**18**. 3. 2

符美官（志坚）：民 **7**. 1. 19；民 **11**. 12.
6；民 **12**. 7. 23；民 **13**. 5. 18；民
**15**. 6. 19，8. 24，9. 1；民 **16**. 1. 10，
3. 24，4. 24，6. 25，7. 5，7. 12，7. 24，
7. 25，8. 6，8. 17，8. 20，8. 21，8. 23，
8. 24，9. 14，9. 29，10. 10，11. 1，11. 8，
11. 9，11. 18，11. 27，12. 2；民
**17**. 1. 13，2. 22，2. 27，2 ’. 8，3. 4，
6. 21，9. 22；民 **18**. 6. 2，6. 24，6. 29，
7. 1,7. 16,8. 14

符母（林太恭人、慈闱、先慈）：光
**19**. 4. 1，4. 8，5. 15，8. 5，8. 15，8. 17，
8. 18，11. 24，11. 26，11. 27，11. 30，
12. 1 － 12. 4，12. 6；光 **20**. 12. 30，光
**32**. 12. 11；光 **33**. 2. 20，3. 2；宣
**1**. 11. 22

符妻（陆氏、内子）：光 19. 1. 18，4. 1，

5. 6，5. 7，8. 5，9. 16，12. 12；光
**20**. 8. 28，光 **30**. 10. 12，10. 14，10. 28，
11. 20；光 **33**. 3. 8，3. 12；宣 **1**. 7. 4，
7. 5；宣 **2**. 2. 20；宣 **3**. 6. 12，6. 17，
6. 18,6. 21；民 **4**. 12. 18；民 **12**. 2. 17，
5. 30；民 **13**. 11. 17；民 **16**. 3. 22

符启才：民 **1**. 8. 4,8. 11

符启成（启承）：民 **2**. 8. 25，9. 8，10. 9，
10. 19，10. 26，11. 3，11. 13，11. 14，
12. 2,12. 4,12. 27；民 **3**. 1. 13

符启坤：民 **2**. 10. 10

符三女：民 **2**. 3. 26；民 **3**. 2. 4，2. 21，
2. 29，3. 8，3. 11，4. 8，4. 21，4. 24，
4. 25,5. 2,6. 12

符绍先：民 **7**. 3. 10,6. 21

符寿彭（彭儿、硕卿、石儿）：光 **19**.
6. 8，11. 6；光 **20**. 1. 11，7. 18，7. 20，
11. 5；光 **30**. 4. 2，4. 16，5. 15，8. 13，
8. 29,9. 2,10. 28,11. 20；光 **31**. 1. 29，
11. 13，2. 1，2. 11；光 **33**. 3. 13，宣
**1**. 2 ’. 5，2 ’. 29，3. 2，3. 3，6. 6，6. 21，
6. 30，7. 3，7. 11，7. 14 － 7. 17，7. 23，
8. 1，8. 12，8. 15，8. 17，8. 22，8. 23，
8. 30，9. 3，9. 4，9. 10，9. 11，9. 18；宣
**2**. 1. 18，1. 19，1. 26，2. 4，2. 5，2. 9，
2. 11，2. 16，2. 17，2. 22，2. 23，2. 25，
2. 28,3. 4,3. 5,3. 9,3. 10,3. 14,3. 22

6. 12，6. 27，7. 1，7. 4，7. 11，7. 20，
7. 27，8. 2，8. 25，8. 26，8. 28，9. 2

符寿奭（临官）：**光 19.** 3. 11，7. 1，7. 2，
8. 9

符文楷（樵孙）：**光 31.** 4. 23，7. 28；**民
1.** 7. 9，7. 10，7. 13，7. 17，7. 29，8. 3；
**民 2.** 8. 4，8. 13，8. 19，8. 25，9. 7，9. 8，
10. 18，11. 17；**民 3.** 1. 9，1. 11，2. 25，
5. 1；**民 5.** 1. 9；**民 8.** 1. 13，1. 22

符秦氏（媳妇、儿妇、少奶）：**民
8.** 7. 17；**民 11.** 8. 5，8. 7，9. 28 —
9. 30，10. 4，10. 23，11. 3，11. 17

符泰升

符仙官：**光 32.** 12. 6；**民 11.** 12. 8；**民 15.**
7. 22；**民 16.** 1. 10，10. 1，10. 10，10.
19，**民 17.** 4. 20，7. 20，7. 26，9. 20，
10. 16

符勋铭：**民 1.** 7. 24，8. 12，8. 18，8. 24，
9. 11，9. 13，10. 1，10. 2，10. 17，
10. 23，10. 24，11. 6，11. 13，11. 16，
11. 20，11. 22，11. 25，12. 1，12. 2，
12. 6，12. 13，12. 24，12. 27；**民
2.** 8. 13，9. 5，**民 7.** 5. 25，7. 22，11. 8，
11. 27；**民 8.** 3. 17；**民 16.** 12. 29；**民
17.** 1. 17，1. 25 — 1. 27，2. 6，2. 7，
2. 13，2. 20，3. 2，3. 4，6. 7，8. 20，
11. 1，11. 11；**民 18.** 8. 19

符英（鸣春、营副、军需）：**民 16.**
9. 16，9. 17，9. 25，9. 26；**民 17.** 1. 15，
2'. 9，2'. 25

符志远（连长）：**民 16.** 9. 16，9. 17，9.
25，9. 26，12. 19；**民 17.** 1. 12，1. 14，
2. 7，2'. 9，2'. 25

黻卿　见符阿玉

府宪太太　见赵太尊夫人

傅经历：**光 20.** 6. 6

傅汝舟：**光 30.** 2. 20，3. 29

傅衍九：**光 19.** 1. 20，1. 24，1. 25，4. 7，
4. 27，4. 29，5. 2，5. 17，9. 9，10. 20，
10. 25，11. 5，11. 21，11. 22，12. 1，
12. 2，12. 5，**光 20.** 1. 4，1. 20，5. 17，
5. 24，6. 1，6. 15，6. 25，7. 1，7. 5，
8. 23，8. 24

傅月泉：**光 19.** 9. 25，**光 20.** 9. 28

傅芝馥：**光 30.** 5. 10

傅作舟：**宣 3.** 1. 28

# G

甘荣卿：**光 30.** 10. 30

甘卿　见陈甘卿

甘省斋：**宣 1.** 4. 8，5. 19

高彩云：**光 19.** 2. 6

高尔登（监督）：**民 14.** 3. 19

高怀瑾（钰钦）：**光 33.** 3. 10，3. 12；**宣**

3. 6, 3. 9, 3. 15, 6. 6, 6. 16, 6. 18 －
6. 20, 6. 24, 6. 27, 6. 30, 7. 9, 11. 17,
11. 21, 12. 17；宣 **2.** 2. 25, 3. 13 －
3. 15, 3. 23, 4. 5, 4. 6, 4. 12, 5. 6,
7. 13；民 **2.** 10. 22, 12. 2

何叔棠（肃堂、萱夫）：光 **19.** 1. 16, 1. 20
－ 1. 22, 3. 15, 3. 25, 3. 27, 5. 27, 6. 1,
6. 5, 9. 29, 11. 2, 12. 14, 12. 17；光
**20.** 1. 17, 6. 17, 7. 12；宣 **1.** 10. 7, 5. 27

何疏九：光 **19.** 5. 6

何四香（封翁、寿翁）：光 **19.** 1. 10, 5.
18, 10. 24；光 **20.** 9. 27, 9. 29, 10. 20,
11. 10, 11. 25

何彦达：光 **31.** 4. 26

何元澂：民 **2.** 9. 24, 12. 1

何云亭：光 **30.** 1. 13, 2. 7, 2. 24, 2. 26

何兆瀛：光 **32.** 1. 2

何仲英（别驾）：宣 **1.** 7. 27, 7. 29, 8. 1

何子音（子英）：光 **31.** 5. 15；宣 **1.** 1. 9

贺观化（小寰）：民 **8.** 11. 13, 11. 14

贺镜泉：光 **19.** 11. 29, 12. 17；光 **20.** 7. 30

贺松海：宣 **1.** 1. 21, 2 '. 14, 2 '. 27, 7.
27, 9. 10, 9. 12, 9. 14；宣 **2.** 3. 23, 4. 5

贺温处道：光 **31.** 11. 17, 光 **32.** 1. 28

贺协戎：光 **30.** 5. 26

洪博卿（炳文、广文）：宣 **2.** 9. 17, 10.
15, 10. 21 － 10. 23, 10. 25, 10. 26,

10. 29, 10. 30, 11. 3, 11. 7, 11. 9,
11. 11, 11. 19；宣 **3.** 2. 19, 9. 17；民
**5.** 3. 24 － 3. 26, 3. 28, 5. 2, 5. 3, 7. 5,
7. 9, 7. 11, 7. 13, 7. 22 － 7. 24, 7. 26,
10. 2 － 10. 4, 10. 8, 10. 10, 10. 20,
10. 21；民 **6.** 1. 20, 2. 26, 5. 2, 5. 3,
6. 24, 7. 7；民 **7.** 1. 16, 2. 26

洪锦聪（尧羹、尧阶）：宣 **2.** 10. 21, 10.
23, 10. 26, 11. 20

洪莱仙：民 **3.** 9. 17

洪莲君：光 **19.** 2. 6, 2. 7

洪式文：光 **32.** 12. 6；光 **33.** 4. 3

洪士雍（莲舫）：民 **13.** 4. 11, 4. 17, 5.
15, 5. 27, 6. 5, 7. 9, 7. 22, 7. 25, 8. 5,
8. 8；民 **16.** 1. 14, 1. 19

洪紫垣：民 **7.** 8. 19, 8. 21

阆　慧　见陈仲陶

胡炳亭：光 **31.** 7. 29, 8. 7, 8. 8

胡凤石：民 **16.** 12. 29, 民 **17.** 1. 9, 1. 10,
1. 17

胡凤衍（李祥）：光 **30.** 1. 12, 民 **4.** 12.
28；民 **6.** 3. 15；民 **7.** 4. 29；民 **8.** 7 '. 25；
民 **13.** 8. 2；民 **15.** 6. 12

胡焕猷（竺生）：民 **7.** 8. 27 － 8. 29

胡蕙香：民 **5.** 4. 11

胡敬臣：光 **30.** 5. 10

胡苇南（伯棠）：光 **11.** 8. 24, 9. 2, 10.

4. 3,4. 6,4. 11,4. 20,8. 2,10. 22；民
**6.** 6. 12；民 **8.** 3. 10；民 **9.** 3. 9；民
**12.** 2. 6,3. 1,3. 6,3. 23,3. 24,3. 30,
4. 2, 7. 21, 7. 22, 10. 16, 10. 20,
10. 21, 10. 30, 11. 16,；民 **13.** 7. 22,
7. 24,7. 26；民 **14.** 1. 12,1. 13,2. 9,
2. 13,7. 21, 7. 22,8. 1；民 **15.** 4. 8,
4. 9；民 **17.** 12. 21；民 **18.** 1. 13,1. 29
黄　贵（燕宾、燕宾、桂）：光 **30.** 3. 17,
11. 14；光 **31.** 1. 25, 2. 6, 8. 11；光
**33.** 3. 9；宣 **2.** 2. 16,2. 24,2. 25,3. 5 —
3. 7, 3. 10, 3. 17, 3. 18, 4. 7, 4. 17,
4. 23, 8. 14, 8. 21, 9. 14, 10. 27；宣
**3.** 5. 22,5. 23,6. 30,6'. 1,6'. 6；民
**1.** 8. 21,11. 2；民 **2.** 9. 10,9. 13,10. 3,
10. 6；民 **3.** 5'. 2,5'. 3,5'. 9,5'. 11,
5'. 13,5'. 15,9. 26,10. 7；民 **4.** 12. 3,
12. 4；民 **5.** 12. 24,12. 25；民 **6.** 4. 17,
8. 16,12. 16；民 **7.** 3. 26,7. 27,9. 27,
10. 14,10. 19,11. 7；民 **8.** 3. 17,7. 12,
7'. 8, 9. 5, 9. 9, 11. 20, 11. 25；民
**9.** 6. 17,8. 1；民 **11.** 9. 14,9. 21,11. 6,
11. 7
黄国恺：民 **14.** 2. 10
黄果臣：宣 **1.** 6. 29
黄（峒）泉：宣 **2.** 3. 9
黄劼宸（劼宸）：民 **16.** 2. 9,3. 29,8. 11,

9. 17,9. 18；民 **17.** 3. 23
黄　憬（惧华）：民 **15.** 5. 5,5. 25,5. 27,
6. 1；民 **18.** 6. 7,6. 10,7. 12
黄菊襟（鼎瑞、司马）：宣 **1.** 2'. 23；宣
**3.** 1. 23,1. 24；民 **14.** 7. 5；民 **15.** 5. 5,
5. 27
黄笠芠（泽霖）：光 **34.** 12. 7,12. 8
黄丽中：民 **13.** 12. 8,12. 13
黄龙芳：宣 **1.** 1. 9
黄起云（大令）：光 **30.** 2. 12,2. 19,3.
26, 3. 28, 3. 29, 4. 23, 4. 24, 4. 26,
6. 8,7. 7
黄蔷云：光 **30.** 11. 17,11. 25
黄庆澜（道台、道尹、道）：宣 **1.** 6. 3,
6. 12 — 6. 14,7. 1；宣 **2.** 6. 7；民 **6.**
12. 5, 12. 9；民 **7.** 2. 2, 民 **8.** 2. 21,
3. 8,7'. 11, 8. 8；民 **12.** 5. 27；民
**16.** 10. 10
黄秋光：光 **30.** 1. 11,1. 12,1. 18,1. 21,
1. 30, 2. 3, 2. 5, 2. 6, 2. 12 — 2. 14,
2. 24, 2. 26, 3. 8, 3. 11, 3. 24, 4. 28,
4. 29,5. 2,5. 4,5. 5,5. 8,5. 10,5. 12,
5. 24,5. 25,6. 4,6. 5
黄瑞清（游戎）：光 **30.** 2. 27,2. 28,5.
11,5. 13,8. 20；光 **31.** 2. 9；宣 **1.** 3. 3,
3. 5
黄少泉：民 **3.** 9. 5

坚修(僧):民 **2**. 11. 16

见　石　见何见石

建　中　见符达官

江宝玉：光 **34**. 12. 17, 12. 18；宣 **1**. 1. 2,
　1. 10

江贰尹：宣 **1**. 8. 18；宣 **2**. 1. 26,3. 4

江孔殷(太史、翰林)：光 **31**. 10. 11,
　10. 30

江少泉(太史)：光 **31**. 11. 3

江文光：宣 **1**. 11. 17；宣 **2**. 5. 24, 5. 28；
　民 **8**. 1. 14

江怡红：光 **34**. 12. 26,12,27

江子菁(子青)：光 **19**. 1. 11, 1. 18, 1.
　28,1. 29,3. 1,3. 3,3. 22,4. 13,4. 14,
　4. 23, 5. 11, 5. 13, 5. 16, 5. 21, 6. 1,
　6. 10, 6. 21, 7. 4, 7. 19, 10. 5, 10. 6,
　10. 13, 10. 18, 10. 25, 10. 27, 11. 1,
　11. 6－11. 8,11. 14,1,1. 20－11. 23,
　11. 28, 11. 29, 12. 7, 12. 9, 12. 10,
　12. 22,12. 28；光 **20**. 1. 3, 1. 4, 1. 12,
　1. 14,1. 16－1. 18,2. 10,3. 14,5. 4,
　5. 8, 5. 14, 5. 16, 5. 17, 5. 21, 6. 6,
　6. 8, 6. 9, 6. 12. 6. 14, 6. 17, 6. 19,
　6. 21, 6. 25, 6. 27, 8. 5, 8. 8, 8. 20,
　9. 2, 9. 8, 9. 9, 9. 28, 10. 9, 10. 13,
　10. 21,10. 26,11. 9,11. 27－11. 29,
　12. 1, 12. 4, 12. 8, 12. 11, 12. 12,

12. 16,12. 18,12. 24

姜丙曾：光 **20**. 9. 3

姜梅邨：光 **31**. 9. 6

姜梅生：光 **31**. 8. 25

姜　琦(伯韩)：民 **5**. 6. 25；民 **6**. 8. 10；民
　**7**. 2. 10,7. 23；民 **8**. 1. 12,1. 24

姜　升：光 **30**. 3. 6,4. 2

姜文舟：民 **9**. 1. 7

姜啸桥(啸樵)：民 **5**. 4. 6, 10. 25, 12.
　19；民 **6**. 3. 15,7. 25,10. 2,10. 3

蒋邦彦(晋英、监督)：民 **13**. 7. 3,7. 20
　－7. 22

蒋澄之：光 **20**. 4. 21

蒋龄九：光 **31**. 11. 2

蒋梅村：民 **9**. 2. 22

蒋佩蓂(尧阶)：光 **20**. 10. 28,11. 10

蒋太守：光 **31**. 11. 7

蒋希召(叔南)：民 **13**. 10. 30；民 **15**.
　12. 2

蒋月卿：光 **20**. 4. 12

蒋肇基：光 **20**. 9. 8,9. 15,10. 16

介　山　见陈介三

介　石　见陈黼宸

金大令：光 **31**. 1. 25；宣 **3**. 5. 25

金　丹：民 **8**. 8. 21,8. 23,9. 1

金殿魁：光 **31**. 1. 20

金谔轩(嗣献)：民 **8**. 6. 21

赖可行：**光 30.** 11. 1，11. 3，11. 9，12. 22；

　**民 8.** 8. 6，8. 24

赖清键（太尊）：**光 31.** 10. 15

蓝掬香（仁和尉）：**光 20.** 4. 21

蓝　桥　　见陈兰乔

蓝蔚廷（旗官）：**光 31.** 1. 4

蓝漪矩：**宣 2.** 4. 11，4. 16，5. 1，5. 6，5. 7

兰乔、兰桥　　见陈兰乔

滥肚包（懒惰保）：**光 20.** 8. 27，10. 18，

　11. 4

劳少麟（小林）：**宣 2.** 5. 9，5. 13，5. 14，

　5. 24，7. 26，8. 6，10. 13，12. 26；**宣**

　**3.** 4. 19，4. 28，5. 21；**民 1.** 8. 14

老　汤：**民 5.** 8. 2，8. 5，11. 24；**民 7.** 3.

　8；**民 11.** 8. 9；**民 12.** 6. 25；**民 13.** 11.

　12；**民 15.** 6. 19；

　**民 17.** 1. 13，8. 4，8. 6，8. 23

勒大鹏（云九、局长）：**民 9.** 12. 20，

　12. 21

雷锦文（参戎、协戎、雷、协台、雷帅）：

　**光 19.** 1. 15，1. 24，1. 29，2. 7，3. 9，

　3. 10，3. 15，3. 25，8. 18，8. 20，9. 26，

　11. 11；**光 20.** 5. 6，5. 10，6. 6，6. 11，

　6. 25，7. 1，7. 7，9. 8，9. 15，10. 3，

　10. 16，11. 5，11. 10，12. 2，12. 3，

　12. 12

雷太太：**光 20.** 9. 1，10. 14，10. 20，10.

27，10. 28，11. 5，11. 13，12. 4，12. 16；

　**宣 3.** 4. 7，4. 8；**民 8.** 9. 6；**民 9.** 4. 4

雷明德：**宣 3.** 4. 7；**民 8.** 9. 6

冷曹、冷巢　　见曹民甫

黎国廉：**光 31.** 12. 26

黎缵卿（黎缵）：**光 20.** 7. 15，7. 17，7. 18

李炳光（漱梅、秉光、少枚）：**宣 2.** 3.

　15，3. 26；**宣 . 3.** 6. 29；**民 12.** 1. 6

李炳华（御史）：**光 32.** 12. 5

李财兴：**光 30.** 3. 27，5. 18，5. 26

李　常（爕纲、知事）：**民 6.** 10. 11

李成绮：**光 19.** 6. 3，5. 14，8. 18，8. 20，

　12. 20，12. 22；**光　20.** 5. 28，6. 28，

　7. 23，8. 8

李崇儒（大令）：**宣 1.** 2. 12，2. 13

李德潜（子珊）：**光 31.** 7. 11，8. 25

李鼎臣：**宣 1.** 2'. 24

李　芳（幼安、知事）：**光 20.** 1. 29，**民**

　**1.** 10. 30

李稿工：**光 20.** 8. 14

李观光（工房）：**光 19.** 11. 10

李管带：**宣 3.** 4. 4

李　光：**光 34.** 11. 12

李桂芳（月农）：**光 34.** 12. 14，12. 16

李　果：**民 7.** 8. 13

李国钧（衡甫）：**民 17.** 9. 22；**民 18.**

　4. 25

林君厚:光**31**.5.15;宣**1**.1.9

林君煌:宣**1**.7.20

林开章(廉孙):光**20**.4.15

林乐平:民**11**.11.24

林立夫(卓):民**7**.1.28;民**11**.9.15,
　9.16,11.12,11.21;民**13**.10.30;民
　**14**.12.17,12.20;民**15**.2.3,2.7,
　3.1,3.30,9.12,11.26,12.16;民
　**16**.1.16;民**18**.8.15,8.16,8.23,9.3

林亮周(琪、鸿琪):民**9**.12.23;民**11**.
　9.9,9.21,9.23,10.15,10.21,11.2,
　11.12,11.25,11.26,11.30,12.2,
　12.9,12.12,12.16,12.18,12.20,
　12.22,12.24,12.28;民**12**.1.10,
　1.15,2.5,2.7,,3.7,3.15,6.5,
　6.10,6.27,7.6,7.13,7.15,7.17,
　7.19,7.21,7.23,7.25,7.26,8.27,
　10.12,10.20,10.24,11.6,11.13,
　11.14,11.24,11.26,12.10,12.21,
　12.29;民**13**.1.19,1.23,1.27,2.29,
　3.10,3.23,3.26,3.29,5.14,6.9,
　6.14,6.16,7.10,7.29;民**14**.2.18,
　4.10,9.23;民**16**.6.28,12.2;民
　**18**.2.20,3.2,3.14,8.15

林鲁生(大令):宣**1**.6.30,7.9,8.14,
　8.29;宣**2**.6.6,9.13,10.10,11.6,
　11.9,11.11,11.16,12.6;宣**3**.2.22

林鲁卿(大令):宣**1**.6.9,6.13,7.4,
　11.14,12.1;宣**2**.3.3,3.6

林侣姚:光**31**.5.15

林　枚:民**16**.3.15

林敏士(大令):光**31**.8.12

林朴山(鹤年):民**8**.4.16,6.7,6.29

林岐铺:民**12**.3.15

林起尘(作干):民**11**.8.23

林　琼:光**31**.5.30

林劬庵:光**20**.2.13,2.14,2.29

林蓉塘:宣**3**.6.18

林荣龙:民**12**.2.24

林少初:光**34**.11.22

林少岩:光**31**.3.26

林式言:民**13**.10.30

林　损(公铎、公度):民**1**.7.3;民
　**5**.8.8;民**15**.12.11

林　堂(蕴之):光**34**.12.2;宣**1**.2.10

林铁尊(鸥翔、道尹):民**11**.8.20,8.
　21,9.18,9.21,11.11,11.25,11.28;
　民**12**.1.5,1.9,1.11,1.23,2.25;民
　**13**.9.27,11.22;民**15**.2.15,5.29,
　10.7;民**16**.2.20,3.14,10.14,
　12.17;民**17**.1.21

林细英:光**34**.12.18;宣**1**.2.4

林筱仙(大令):光**31**.8.12

林秀生:民**5**.3.22,3.25

10,4'.17,4'.18,4'.20,4'.24,5.1,
5.7,5.12,6.9,6.16,6.19,7.1,7.5,
7.15,7.21,7.22,7.26,7.27,8.19,
8.22,8.29,9.14,9.17,9.18,10.9,
10.11,10.13,10.17,10.18,10.29,
10.30,11.4,11.7,11.12,11.20,11.24,
11.28,11.29,12.1,12.7,12.9;民
15.1.5,1.22,1.23,2.10－2.14,2.16,
2.23,3.21,4.7,4.15,4.17,6.11,6.13,
6.16,6.17,7.26,7.28,8.4,8.5,9.4－
9.6,9.10－9.12,10.14,10.19,10.28,
10.29,11.18,11.27,11.28,12.6,12.7,
12.19;民16.2.1,2.10,2.11,3.1,3.3,
3.6,4.4,4.8,4.9,5.14,5.15,5.21,
6.28,7.2－7.4,7.27,7.28,8.1,8.3,
8.9,8.15,8.26,11.4,11.15,11.26,
12.1,12.13,12.19,12.20,12.21,12.25
－12.27,12.30;民17.1.28,3.13,
3.17,3.19,3.24,4.2,4.4,4.28,5.9,
5.10,5.13,5.18,5.19,5.28,6.1,6.12,
6.13,6.23,6.28,6.29,8,5,8.7,8.11,
8.19,8.23－8.26,9.1－9.3,9.13,
9.14,9.19,9.28,9.29,10.6,10.8,
10.11,10.20,10.26,11.10,11.15,
11.18,11.19,11.24,11.28,12.3,12.6,
12.18,12.23,12.24;民18.1.3,1.9,
1.12,1.13,1.19,2.2,2.8,2.16,2.17,

3.4,3.11,3.16,3.19,3.20,4.14,4.17
－4.19,4.22,4.23,4.26,4.28,5.15,
5.22,5.23,5.30,6.1,6.10,6.16,6.17,
7.7,7.9,7.25,7.28,8.28

刘方伯:光19.5.13

刘复初(孔钧):民14.1.13;民15.5.10

刘古香:光20.3.13

刘管带:光20.7.15

刘　汉(仲华):民13.5.24,6.1

刘　瀚(太守、太尊):光30.3.23,5.1,
5.3,6.5,6.8,6.12,7.6,7.9,9.22

刘红珠:光19.2.8,2.22

刘华轩:光20.5.21,6.6,9.1,9.3,9.10,
10.12,11.8,12.30

刘惠荪(泽沛):民13.12.17

刘惠州:民8.8.26,9.11,11.3,12.27;民
9.2.4,2.24,3.2,3.9,4.1,5.3,11.6

刘捷升:宣1.2.16

刘　缙(云五):民13.10.13

刘景晨(冠三、冠山、贞晦):宣2.9.19;
民12.1.7,1.9,2.21,3.17,6.27,
12.26;民13.5.25,12.25;民14.1.13,
5.11,6.9,6.11,7.26,7.27,12.22,
12.23,12.26－12.28;民15.1.2,1.5,
1.6,1.14,1.21,1.24,10.24,10.27,
11.6,12.7,12.13;民16.1.2,1.3,
1.14,1.15,3.20,5.5,9.8,10.8,10.9,

5. 25,5. 29,6. 7,6. 19,6. 20,6. 22,6,24,
6. 25,6. 30,7. 3,7. 8,7. 16,7. 23,7. 29,
8. 14,8. 19,8. 29,10. 5,10. 16,10. 21,
10. 23,10. 28,11. 6,11. 7,11. 9,11. 23,
12. 6,12. 8,12. 18,12. 26;**光 20.** 1. 2,
1. 8,1. 9,1. 15,1. 17,1. 19,5. 7,5. 8,
5. 26,6. 10,6. 15,6. 17,6. 24,6. 25,
7. 10,7. 15,7. 19,8. 4,8. 7,8. 8,8. 14,
8. 15,8. 20,8. 23 — 8. 25,8. 27,9. 5,
9. 8,9. 21 — 9. 23,9. 25,9. 26,10. 8,
10. 9,10. 16,10. 22,10. 28,11. 5,11. 10,
11. 13, 11. 15, 11. 16, 11. 26, 12. 14,
12. 20,12. 24 — 12. 26,12. 29

刘幼云: **宣 1.** 5. 10,5. 17,5. 20,9. 24;**民 8.** 5. 22

刘　裕:**光 30.** 6. 4,6. 9

刘　钰:**光 30.** 4. 2,4. 3,4. 6

刘裔祺:**光 30.** 10. 27

刘粤农:**光 33.** 5. 24,6. 3

刘云乔(大令):**光 20.** 2. 2

刘云章(大令):**宣 1.** 9. 15

刘芸生:**光 20.** 6. 15,6. 16

刘赞文(项宣、凤轩):**宣 2.** 1. 22,1. 24,
8. 15,9. 3;**宣 3.** 1. 20;**民 7.** 12. 18;**民 12.** 1. 5, 1. 9, 8. 4, 8. 17;**民 13.** 4. 11,
4. 21, 9. 28, 9. 29, 10. 19, 12. 23;**民 14.** 1. 1, 1. 12, 1. 13, 2. 3, 4. 20, 5. 26,

12. 12, 12. 16, 12. 22;**民 15**, 5. 10,
7. 11,10. 4,10. 5,10. 7,10. 8,12. 29;**民 16.** 1, 1, 1. 2, 1. 15, 1. 19, 1. 24, 3. 10,
7. 14,9. 8 — 9. 10;**民 17.** 1. 4,1. 8,1. 14,
3. 6,3. 7,3. 29,4. 22,5. 18,8. 23,11. 4,
11. 19, 12. 10;**民 18.** 1. 14, 2. 18, 3. 5,
4. 1,4. 13,4. 27,5. 24,6. 6,6. 8

刘　震(雨田):**光 34.** 12. 20

刘震祥(仙槎、游戎):**宣 1.** 11. 11,11. 16

刘之屏:**民 14.** 2. 5

刘芝生:**光 19.** 5. 17,12. 26;**光 20.** 5. 26

刘祝群(耀东):**宣 1.** 9. 21;**宣 2.** 1. 27;
**民 14.** 7. 19

刘祝颐(大令):**光 20.** 3. 24

刘子蕃:**光 32.** 12. 25,12. 28

刘子翔:**宣 3.** 6. 19,6. 20,6. 24

刘子秀(观察):**宣 1.** 7. 19;**宣 2.** 12.
28,12. 29

刘子占(大令):**光 32.** 11. 21,11. 23,
11. 25, 11. 29, 12. 25;**光 33.** 1. 7,
3. 29, 4. 4, 4. 5, 4. 14, 4. 18, 4. 21,
4. 24,5. 19,5. 21

柳献廷(千总):**光 30.** 10. 13

柳兆元(子青):**民 14.** 2. 22

龙觐宸(总戎):**光 19.** 2. 10

龙省卿:**光 31.** 8. 19

娄庭照:**民 8.** 4. 4,7. 2

9. 26,9. 28,10. 1 − 10. 4,10. 6,10. 8,
10. 10,10. 11,10. 13,10. 14,10. 16,
10. 19,10. 22,10. 27 − 10. 29,11. 4 −
11. 7, 11. 17, 11. 18, 11. 24, 11. 25,
11. 27,12. 1,12. 17,12. 25 − 12. 27,
12. 29;民 14. 1. 3,1. 4,1. 15,1. 26 −
1. 29,2. 1, 2. 5, 2. 7 − 2. 9, 2. 11,
2. 14,2. 16,2. 25,3. 12,3. 14,4. 17,
4. 19,4. 21,4. 23 − 4. 25,4'. 2,4'8,
4'. 9,4'. 13,4'23,5. 5,5. 15,5. 22,
5. 26, 5. 28, 6. 4, 6. 19, 6. 27, 7. 1,
7. 4,7. 5,7. 7,7. 29,8. 5,8. 6,8. 11,
8. 20 − 8. 22,8. 29,9. 2,9. 12,10. 6,
11. 4, 11. 16, 11. 18, 11. 19, 11. 24,
11. 27,12. 5 − 12. 7,12. 10,12. 14,
12. 28,12. 30;民 15. 1. 1,1. 10,1. 20,
1. 22, 1. 23, 2. 1, 2. 11, 2. 12, 2. 14,
2. 15, 2. 17, 3. 25, 3. 27, 4. 1, 4. 5,
4. 8, 4. 10, 4. 13, 4. 19, 4. 20, 5. 7,
5. 9, 5. 19, 5. 27, 6. 6, 6. 8, 6. 14,
6. 19, 6. 21, 6. 22, 7. 6, 7. 7, 7. 9 −
7. 11, 7. 15, 7. 19, 8. 6, 8. 7, 8. 24,
8. 25,8. 28,8. 29,9. 3,9. 4,9. 7,9. 8,
9. 19, 9. 26, 10. 2 − 10. 6, 10. 8, 10.
10, 10. 20 − 10. 22, 10. 25, 10. 26,
11. 2, 11. 6, 11. 10, 11. 14, 11. 18,
12. 2, 12. 10, 12. 11, 12. 17, 12. 18,

12. 22 − 12. 25, 12. 29;民 16. 1. 1,
1. 9 − 1. 12, 1. 27, 1. 28, 2. 1, 2. 3,
2. 14, 2. 16, 2. 18, 2. 20, 3. 26, 4. 2,
4. 4, 4. 6, 4. 14, 4. 22, 5. 14, 6. 16,
7. 20, 8. 4, 12. 11, 12. 13, 12. 14;民
17. 1. 23,8. 26

吕太太:民 12. 2. 17

# M

马伯康:光 19. 8. 18;光 20. 9. 20, 10.
11,12. 8

马纯煦(耀夫、耀夫):民 11. 11. 15;民
12. 2. 23, 3. 22, 4. 5, 9. 14, 9. 22,
9. 28, 10. 20, 10. 23;民 13. 1. 10,
1. 19,2. 11,2. 25,3. 7;民 14. 11. 28;
民 15. 9. 20;民 16. 12. 5, 12. 6;民
17. 6. 21;民 18. 7. 21

马德新:宣 1. 4. 29

马 辅(吉多):宣 1. 11. 14,11. 25;宣
2. 2. 14,8. 29;宣 3. 2. 16,4. 15,6. 22,
6. 24

马公愚(公裕、公驭、公禺):民 13.
6. 21;民 14. 1. 5,1. 13;民 15. 1. 1;民
16. 1. 2,1. 3,1. 14,8. 22,8. 25,8. 27;
民 17. 1. 19

马继厚:光 20. 9. 14,10. 16

马建侯:光 20. 12. 8,12. 18

潘鉴宗(国纲、师长):民 **12.** 11. 8,12.
28;民 **13.** 2. 30, 8. 19, 8. 21, 9. 19,
9. 27;民 **14.** **10.** 19

潘荆桥:光 **33.** 6. 12

潘丽生(房东):民 **6.** 10. 11,11. 13;民
**11.** 9. 18;民 **12.** 6. 11, 10. 16;民
**13.** 11. 17

潘毛毛:宣 **1.** 9. 16,9. 18,10. 10

潘耐庵(耐庵、耐安、耐庵、都戎、协
戎):光 **19.** 1. 21, 3. 3, 3. 26, 4. 25,
4. 28, 5. 8, 5. 25, 6. 1, 8. 21, 8. 27,
9. 6, 9. 29, 10. 24, 10. 25, 11. 8,
11. 24,12. 1, 12. 9, 12. 19, 12. 28;光
**20.** 1. 2, 1. 3, 1. 5, 1. 10, 1. 18, 3. 7,
5. 10,5. 16,5. 17,5. 20,5. 23,6. 12,
6. 28,6. 26,6. 27,7. 6,7. 14 − 7. 16,
7. 18 − 7. 20,7. 25,7. 27,7. 29,7. 30,
8. 7 − 8. 9, 8. 17, 8. 22, 8. 29, 9, 2,
9. 3, 9. 5, 9. 16, 9. 17, 9. 24, 9. 25,
10. 19, 10. 26, 11. 6, 11. 7, 11. 9 −
11. 11,11. 15,11. 23,11. 24,11. 28 −
11. 30, 12. 1, 12. 21;光 **30.** 1. 12 −
1. 14, 1. 26, 1. 28, 2. 2, 2. 3, 2. 7,
2. 20, 2. 21, 3. 26, 3. 28, 3. 29, 4. 3,
4. 5,5. 1,5. 4 − 5. 7,5. 26,6. 4,7. 21,
7. 28, 8. 3, 8. 4, 8. 24, 8. 25, 9. 15,
9. 28, 10. 3, 10. 9, 10. 18, 10. 19,

10. 30, 11. 9, 11. 10, 11. 19, 12. 18,
12. 22, 12. 24;光 **31.** 1. 17, 1. 18,
1. 27, 2. 7, 2. 8, 2. 13, 2. 20, 2. 30,
3. 3, 3. 21, 4. 6, 4. 18, 4. 26, 5. 8,
5. 23,6. 1, 6. 9, 7. 4, 7. 7, 7. 26, 8. 3,
8. 26, 8. 27, 8. 30, 9. 1, 10. 4, 11. 2,
11. 9, 11. 23, 11. 24, 12. 12;光
**32.** 1. 6, 1. 7, 1. 23, 1. 28, 2. 15,
11. 22, 12. 4, 12. 12, 12. 16;光
**33.** 1. 15, 1. 28, 2. 13, 2. 26, 3. 2,
3. 17, 3. 21, 4. 6, 4. 9 − 4. 13, 4. 15,
4. 17,4. 22,5. 8,5. 17 − 5. 19,5. 24,
6. 8,6. 10, 6. 12;光 **34.** 11. 19, 12. 1,
12. 11,12. 19,12. 25;宣 **1.** 1. 7,1. 15,
1. 22, 2. 2, 2. 13, 2. 17, 2. 18, 2. 22,
2. 27, 3. 5, 3. 21, 5. 15, 5. 19, 6. 30,
7. 9

潘耐庵太太(季氏、亲家太太):光
**19.** 8. 27,宣 **1.** 7. 22,8. 2,9. 16,9. 18,
9. 22,9. 26;宣 **2.** 2. 22,2. 23,4. 5

潘念慈(绳祖、振华、梓青、钟藩):光
**30.** 3. 27, 3. 29, 4. 2, 4. 16, 5. 1, 5. 7,
5. 15, 6. 5, 6. 14, 8. 4, 9. 6, 9. 27,
12. 2,12. 18,12. 23;光 **31.** 2. 7,6. 1,
7. 4,9. 11,9. 24,9. 26,10. 14,10. 28,
10. 29,11. 23;光 **32.** 1. 7;光 **33.** 3. 2,
5. 25,6. 7;光 **34.** 12. 25;宣 **1.** 1. 13,

2. 13,2'. 7,6. 21,7. 3,7. 4,8. 1,8. 3,

8. 4,8. 13,8. 14,8. 30,9. 12,9. 22,

11. 8,11. 16;宣 2. 2. 4,3. 10,3. 23,

4. 26,5. 6,8. 7,12. 12 — 12. 14,

12. 16;宣 3. 3. 30,5. 17;民 1. 9. 1;民

3. 7. 1,9. 24,10. 4;民 4. 12. 5,12. 12;

民 5. 1. 7,4. 28,5. 9,5. 11,5. 12,

5. 20,6. 20,6. 30,7. 3,7. 6,8. 6,

12. 27;民 13. 11. 18,11. 29,12. 11;民

14. 3. 4,10. 12

潘绍诒(太守):宣 3. 5. 19

潘申甫:民 8. 4. 4

潘松衡(葆琳):民 15. 6. 6

潘松崖:民 15. 10. 28;民 17. 2'. 5

潘泰运:民 16. 4. 26,4,27,6. 8,6. 16,

6. 28

潘统领:光 20. 12. 1

潘文卿:光 31. 11. 3

潘小浦(司马):光 19. 9. 16

潘 元:光 30. 12. 27,12. 28;光 31. 1. 27

潘祝年(太守):光 19. 1. 15,2. 29,3. 9;

光 20. 9. 29

潘宗瀚(宣丞):民 7. 1. 14,1. 15

培玉亭:光 19. 1. 8

裴岱云(太守):光 33. 4. 18,4. 19,4. 21

彭德铨(纯一、司令):民 13. 9. 2,9.

19;民 16. 5. 28,10. 27 — 10. 29,

12. 20,12. 27,12. 29,民 14. 1. 13

彭 儿 见符寿彭

彭笠桥(丽桥、大令):光 30. 1. 6,1. 8,

1. 9,1. 17,2. 11,2. 17,2. 29,3. 1,

3. 3,3. 9,4. 12,4. 14,4. 276. 29;宣

1. 7. 21,7. 22;民 14. 1. 8

彭宋儒:光 30. 2. 11,4. 11,5. 21,6. 28,

6. 29,7. 1

彭在中(管带):光 30. 8. 12,11. 18,11.

20,11. 28;宣 1. 7. 8

彭知事(广昌):民 3. 5. 28

彭子才(河清、参将):宣 1. 4. 1,4. 10,

4. 16,4. 23,5. 6

濮幼笙(文曦、明府):光 20. 1. 23

## Q

祁月卿(大令):光 20. 3. 24

祁樾门(大令):光 30. 1. 6,1. 7

启 才 见符启才

启成、启承 见符启成

启 坤 见符启坤

谦 益 见刘谦益

钱伯吹(振埙、熊埙):民 5. 10. 18,10.

19;民 6. 1. 2,2'. 2,10. 19;民

11. 9. 9,10. 21,10. 22,11. 11;民

15. 9. 12,9. 16,9. 17,9. 24;民

16. 1. 4,1. 6,2. 1,4. 11,4. 26,4. 27,

6. 16,9. 23,10. 12；民 **17.** 1. 6,2. 17,
2. 30,2'. 26,2'. 28,2'. 29,3. 6,
3. 22, 4. 14, 4. 24, 8. 5, 8. 18；民
**18.** 7. 11

钱福亭：**光 30.** 10. 28

钱菊生（广文）：**光 20.** 5. 19,5. 20

钱名山（振锽）：**民 16.** 8. 5,8. 12,9. 25,
9. 27,10. 5, 10. 12, 10. 17, 10. 21；民
**17.** 1. 12, 1. 13；民 **18.** 1. 9, 1. 15,
1. 20, 1. 27, 2. 4, 2. 5, 2. 7, 2. 12,
3. 18,3. 19,4. 11,5. 18,6. 12,6. 18,
7. 1 ,7. 22,7. 23

钱明慈：民 **17.** 2. 17,2. 21

钱山来：民 **15.** 9. 16,9. 17,10. 1,10. 18,
11. 3；民 **16.** 1. 4, 1. 6, 4. 16, 4. 26,
4. 27；民 **17.** 2. 17,4. 15,4. 20

钱子芳（针）：民 **15.** 6. 22,8. 24,9. 12,
9. 17,9. 21,11. 9

强春亭：**光 20.** 3. 10,3. 15

强梦渔（运开、道尹、吴兴知事）：**民
8.** 4. 29

秦锦涛（游戎、游戎、协戎）：**光 30.**
7. 17,7. 18,7. 22, 7. 23, 7. 28,7. 30,
8. 8,8. 10,8. 22,8. 23,8. 27－8. 29,
9. 7－9. 9,9. 17,9. 19,9. 21,9. 27,
10. 2, 10. 3, 10. 16, 10. 22, 10. 26,
10. 30, 11. 3, 11. 6, 11. 8, 11. 12,

11. 18， 11. 20， 11. 26， 12. 2， 12. 6,
12. 9， 12. 14， 12. 22， 12. 24；**光
31.** 1. 7,1. 11,1. 20,1. 24,1. 25,2. 3,
2. 4, 2. 9, 2. 10, 3. 9, 3. 21, 4. 19,
5. 14, 6. 19, 7. 16, 10. 14, 10. 29,
12. 1；**光 32.** 1. 14, 2. 11, 12. 8；**光
33.** 3. 8；**宣 1.** 2'. 5,2'. 9,2'. 16,2'
20,3. 2, 3. 12,6. 7,6. 12,7. 5,8. 30,
9. 5,10. 28,10. 29,12. 7；**宣 2.** 2. 28,
3. 5, 3. 9, 7. 13, 8. 20, 8. 21, 10. 21,
12. 3,12. 16

秦柳亭：**光 30.** 1. 30,3. 29,4. 2

秦鹿平（鹿苹、鹿苹、乐平、大令、太
守）：**光 20.** 2. 1,2. 15；**光 31.** 8. 29；民
**5.** 10. 19

秦鸣岐（把总）：**光 20.** 7. 16

秦闻凯（僖、荫涛、继武）：**光 30.** 8. 29；
**光 32.** 1. 14；**宣 1.** 2'. 24, 3. 3；**民
2.** 10. 6；民 **3.** 1. 25,2. 16,5'. 18,8. 2,
9. 5, 9. 6, 9. 29；民 **4.** 12. 20；**民
5.** 1. 28,2. 14,9. 14,9. 16；民 **6.** 1. 9,
1. 22,2. 8；民 **14.** 7. 22

秦小涛：**光 31.** 2. 13；**宣 1.** 7. 12,7. 14,
7. 15,7. 28,8. 3,9. 17

秦再安：**光 19.** 12. 16

秦仲祥：**光 20.** 9. 7

秦仲玉：**宣 3.** 2. 5, 4. 2；民 **3.** 6. 14,7.

20；光 **33.** 1. 10,1. 11,5. 3,6. 9

沈镜澄：光 **31.** 2. 9,2. 13,2. 15,2. 16,
2. 21,3. 6－3. 8,3. 10,3. 12,3. 18,
3. 19, 4. 6, 6. 19, 7. 9, 10. 28；光
**32.** 1. 6,1. 7,1. 10,11. 8,12. 30；光
**33.** 4. 8,4. 10,5. 16

沈　魁：光 **20.** 12. 19

沈丽卿：光 **19.** 2. 15

沈炼之：民 **15.** 5. 27

沈廖福：民 **8.** 8. 14,9. 2

沈南野：民 **15.** 9. 11

沈培皋：民 **12.** 4. 6,4. 13,4. 15,5. 2,5.
11, 10. 7, 10. 15, 10. 19 － 10. 21,
11. 10, 11. 16, 12. 7, 12. 24；民
**13.** 1. 4,1. 17,2. 19,5. 19,6. 4

沈品章（品璋）：宣 **1.** 7. 23,7. 27

沈平和：光 **19.** 11. 3

沈　谦（敬甫）：光 **20.** 9. 2

沈少祥：民 **6.** 7. 23

沈日襄：光 **20.** 12. 8

沉思齐（惟贤、大令）：宣 **1.** 9. 24；宣 **3.**
2. 21

沈　桐（观察）：光 **31.** 3. 21；光 **33.** 3. 27

沈习公：民 **15.** 9. 26

沈星桥：光 **32.** 12. 2；光 **33.** 4. 21,5. 1

沈旭芝：光 **34.** 12. 4

沉云集：民 **11.** 8. 15,8. 21

沈之杰（越凡）：民 **12.** 10. 21,11. 5,
11. 6；民 **13.** 1. 12

沈之干（知府）：光 **32.** 12. 29

沈知事（平阳）：民 **14.** 3. 12

沈致坚（道尹）：民 **12.** 3. 20,4. 6,7. 14,
7. 25, 8. 1, 8. 2, 8. 13, 10. 5, 10. 15,
10. 19, 10. 26, 12. 16, 12. 18, 12. 21,
12. 23；民 **13.** 1. 12,3. 20,3. 29,5. 20,
6. 4, 6. 8, 7. 12, 9. 2, 9. 27, 11. 13,
12. 12,12. 16；民 **14.** 4'. 10,4'. 17

沈仲辉（仲纬）：民 **12.** 1. 5,1. 6,4. 21,
6. 24, 8. 17, 8. 19, 9. 23；民 **13.** 1. 9,
1. 12,10. 2, 10. 6, 10. 19；民 **14.** 1. 1,
1. 12, 5. 19, 8. 5, 9. 21；民 **15.** 1. 2,
1. 4, 2. 12, 5. 27, 6. 14, 7. 11, 9. 12,
9. 13, 10. 4, 12. 12；民 **16. 1.** 1, 1. 3,
1. 4, 1. 19, 1. 20, 2. 1, 3. 1, 3. 21,
3. 29, 4. 11, 6. 16, 6. 30, 7. 14, 8. 11,
9. 10, 9. 17, 12. 8, 12. 1, 12. 29；民
**17.** 1. 3,1. 5, 1. 10, 1. 16, 1. 20,2. 26,
2. 27,2'. 29, 3. 4, 3. 7, 3. 10, 3. 11,
4. 28, 4. 30, 5. 5, 5. 18, 6. 20, 6. 29,
8. 5, 8. 11, 8. 16；民 **18.** 2. 15, 5. 19,
5. 29,6. 3,7. 25,8. 6

沈仲礼：光 **31.** 8. 30

沉子封（曾桐、学使）：民 **1.** 8. 12

沉子木：民 **12.** 5. 2

3. 4. 6；民 **5.** 2. 28

陶绪长（省三）：宣 **1.** 3. 10

陶右诗：宣 **1.** 8. 24

陶渔耕：民 **9.** 5. 20

陶在宽（七标）：宣 **2.** 6. 17；宣 **3.** 3. 9

陶振祖：民 **13.** 9. 19

陶竺庵（然）：宣 **2.** 6. 7，6. 15，10. 13；宣 **3.** 3. 12，3. 14，4. 2

陶铸民：民 **5.** 3. 11，5. 13；民 **15.** 7. 25；民 **16.** 3. 29，6. 26；民 **18.** 5. 22

田明耀（大令）：光 **31.** 12. 26

田中庄太郎：宣 **3.** 4. 28

仝玉田：宣 **1.** 1. 7

仝玉亭：光 **34.** 11. 12，11. 24，12. 11；宣 **1.** 2. 25，2. 27

桐　生：光 **19.** 1. 6，1. 16，1. 18，1. 27，2. 14，2. 15，2. 19，4. 26，4. 28，5. 11，5. 19，5. 27，6. 9，6. 16，7. 8，9. 4，9. 20，9. 21，10. 11，12. 2，12. 25，12. 27；光 **20.** 1. 15，1. 28，1. 29，2. 4，2. 6，2. 12，2. 13，2. 15，2. 19，2. 20，2. 25，2. 30，3. 9，4. 16，5. 15，6. 15，7. 4，7. 9，9. 12，9. 18，9. 30，10. 8，10. 16，11. 7－11. 9，11. 15－11. 17，11. 20

童亦韩：民 **8.** 5. 8

童君逸（蒙泉）：民 **7.** 3. 12，5. 2

童梓仙（稚仙）：民 **7.** 1. 7；民 **14.** 2. 3

统　领　见刘统领、潘统领、孙统领、王统领、赵统领

# W

万　福：宣 **2.** 3. 6

万观察：光 **20.** 2. 2，2. 5

万楷臣（捕厅）：宣 **1.** 11. 11

万少陔（大令）：光 **31.** 11. 16

万太尊：光 **19.** 2. 9

万子衡：光 **20.** 3. 13

汪道元（宗洙、道源、大令）：光 **31.** 8. 23，10. 3，11. 2；宣 **1.** 4. 10，4. 24，4. 25；民 **16.** 3. 24

汪德沛：光 **20.** 10. 9，10. 15

汪东亭：光 **30.** 2. 2，12. 8；宣 **2.** 7. 29，8. 12；民 **6.** 1. 28，9. 25；民 **9.** 1. 18

汪芙生（黄岩令）：宣 **1.** 7. 16

汪纪云（大令）：光 **19.** 11. 16，11. 22，12. 3，12. 5，12. 7，12. 9；光 **20.** 2. 3，2. 4，2. 30，4. 24，11. 9

汪金熹（晨笙）：民 **8.** 9. 28

汪朗山（贰尹）：光 **19.** 3. 28，4. 13，4. 24

汪敏士：光 **20.** 3. 20

汪如渊（松泉、香泉、香禅）：光 **31.** 1. 14；民 **3.** 7. 22，7. 25，10. 2，10. 4，10. 5；民 **4.** 12. 25；民 **5.** 5. 3，6. 1，

王鹤亭:宣1.2'.21,2'.22

王虎臣(辅臣、游戎):宣3.6'.6,6'.8,
　6'.9,民3.6.15,6.16,7.29,8.1,
　8.10,8.18,8.22,8.29,9.11,9.21;
　民4.12.20,12.28;民5.1.19,5.4,
　5.6,12.1,12.4,12.7,12.27;民
　6.1.13,2.24,2'.3,2'.6,3.19,
　5.11,5.21,5.22,6.29,8.17,10.16,
　10.18,12.7;民7.2.6;民8.1.15

王积澍:宣1.3.8,3.11

王季香:宣1.4.11

王济川(知事):光33.1.18;民3.5.24

王继周:光19.3.17

王稼孙(黄稼孙):民7.3.10,8.21,
　10.5,10.11;民8.3.7,4.11

王金魁(润泉):光20.11.7,11.8

王锦堂(景棠、汉云、统领、观察):
　光31.10.30,11.1,11.13,11.17,
　11.28

王况生(时复、贶生):民17.2,24,2'.3

王奎纶(分府):宣3.4.9

王葵臣(丕照、大令):宣1.9.23,9.24

王葵若(大令):宣1.7.29,8.2

王朗生(裕炳):宣2.5.24

王立善(守备):宣2.5.29

王立堂(副将):光20.8.16

王廉臣(濂臣、司马):光20.2.12;光

30.8.7,8.10,8.12,8.23,10.27,
　11.3,11.11,11.28,12.2,12.14;光
　31.1.16,1.25,1.26,2.3-2.5,2.8;
　宣1.7.23,9.19

王廉卿:宣1.7.16

王麻子:民3.7.30,8.8;民5.1.4

王玫伯(星垣、舟瑶、大令):光20.
　6.9,11.26;光30.7.6,7.7,8.24,
　8.25,10.18;光31.2.27-2.30,3.1
　-3.5,3.7,3.9,3.10,3.12,3.14,
　3.18-3.20,3.22,3.24,3.29,4.1,
　4.11,4.14,4.18,4.19,4.23,4.25,
　5.1,5.9,5.15,5.16,5.20,5.26,
　5.28,5.30,6.12,6.13,7.22,7.23,
　8.12,8.21,8.25,8.29,9.1,9.5,
　9.22,9.24,9.25,9.28,10.2,10.3,
　10.6,10.14,10.28,11.8,11.14,
　11.17,11.20-11.22,12.3,12.4,
　12.19;光32.1.5,1.8,1.15,1.24,
　1.28,2.11,11.21,11.23,12.8,
　12.9,12.11;光33.4.27,5.19,5.24,
　6.8,6.13;宣1.2.5,2.16,2.17,2'.
　20,4.4,5.10,5.30,9.27;民1.8.12;
　民3.5.11,5.29,5'.1,5'.3,5'.7,
　5'.23,6.24,7.6,9.13,9.26;民
　6.11.7;民7.1.25,1.29,2.9,2.23,
　3.6,3.9,5.29,6.14,6.15,8.3,

王学羲（希逸）：民 **12.** 11. 7，11. 21

王雪澄（秉恩、观察、粮道）：光 **31.**
8. 24，8. 26；民 **1.** 8. 12；民 **7.** 5. 18；民
**8.** 6. 8

王一峰：光 **19.** 2. 4，4. 4

王亦聆：民 **6.** 9. 6；民 **7.** 10. 17，10. 25；
民 **8.** 7. 15

王毅侯（敬礼）：宣 **1.** 4. 4，4. 6；民 **7.**
5. 29；民 **14.** 10. 20；民 **15.** 3. 2

王翼王：光 **34.** 12. 11

王应常（荫长、应长、统领、镇军）：
光 **31.** 2. 1，7. 15；宣 **1.** 2'. 22，3. 13，
9. 27；民 **3.** 10. 11；民 **6.** 6. 9，6. 10，
7. 7；民 **7.** 2. 22

王　镛（局长）：民 **6.** 1. 15

王永山（启文）：民 **14.** 7. 5；民 **15.** 2.
11，2. 12，12. 15，12. 26，12. 29；民
**16.** 1. 16，2. 1

王幼垣：光 **31.** 2. 28

王幼豪：光 **31.** 12. 26

王幼玉：光 **31.** 7. 16

王佑之：光 **19.** 3. 29，5. 17；光 **20.** 7. 20，
7. 24，9. 28

王雨初：宣 **3.** 6. 4，6. 5

王雨亭（书选、协戎）：光 **19.** 8. 20，
12. 1，12. 28；光 **20.** 1. 1，5. 23，6. 9，
6. 11，6. 14，6. 17，6. 19，6. 20，6. 22 —

6. 24，6. 27，7. 19，7. 20，8. 2，8. 17，
8. 22，9. 4，9. 5，9. 8，9. 12，11. 1，
11. 2，11. 12，11. 15，12. 1，12. 2，
12. 24；宣 **1.** 5. 3，5. 4；民 **3.** 6. 14，
6. 15，7. 22，7. 29，9. 10，9. 20

王雨亭太太：光 **20.** 11. 12

王玉田：光 **19.** 1. 19，3. 18，4. 11，4. 20，5.
3，5. 25，6. 11，7. 2，7. 20，7. 28，10. 19

王元臣（勋阁）：民 **3.** 9. 10，9. 13

王云龙：民 **12.** 10. 22，11. 20，11. 28；民
**14.** 7. 23，11. 11；民 **15.** 6. 19，8. 11，
9. 25；民 **17.** 6. 16；民 **18.** 2. 1

王韵生：光 **19.** 2. 10

王在丰：民 **16.** 2. 3

王志澂（理孚、海髯、子澂）：宣 **2.** 1.
27，民 **5.** 2. 10，3. 2，3. 11，4. 6，4. 8，
4. 14，4. 15，4. 19，4. 25，5. 24，6. 1，
6. 2，6. 25，8. 4，8. 5，8. 22，9. 14，
9. 28，9. 30，10. 1，11. 2，11. 4，11. 9，
11. 10，12. 19；民 **6.** 1. 3，2. 25，10. 13
— 10. 15；民 **7.** 10. 25；民 **11.** 11. 30；
民 **12.** 2. 22；民 **16.** 12. 1；民 **17.** 5. 6，
5. 7；民 **18.** 6. 12，6. 13，6. 16，6. 17，
6. 22，6. 23，6. 26，7. 3

王志鹤：宣 **1.** 10. 5；民 **14.** 4'. 13

王志鸿：民 **14.** 4'. 13

王治清：光 **19.** 12. 16

王质夫（文彬、哲夫、统带、统领）：**民 6.** 11. 19, 11. 25；**民 8.** 7. 14, 7'. 11, 8, 14, 9. 2, 11. 28；**民 11.** 10. 25, 11. 22, 12. 21；**民 12.** 10. 27, 11. 9, 12. 6；**民 13.** 4. 19, 4. 20, 8. 12, 8. 15, 8. 16, 8. 24, 9. 7, 10. 5

王钟龄（大令）：**光 31.** 4. 14

王子良（为干、观察）：**民 8.** 4. 5, 5. 8, 5. 13, 5. 14, 5. 16, 5. 19, 5. 22, 5. 25, 5. 28, 6. 5, 6. 10, 6. 19, 6. 29, 7. 17, 7'. 16, 7'. 25, 9. 11, 9. 27, 10. 4, 10. 10, 10. 14, 10. 16, 10. 22, 10. 23, 10. 29, 11. 2, 11. 8, 11. 11, 12. 4, 12. 19；**民 9.** 1. 2, 2. 3, 3. 5, 3. 17, 5. 3, 5. 7, 5. 20

王子绶（组琛）：**光 19.** 1. 22

王子庄：**光 20.** 11. 9

王佐臣（朝佑）：**民 5.** 9. 25；**民 6.** 1. 19, 3. 18, 9. 22；**民 17.** 5. 19

韦承珊：**民 6.** 4. 1

韦尚文（紫封）：**光 32.** 2. 4

韦雍良（珠辉）：**民 12.** 6. 3；**民 13.** 9. 27

尉　元　见陈尉元

魏吉士：**宣 2.** 6. 4；**民 7.** 2. 3；**民 8.** 7'. 20, 8. 10；**民 11.** 8. 23；**民 12.** 8. 18, 8. 21

魏朗清（飏廷）：**光 30.** 1. 7, 1. 28, 5. 5, 6. 18, 6. 27；**光 31.** 7. 10, 10. 28

魏思九（韶成）：**民 7.** 2. 12；**民 12.** 12. 6；**民 13.** 8. 11, 9. 3, 11. 2, 11. 7；**民 14.** 1. 2, 11. 9

魏献宸（大令）：**光 20.** 3. 5

魏在田（青田知事）：**民 13.** 9. 7, 9. 28

魏仲融（坛）：**民 1.** 10. 9, 11. 21, 12. 6；**民 3.** 5. 20；**民 6.** 2. 15, 2. 20, 3. 5, 3. 10, 3. 12, 3. 13, 3. 17, 3. 21, 3. 23, 4. 14, 4. 16, 7. 2, 7. 21

魏滋晚（绍唐、大令）：**光 31.** 4. 30, 5. 4, 5. 13, 6. 3, 6. 14, 6. 15, 8. 27

温允中（温司事）：**光 19.** 4. 14, 7. 3, 9. 16, 9. 17, 10. 8

文定生（慧、三府、通守、别驾）：**宣 1.** 7. 7, 8. 18, 8. 21, 8. 29, 8. 30, 9. 6, 9. 22, 9. 24, 10. 8, 11. 18, 12. 2；**宣 2.** 3. 18, 11. 18；**宣 3.** 6. 11

文公达：**民 7.** 8. 27

文管带：**宣 3.** 6. 3

文　焕　见程文焕

文　魁：**光 31.** 3. 28

文　老　见吕文起

文荫宗（孟鱼、二尹、粮厅、经厅、县丞）：**宣 2.** 3. 15, 9. 17, 10. 1, 10. 18, 10. 21；**宣 3.** 3. 6, 5. 9, 5. 19, 6. 20, 6'. 7；**民 7.** 2. 27；**民 8.** 3. 22

文隐龙（祖福）：**民 15.** 12. 22

文 照 见陈文照

翁锡麒（履仁）：民 **13.** 5. 30

翁允中：光 **19.** 4. 13

卧云（松月）：民 **11.** 8. 20；民 **12.** 2. 14,
10. 18, 10. 22, 11. 5, 11. 20, 11. 23,
11. 28, 11. 29, 12. 2, 12. 5, 12. 13,
12. 14, 12. 22, 12. 29；民 **13.** 1. 3,
1. 16,1. 20,1. 24,1. 27 － 1. 29,2. 1,
2. 5, 2. 6, 2. 10, 2. 11, 2. 13, 2. 14,
2. 17, 2. 18, 2. 20, 2. 25, 2. 27, 2. 29,
2. 30,3. 3, 3. 11 － 3. 13,6. 16,6. 17,
6. 22；民 **14.** 3. 28, 3. 29, 4. 15, 4. 16,
4. 18,4. 20,4. 26；民 **15.** 10. 17

吴宝斋：光 **20.** 3. 13

吴宝琛（芗雅）：民 **3.** 8. 4

吴璧华：民 **11.** 8. 20；民 **12.** 6. 10,9. 16；
民 **13.** 2. 10；民 **14.** 4'. 28

吴编修：民 **9.** 11. 10

吴别驾：宣 **1.** 8. 14

吴炳埠（大令、明府）：光 **20.** 1. 16,1.
19, 4. 25, 5. 24, 5. 25, 6. 1, 6. 12,
6. 13, 6. 15, 9. 4, 9. 10, 9. 23, 9. 26,
10. 3, 10. 16, 10. 25, 10. 27, 11. 1,
11. 9, 11. 17, 11. 25, 11. 26, 12. 4,
12. 8,12. 25 ,12. 29

吴伯琴：宣 **1.** 5. 21；民 **1.** 7. 26,8. 6,8.
7, 8. 16, 8. 23, 10. 2；民 **5.** 4. 1；民

6. 1. 12,1. 15；民 **9.** 7. 11,10. 28 ,12. 3

吴成（吴城）：民 **12.** 4. 10

吴承恩（子明、子楣）：宣 **2.** 7. 14,9. 24

吴恩鸿（乐清知事）：民 **16.** 1. 29

吴二府：宣 **1.** 6. 14,11. 6；宣 **3.** 4. 9

吴方伯：民 **14.** 8. 6

吴 福：光 **30.** 2. 13

吴福来：民 **16.** 11. 12

吴汉松（守备）：光 **20.** 11. 8

吴翰香：光 **32.** 1. 5

吴慧公：民 **1.** 10. 6,10. 9,11. 13,11. 15,
11. 20；民 **3.** 5. 7, 5. 18；民 **4.** 12. 12,
12. 14；民 **5.** 1. 2,4. 1,4. 15

吴吉人（镇军）：光 **30.** 5. 12

吴际恩（仲桓、通判）：宣 **1.** 3. 6

吴剑秋（锜、外部）：宣 **1.** 3. 8, 5. 17,
5. 21, 5. 23, 5. 25；民 **1.** 9. 8, 9. 11,
10. 2；民 **7.** 5. 16,5. 18；民 **13.** 3. 7

吴经历（经厅）：光 **19.** 3. 2,3. 29,4. 2,
4. 3,4. 5,4. 11,5. 1,8. 27

吴可诚（可丞、垻可、贰尹）：光 **31.**
7. 28,8. 9,8. 13, 8. 28,9. 25,9. 29,1,
1. 1,11. 13,11. 18,11. 25；宣 **1.** 5. 21,
5. 22, 6. 17；民 **1.** 7. 26, 7. 27, 8. 2,
9. 19,9. 20,9. 22 － 9. 25,9. 29 ,10. 7,
10. 8, 12. 20, 12. 23, 12. 26；民
**18.** 3. 13

10. 12，10. 15，10. 17，11. 3，11. 14，
11. 16，11. 20

许占五：**光 31**. 5. 18

许竹友（竹西）：**光 19**. 10. 29；**宣 1**. 7. 17

许竹友子某：**宣 1**. 7. 17

许子莱：**光 30**. 3. 13，3. 26

许子容（游戎）：**光 19**. 2. 1，2. 27

许子颂（大令）：**光 31**. 1. 18

宣少桥：**民 17**. 3. 14，3. 16，11. 4，11. 6，
11. 18

薛　楷（式恪）：**宣 1**. 7. 11，7. 15－7. 17

薛　同：**民 5**. 1. 19

薛子友（管带）：**光 19**. 2. 20

薛子畴（鸿范、都戎）：**光 19**. 2. 21

勋　铭　见符勋铭

# Y

雅　堂　见陈祖谋

严步瀛（琴隐乃翁）：**宣 2**. 5. 25；**民 12**.
2. 23，3. 18

严德晖：**民 17**. 7. 22

严德朋：**民 17**. 7. 22

严德寿：**光 20**. 12. 30

严公竞：**民 17**. 9. 22

严慧道：**民 17**. 7. 22

严芹生（医士）：**光 20**. 5. 5，6. 6，6. 27，
7. 20，7. 21，11. 27

严琴川（泮池、芹川、医士）：**光 19**.
5. 11，8. 5，9. 11，11. 18，12. 17

严绍尧（赞阶）：**民 15**. 8. 7，8. 11，12.
29；**民 16**. 1. 13，3. 10，3. 17；**民**
**17**. 6. 17，7. 22

严文黼（琴隐）：**民 11**. 8. 23，9. 11；**民**
**12**. 1. 5，1. 9，1. 13，1. 16，2. 14，2. 23，
2. 25，2. 27，2. 29，3. 10，3. 18，3. 20，
3. 26，5. 18，9. 4，9. 10，9. 15，9. 27，
9. 29，10. 3，10. 9，10. 12，10. 21，
11. 4，12. 5，12. 6，12. 8，12. 9；**民**
**13**. 1. 2，1. 5，1. 22，2. 14，2. 22，2. 23，
2. 25，3. 10，3. 14，3. 19，3. 26，3. 28，
4. 10，4. 17，4. 22，5. 6，7. 5，7. 8，
7. 13，8. 1，8. 5，8. 6，9. 2，11. 25，
12. 3，12. 5；**民 14**. 1. 2，2. 12，3. 20，
3. 21，4. 2，4. 7，4. 26，4'. 17，5. 27，
6. 7，7. 5，7. 16，7. 20，8. 21，9. 21，
10. 9，10. 22，11. 17，12. 14，12. 16，
12. 17，12. 21，12. 26；**民 15**. 1. 4，
2. 16，2. 19，2. 25，2. 28，3. 9，3. 10，
3. 19，3. 22，4. 9，4. 22，4. 24，5. 1，
5. 2，6. 15，6. 16，6. 21，7. 14，8. 6，
8. 10，8. 13，8. 17，8. 19，9. 14，9. 15，
9. 22，9. 28，10. 6，10. 7，10. 9，11. 8，
11. 15，12. 5，12. 14，12. 19；**民**
**16**. 1. 3，1. 7，2. 1，2. 16，2. 23，2. 29，

叶湘雯(别驾)：**光 20.** 2. 2

叶小斋(经厅)：**光 20.** 6. 4，10. 27，10. 28，11. 13，11. 22，11. 23，12. 4，12. 21，12. 30；**光 30.** 2. 13

叶咏霓(大令)：**光 30.** 1. 24－1. 26，1. 30，2. 3－2. 5，2. 8，2. 9，2. 12，2. 14，2. 24，2. 25，3. 3，3. 4，3. 11，3. 20，3. 24，4. 2，4. 4，4. 6，4. 14，5. 3，5. 24，5. 25，8. 2，9. 14，9. 15，10. 10

叶肇基：**光 30.** 2. 7，2. 25

叶仲诜：**民 3.** 10. 2，10. 5

叶竹珊：**民 8.** 3. 27

一　奇：**光 20.** 3. 13

一　山　见章一山

伊大令：**宣 1.** 11. 11；**宣 2.** 1. 16，1. 22，1. 26，2. 3，3. 3，3. 4，3. 18，3. 20

伊峻斋：**民 9.** 1. 18－1. 20，3. 27，4. 23，10. 10，11. 19，11. 23，11. 26；**民 13.** 12. 29

亦　和　见张亦和

易德超：**光 33.** 3. 10

易凤渠(凤衔)：**光 19.** 9. 11；**光 20.** 3. 1，3. 8，3. 21，4. 5，4. 10

易叔莲：**光 30.** 1. 28

易杏农：**光 32.** 12. 3；**光 33.** 1. 7，1. 15，3. 28

殷其铭(哨官)：**光 19.** 1. 12，1. 28，3. 6，4. 11，4. 15；**光 20.** 12. 18

殷小峰：**光 31.** 9. 14，11. 2，1. 14，，1. 16，12. 4

银　凤：**光 31.** 4. 15

尹大章：**光 31.** 12. 24

英　林：**光 20.** 2. 19

应　升：**光 19.** 5. 18，5. 25

应雨卿：**民 16.** 5. 1，11. 29

尤均受：**光 20.** 12. 5

游越生：**民 5.** 2. 30，3. 3，3. 4，4. 4，4. 14；**民 16.** 3. 28

右守备：**光 20.** 11. 9

于飞云：**光 20.** 9. 15

余楚岳：**光 20.** 9. 2

余大均(道尹)：**民 11.** 11. 25

余大令(乐清)：**宣 2.** 2. 27，2. 29

余道台：**宣 1.** 7. 2，8. 13

余德芳：**光 20.** 7. 4

余　纲(子维)：**光 13.** 7. 8

余国辉(瑞安知事)：**民 16.** 1. 29

余国寿(月轩)：**民 2.** 9. 19

余观察：**宣 1.** 7. 4

余丽生：**宣 1.** 6. 30，7. 11，7. 12，7. 18，7. 20

余鲁卿：**光 30.** 2. 29

余思勉(拔贡)：**宣 2.** 3. 2，3. 3

余太守：**宣 2.** 6. 5

余铁经：**光 30.** 10. 6

6. 16,6. 22,8. 7,11. 4,12. 3

远　伯　见张远伯

岳仙禽（翔）：**宣 1.** 4. 11,4. 12,5. 16,
　5. 21,5. 22

粤　农　见刘粤农

恽瑾叔（毓珂、观察）：**宣 2.** 9. 1；**民 8.**
　9. 19,10. 2

# Z

赞　文　见刘赞文

曾光亮（耀熙）：**光 34.** 12. 4,12. 18,12.
　27；**宣 1.** 2. 19,2. 26

曾季澂（太守）：**宣 1.** 11. 2－11. 4,11. 6

曾士沂（翰章）：**光 19.** 2. 13

曾耀宗（式梅、耀干）：**光 31.** 4. 11,6. 29

查　鳌（大令）：**宣 2.** 4. 4,5. 17；**宣 3.**
　6'. 6,6'. 8

查香牒：**光 20.** 1. 11

翟楚材（骐）：**民 11.** 8. 18；**民 12.** 2. 13,
　2. 14；**民 15.** 10. 23；**民 17.** 6. 13,
　8. 17；**民 18.** 3. 5

翟巡厅：**光 20.** 2. 11

詹柏青：**民 16.** 11. 3,11. 5

詹才发：**光 32.** 1. 20

詹世英：**光 30.** 2. 7

詹泰钟（偶凡）：**宣 2.** 3. 25,5. 7

张宝庆：**光 19.** 8. 18,11. 23,12. 6

张本初：**光 31.** 8. 19

张弼士（侍郎）：**光 31.** 4. 21

张秉钧：**民 3.** 4. 25

张秉彝：**宣 3.** 6. 25

张伯讷（允言、郎中）：**光 31.** 8. 14

张捕厅：**光 30.** 1. 8,4. 18

张楚桐：**民 12.** 1. 26；**民 13.** 3. 6,6. 21

张纯甫（际升、大令）：**光 31.** 6. 21

张莼楚（学津、梁甫）：**民 16.** 11. 9

张次迈：**民 7.** 3. 6；**民 9.** 7. 12

张笛秋（周笛秋、邹笛秋、文华堂东）：
　**民 3.** 7. 10；**民 8.** 2. 4,2. 7；**民**
　**12.** 1. 4；6. 4,8. 9；**民 13.** 3. 13；**民**
　**16.** 12. 10；**民 17.** 1. 29

张端士：**光 30.** 4. 16

张二府：**光 19.** 1. 6；**光 20.** 1. 11,9. 22,
　11. 17,11. 18

张芳培：**光 19.** 11. 6

张佛云：**民 13.** 4. 25

张苗亭（大令）：**光 31.** 8. 28；**光 32.** 1. 7

张　福：**光 30.** 2. 7

张干臣：**光 20.** 2. 1

张耿光（佑臣）：**民 7.** 6. 26

张　贵：**民 7.** 7. 20

张侯佐（次缪）：**民 3.** 7. 23；**民 16.** 1. 15

张华甫：**民 4.** 12. 6

张华轩（游戎、统领）：**光 19.** 2. 20；**光**

1. 5,2.1

张宗祥太夫人:民 14.7.3

张总戎:光 19.2.11

章二尹:光 20.10.15

章　福:光 30.2.7,2.13

章淮树(观察):光 33.1.28;宣 3.3.13

章吉士(喆士):宣 1.2'.9,2'.24,7. 4,7.10;宣 2.1.9,3.9,5.14,5.23, 5.24;民 1.10.2;民 3.5'.19,6.1, 8.1;民 6.2.24,2'.2,10.4,10.12; 民 7.1.2,1.19;民 8.7'.11,7'.20; 民 11.8.18,9.8;民 12.9.28,10.27, 11.4,11.7,11.21;民 13.2.21,8.9, 8.10, 8.12, 9.11, 10.6, 10.15, 10.17, 11.4, 11.7, 11.10, 11.12, 12.1,12.12;民 14.2.20,5.17,6.7, 6.16;民 15.9.4,9.7,11.30,12.29; 民 16.3.28,7.27,9.7,9.13,12.10; 民 17.3.23,3.28;民 18.4.2,8.9

章康平(鸿远):民 9.11.5

章美卿:民 8.6.5

章　平　见陈训经

章位三(献猷):光 19.10.29;民 6. 8.6;民 16.8.13;民 17.2'.29

章筱卿:光 19.6.29

嶤青(太平丞):光 19.8.21,12.19; 光 20.1.7,8.20,10.12

章一山(棂、太史、编修):光 19. 2.20, 3.3, 6.11, 6.15, 6.24, 6.25, 6.30, 7.2, 7.12, 7.13, 9.3, 9.21, 9.23, 9.25, 10.5, 10.11, 10.29, 12, 13, 12.14,12.27,12.30;光 20.1.14,2.2 －2.4,2.9－2.11,2.13,2.14,2.19, 2.20, 2.22, 2.27, 3.6, 3.9, 3.12, 3.14,3.17,3.18,3.20,3.22－3.24, 3.27, 4.7, 4.10, 4.18, 4.26, 6.9, 6.10, 7.9, 7.10, 7.14, 7.28, 8.12, 8.18, 9.1, 9.2, 9.12, 9.18, 9.30, 10.1, 10.27, 11.8, 11.9, 11.26, 12.12, 12.21, 12.30;光 30.1.13, 1.20, 1.22, 2.20, 4.14, 5.1, 5.2, 7.6, 7.7, 7.21, 8.16, 8.24, 10.9, 10.18,10.19,12.2,12.15,12.23;光 31.1.28,2.13,3.7,3.13,4.18,5.1, 5.21, 5.28, 6.12, 8.1, 8.21, 9.1, 9.28,11.9;光 32.1.8,12.7－12.9, 12.30; 光 33.4.2; 光 34.12.21, 12.22;宣 1.1.13,1.15,2.13,2.14, 2.17, 2'.6, 3.4, 3.5, 3.27, 3.28, 4.1,4.3－4.6,4.8,4.9,4.11,4.13, 4.14, 4.16, 4.19, 4.20, 4.22, 4.24, 4.28,4.29, 5.1, 5.2, 5.4, 5.6, 5.8, 5.10－5.12,5.15,5.17,5.22,5.24 －5.26,6.9,6.14,6.28,7.21,7.28,

9. 4，9. 24，9. 28，10. 8，10. 13，10. 14，
11. 24，12. 5；宣 **2.** 2. 23，3. 22，3. 24，
4. 7，4. 23，7. 24，8. 28，10. 12；宣
**3.** 1. 15，1. 16，5. 17，5. 23，6. 12；民
**1.** 12. 4，12. 5，12. 11，12. 15，12. 21，
12. 22；民 **2.** 8. 6，8. 13，8. 17，9. 6，
12. 21；民 **3.** 1. 13，2. 15，5'. 3，5'. 7，
6. 20，7. 11，7. 12，9. 26；民 **4.** 12. 2，
12. 14；民 **5.** 1. 15，1. 26，1. 29，3. 29，
7. 1，8. 6；民 **6.** 5. 14，7. 23，9. 8，9. 9，
9. 25， 10. 6， 10. 27， 11. 7， 11. 8，
11. 14，11. 15，11. 25，11. 26，11. 28，
12. 12， 12. 16， 12. 25， 12. 26；民
**7.** 1. 22，1. 25，1. 29，2. 3，2. 9，2. 10，
2. 17， 2. 20， 2. 23， 3. 6， 3. 8， 3. 9，
3. 11，3. 13，3. 20，3. 22，3. 23，3. 26，
4. 2，4. 13，5. 12，5. 14，5. 20，5. 26，
5. 27，6. 14，6. 15，6. 20，6. 22，6. 28，
6. 30， 7. 1， 7. 2， 7. 9， 7. 11， 7. 15，
7. 18， 7. 22， 7. 23， 7. 28， 8. 3， 8. 7，
8. 12－8. 15，8. 18，8. 29，10. 7，10. 8，
10. 25， 10. 27， 10. 28， 11. 3， 11. 7，
11. 16，11. 17，11. 21，11. 22，11. 27，
11. 29，12. 4，12. 15，12. 16，12. 19，
12. 21，12. 24；民 **8.** 1. 6，1. 8，1. 9，
1. 22，1. 23，2. 1，2. 6，2. 12，2. 25，
3. 9，3. 17，3. 22，3. 25，4. 3－4. 5，

4. 9，4. 11，4. 12，4. 16，4. 17，4. 23－
4. 25，4. 27，5. 8，5. 22，6. 4－6. 6，
6. 17，6. 21，7. 1，7. 2，7. 27，7. 28，7'.
9，7'. 16，8. 5，9. 11－9. 13，9. 16，
9. 19－9. 21，9. 23，9. 26，9. 28，10. 4，
10. 6，10. 7，10. 9－10. 11，11. 20－
11. 23，11. 25，11. 29，12. 9，12. 10，
12. 14，12. 19，12. 25－12. 27，12. 29；
民 **9.** 1. 1，1. 4，1. 8，1. 14－1. 16，
1. 19，1. 21，1. 24，2. 1－2. 3，2. 6，
2. 10，2. 12，2. 28，3. 9，3. 14，3. 17，
3. 21，3. 26，3. 28，4. 2，4. 7，4. 14，
4. 17，4. 20，4. 23，4. 26－4. 28，5. 2，
5. 8，5. 13，5. 15，5. 20，5. 22，5. 25，
5. 29，6. 6，6. 10，6. 14，6. 16，6. 20，
6. 22，6. 25，6. 26，7. 2，7. 5，7. 16，
7. 25，7. 27，7. 29，8. 1，8. 3，8. 6，8. 7，
8. 25，8. 26，8. 28，9. 1，9. 3，9. 7，9. 9，
9. 10，9. 22，9. 23，9. 28，10. 6，10. 9，
10. 13， 10. 18， 10. 20， 11. 4， 11. 7，
11. 18， 11. 22， 11. 23， 11. 26， 12. 4，
12. 14；民 **10.** 摘存七；民 **11.** 8. 2，
8. 12，9. 2， 9. 7， 9. 21， 11. 5， 11. 6，
12. 13；民 **12.** 4. 18，4. 27；民 **13.** 8. 7，
8. 17，9. 3，11. 26，12. 6，12. 29；民
**14.** 3. 21， 3. 30， 4. 10， 4. 19， 10. 8，
10. 20，10. 27，11. 4；民 **15.** 1. 5，10. 8，

10. 21，10. 25，11. 8，11. 9，11. 26；民
**16.** 1. 22，2. 4，2. 8，4. 20 － 4. 22，
5. 10，5. 19，5. 27，6. 6，6. 7，8. 12，
8. 24，8. 25，8. 27，8. 29，9. 6，9. 14，
9. 18，9. 29，10. 3，10. 5，10. 21；民
**17.** 9. 23，10. 4，10. 7；民**18.** 5. 25，9. 4

章以孚：光**20.** 11. 8

章幼青：民**9.** 5. 22

章幼垣：光**31.** 2. 13，2. 16

章郁卿(从周)：光**20.** 11. 8

章　喆：宣**2.** 5. 28

章中子：光**31.** 2. 13，2. 16；宣**1.** 3. 28，
3. 29，4. 2，4. 6－4. 8，5. 2

赵得标：光**20.** 10. 17

赵方伯(安徽)：光**20.** 5. 13

赵辅清：光**31.** 2. 1

赵敬叔：光**19.** 2. 14

赵亮熙(太尊、太守)：光**19.** 3. 1，3. 8，
3. 10，3. 19，3. 28，3. 29，4. 2，4. 6，4. 8
－ 4. 10，5. 19，5. 21，5. 22，7. 10，
7. 24，8. 18，8. 20，8. 22，8. 26，9. 1，
9. 5，9. 16，9. 21，10. 11，10. 21，
10. 22，10. 28－10. 30，11. 1，11. 13，
11. 15，12. 1，12. 6，12. 7，
12. 14，12. 18；光**20.** 1. 8，1. 10，1. 16
－1. 18，1. 20，2. 1，2. 2，2. 9，5. 4，
5. 24，5. 29，6. 3，6. 20，7. 1，7. 3，7. 6，

7. 10，7. 12，7. 15，7. 16，7. 24，7. 27，
8. 2，8. 4，8. 6，8. 7，8. 9，8. 14，8. 19，
8. 21 － 8. 23，8. 25，8. 29，9. 1，9. 7，
9. 8，9. 12 － 9. 15，9. 17，9. 25，9. 28，
9. 29，10. 10，10. 14 － 10. 18，10. 21，
10. 23，10. 24，10. 27，11. 2 － 11. 4，
11. 7，11. 13，11. 15，11. 18，11. 23，
12. 5，12. 8，12. 9，12. 11 － 12. 13，
12. 25，12. 28，12. 29；光**30.** 1. 5 －
1. 9，1. 25，1. 28，2. 11，2. 14，2. 13，
2. 20，2. 25，2. 26，3. 7，3. 9，3. 15，
3. 16，3. 22 － 3. 25，3. 29，4. 2 － 4. 4，
4. 6，4. 14，4. 16，4. 19，4. 21，4. 29，
5. 4，5. 13，6. 8，6. 28，7. 5，7. 6，8. 14；
光**31.** 1. 27

赵太尊夫人(府宪太太)：光**30.** 4. 14，
4. 21，4. 22，4. 28

赵鲁侯(增樬)：民**6.** 2. 4

赵明府：光**19.** 1. 5，1. 10

赵鹏洲：民**5.** 3. 25，3. 27

赵绍平：光**20.** 1. 17，5. 26，9. 19，9. 27，
12. 8，12. 10

赵　升：宣**2.** 6. 18，11. 27；宣**3.** 6'. 9

赵叔泉：民**7.** 3. 8 － 3. 11，3. 20，4. 23，
5. 4，5. 12，6. 14，7. 12，8. 12，8. 17，
8. 29，10. 11，12. 2；民**8.** 3. 22；民
**9.** 8. 15

赵司马:**光 19.** 2. 10

赵廷鳌:**光 20.** 8. 22

赵廷干(仙帆、通判):**光 30.** 11. 29

赵统领:**宣 2.** 6. 7,6. 8,6. 11,6. 14,7. 12,7. 16,7. 17,7. 19,7. 20,8. 2,8. 3,8. 13,8. 15,9. 30,10. 11 － 10. 13,10. 26,11. 4,11. 27;**宣 3.** 1. 24,2. 6,2. 15,2. 16,3. 15,4. 20,6. 9

赵惟熙(总督、学使):**民 1.** 8. 28,9. 20;**民 3.** 2. 1

赵伟传:**光 30.** 1. 7,1. 8,2. 11,2. 20,2. 24,3. 12,3. 23,3. 29,6. 21,6. 28,7. 6;**光 31.** 1. 26

赵　霭(雨旸):**民 17.** 7. 26

赵漪斋(广文):**光 30.** 2. 28;**宣 2.** 6. 7

赵义臣:**宣 1.** 3. 21

赵寅臣(太守):**光 20.** 6. 13

赵瀛舟:**民 5.** 7. 1

赵　樨:**民 5.** 12. 6

赵佑之(长保):**光 19.** 12. 17

赵渔衫(渔老、太守):**光 19.** 1. 6,2. 4,2. 7,2. 8,2. 12 － 2. 15,2. 18,7. 23,9. 21;**光 20.** 2. 9,12. 17

赵誉传:**光 30.** 1. 8,1. 17,1. 21,1. 25,2. 4,2. 11,2. 14,2. 24,3. 23,7. 3;**光 31.** 1. 27

赵誉传昆仲　见赵誉传、赵伟传

赵月修:**光 34.** 11. 26,11. 27

赵曾藩(道尹、道台):**民 6.** 2. 21,4. 12 － 4. 15,5. 23,10. 15,10. 17,10. 19,12. 13

赵植卿:**光 20.** 2. 7,3. 10,3. 21

赵致仙:**光 19.** 9. 9 － 9. 12,10. 9

赵仲楣:**宣 2.** 8. 28;**宣 3.** 1. 15

赵祖泽:**光 34.** 12. 2,12. 13

贞　晦　见刘景晨

正　海:**光 30.** 7. 16

郑采臣(恻尘):**民 15.** 12. 13;**民 16.** 3. 15,3. 18

郑赓飏:**光 20.** 11. 8

郑　煌(寅初、分府):**宣 1.** 6. 30

郑季桂(太守):**光 20.** 6. 13

郑季生(季申、大令):**光 20.** 2. 24,3. 29

郑姜门:**民 12.** 9. 15;**民 15.** 2. 3

郑绛生(礼融、大令):**宣 1.** 9. 16,9. 18

郑矫群:**民 13.** 9. 17

郑坎园:**民 12.** 4. 22;**民 14.** 12. 14

郑莲蕃:**宣 1.** 7. 3

郑　麟(志强):**民 12.** 6. 3

郑鹿门(大令):**光 31.** 3. 18

郑曼青:**民 17.** 2'. 24,2'. 29;**民 18.** 2. 7

郑孟达(汝璋):**民 5.** 4. 6

郑庆豫:**宣 1.** 6. 30

郑　锐(剑峰):**宣 1.** 1. 6